::: 宁夏法治发展报告

宁夏蓝皮书系列丛书编委会

主　　任　张　廉
副 主 任　段庆林
委　　员　郑彦卿　杨巧红　李保平
　　　　　李文庆　鲁忠慧　杨永芳
　　　　　王林伶

《宁夏法治发展报告（2019）》

执行主编　李保平

宁夏法治发展报告
ANNUAL REPORT ON THE RULE OF LAW IN NINGXIA

（2019）

宁夏社会科学院 编

图书在版编目(CIP)数据

宁夏法治发展报告.2019/宁夏社会科学院编.—银川：宁夏人民出版社，2019.1

(宁夏蓝皮书)

ISBN 978-7-227-07027-6

Ⅰ.①宁… Ⅱ.①宁… Ⅲ.①社会主义法制—研究报告—宁夏—2019 Ⅳ.①D927.43

中国版本图书馆CIP数据核字(2019)第009851号

宁夏蓝皮书
宁夏法治发展报告(2019)   宁夏社会科学院 编

责任编辑	王 艳
责任校对	丁丽萍
封面设计	张 宁
责任印制	肖 艳

黄河出版传媒集团
宁夏人民出版社 出版发行

地　　址	宁夏银川市北京东路139号出版大厦(750001)
网　　址	http://www.yrpubm.com
网上书店	http://www.hh-book.com
电子信箱	nxrmcbs@126.com
邮购电话	0951-5052104　5052106
经　　销	全国新华书店
印刷装订	宁夏精捷彩色印务有限公司
印刷委托书号	(宁)0012172

开本　720 mm×980 mm　1/16
印张　17.5　字数　259千字
版次　2019年1月第1版
印次　2019年1月第1次印刷
书号　ISBN 978-7-227-07027-6
定价　55.00元

版权所有　侵权必究

目 录

总 报 告

2018年宁夏法治建设状况与2019年法治发展趋势 …………… 李保平(3)

领 域 篇

2018年宁夏立法工作发展报告 …………… 朱 赟 杨述文 金 晶(27)
2018年宁夏法治政府建设工作发展报告 …………… 万 玮 秦建伟(37)
2018年宁夏法院审判工作发展报告 …………………………… 吴培渊(48)
2018年宁夏检察工作发展报告 …… 宁夏回族自治区人民检察院课题组(57)
2018年宁夏公安工作发展报告 ……………………………… 黄景海(66)
2018年宁夏司法行政工作发展报告 ……………………………… 张弼超(74)
2018年宁夏社会治安综合治理工作发展报告 …………………… 刘 敏(85)
2018年宁夏法治队伍建设工作发展报告 ………………………… 戴文杰(94)
2018年宁夏律师业发展报告 ……………………… 王晓兵 胡雅娟(104)
2018年宁夏法学研究工作发展报告
——以宁夏法学会为视角 …………………………………… 马 蓉(115)

专 题 篇

宁夏实施创新驱动战略的法治保障研究 ……………………… 李保平(129)
宁夏法院破产审判工作研究 ……………………… 董 军 高卫国(143)

宁夏反恐怖等级防范标准化体系建设初探 …………… 吴　刚（154）
"一带一路"视域下宁夏培养涉外法律人才路径探析 ………… 张　炜（166）
宁夏社区治理体系建设工作调研报告 …………… 乔克奇　黄　峰（174）
宁夏中小学法治教育现状调研报告 ………………………… 张宏彩（181）
宁夏检察机关环境公益诉讼情况调查 …………………… 徐　荣　余　江（189）

协商民主篇

宁夏推进基层协商民主应重点关注的几个问题
　　………………………………………… 民盟宁夏区委会课题组（203）
宁夏基层协商民主的实践与探索 …………………………… 马丽娟（212）

区域法治篇

2018年石嘴山市依法治市工作报告 ……………… 张光云　金　国（225）
2018年吴忠市依法治市工作报告 …………………………… 方耀文（233）
2018年固原市依法治市工作报告 ………… 王旭东　杨翠云　马文东（244）
2018年中卫市依法治市工作报告 …………………………… 王中宏（253）

附录　2018年宁夏法治建设大事记 ………………………… 徐东海（267）

总报告

ZONG BAOGAO

2018年宁夏法治建设状况与2019年法治发展趋势

李保平

2018年是中国改革开放40周年，也是宁夏回族自治区成立60周年。60年来，特别是改革开放以来，在党中央国务院的亲切关怀下，在自治区党委政府的坚强领导下，宁夏的法治建设取得了巨大成绩，实现了从法制到法治、从以经济建设为中心到以人民为中心、从依法治国到全面依法治国、从法制建设到法治改革、从法律体系到法治体系、从法治国家到法治中国、从有法可依到良法善治的巨大飞跃。党的十八大以来，在以习近平同志为核心的党中央领导下，宁夏法治建设迈入新时代，科学立法、严格执法、公正司法、全民守法不断推进，依法治区的社会氛围正在形成，法治思维、法治方式正在成为宁夏人新的生活方式的重要内容。2018年是全面决胜小康社会的关键年份，也是法治宁夏建设取得实效的一年。自治区党委政府按照十八届四中全会、十九大报告以及自治区十二次党代会报告要求，全力推进法治宁夏建设，在地方立法、行政执法、司法改革、法治社会建设等领域取得了一系列成绩。宁夏长期保持社会和谐稳定，人民安居乐业，民族团结和睦，宗教有序和顺的大好局面，不但为宁夏经济社会发展奠定稳定的社会环境，有力推进宁夏经济社会全面发展，也为法治中国建设作出了应有的贡献。

作者简介 李保平，宁夏社会科学院社会学法学研究所所长、研究员。

一、让法治成为未来宁夏发展核心竞争力的重要标志——2018年宁夏法治建设状况

自治区十二次党代会报告指出要坚定不移推进法治宁夏建设。法治是国家治理体系和治理能力的重要依托，必须加快依法治区进程，让法治成为宁夏未来发展核心竞争力的重要标志。除让法治成为宁夏未来发展核心竞争力的重要标志外，自治区十二次党代会还提出让创新成为宁夏未来发展的核心竞争力，实施创新驱动战略在宁夏"三大战略"中排在首位，处于非常重要的地位。从自治区十二次党代会对"两个"核心竞争力的表述看，法治不但是推动宁夏经济社会发展的核心竞争力，而且还是核心竞争力的重要标志，凸显了法治在宁夏未来发展中的突出地位和优先发展方向。

（一）紧紧围绕中心工作，地方立法成绩斐然

2018年是改革开放40周年，40年改革开放的历史，也是宁夏地方立法从无到有逐渐发展进步的历史。1980年5月14日，宁夏回族自治区第四届人大常委会第二次会议审议通过《宁夏回族自治区实施〈选举法〉施行细则》，这是宁夏第一部地方立法。38年来，在自治区党委领导下，宁夏回族自治区人大紧紧围绕全区中心工作，服务大局，开展了富有成效的立法工作。截至2017年7月，自治区人大及其常委会共制定现行有效地方法规164件，涉及政治、经济、文化、社会、生态等领域，初步实现了地方立法领域的全覆盖和地方立法的体系化，为宁夏改革发展提供了立法支撑。2018年也是全面贯彻落实党的十九大报告精神的开局之年，是全面建成小康社会的关键年份，按照统筹推进"五位一体"总体布局和协调推进"四个全面"战略布局要求，法治小康既是全面建成小康社会的保障，也是全面建成小康社会的重要标志。

1.发挥立法引领作用，以良法促善治

2018年，自治区人大及其常委会共审议通过地方性法规17件，其中制定2件，修订7件，修正6件，废止2件，批准设区的市地方性法规14件，其中制定6件，修改8件。具体如下：根据宁夏经济社会发展需要，制定《宁夏回族自治区生态保护红线管理条例》《宁夏回族自治区绿色建

筑发展条例》2部地方性法规；对与宁夏经济社会发展不相适应的《宁夏回族自治区促进科技成果转化条例》《宁夏回族自治区老年人权益保障条例》《宁夏回族自治区实施〈工会法〉办法》《宁夏回族自治区民族教育条例》《宁夏回族自治区奶产业发展条例》《宁夏回族自治区清真食品管理条例》予以修改。根据全国人大常委会关于实行宪法宣誓制度的决定，对《宁夏回族自治区实施宪法宣誓制度办法》等进行修正，对《宁夏回族自治区私营企业工会条例》《宁夏回族自治区文化市场管理条例》予以废止。通过"立、改、废"，及时回应社会关切，为宁夏经济社会发展提供了高效立法保障，对促进宁夏经济社会健康发展发挥了重要的作用。

2. 加强备案审查，力促法治政府建设

2018年，自治区人大法工委共向全国人大常委会、国务院报送法规31件，接受报备的规范性文件和政府规章36件。备案审查是保证宪法、法律实施的一项制度安排，是以良法促善治的基础性工程，对维护国家法制统一具有重要价值。为使备案审查工作有效落实，自治区人大法工委采取任务责任量化到承办单位、审查人员的办法，明确工作时限，确保审查工作落实到位。坚持主动审查和被动审查并重，定期核对自治区政府、各市人大常委会公报，避免规范性文件的漏报，确保有件必备、有备必审、有错必纠。2018年先后对有关方面及个人反映的关于依法严厉打击破坏森林资源违法犯罪行为指导意见，经济发达镇行政管理赋权意见以及吴忠市、泾源县有关春节期间禁止燃放烟花爆竹等有关规范性文件进行了审查、答复。加强备案审查信息化建设是自治区人大法工委2018年做的一项重点工作。2018年5月，在自治区人大信息中心的配合下，在宁夏五市举办了规范性文件备案审查系统培训班，对200多参训人员进行了系统操作实务培训。由于备案审查信息化平台建设卓有成效，2018年8月2日在广州召开的全国备案审查信息平台现场推进会上，宁夏向大会做了平台建设经验介绍，得到与会各方一致好评。

3. 指导设区的市地方立法工作，提升立法质量

设区的市地方立法，是一项新生事物。由于设区的市长期没有立法权，立法能力不足，立法人才资源短缺是各市人大常委会普遍面临的问题。为

提高设区的市地方立法质量，自治区人大常委会法工委采取提前介入、严格审查等方式，有效保证立法质量。2018年，自治区人大批准的设区的市地方性法规共14件，其中制定6件，修改8件。由于工作扎实，立法质量得到可靠保证，推进了地方经济社会发展。为提高设区的市地方人大常委会立法能力，自治区人大常委会法工委还采取集中培训等形式为设区的市培养立法人才。2018年组织设区的市法制委、法工委10名工作人员参加了全国人大常委会法工委举办的第二期培训班，效果明显。

（二）把权力关进制度的笼子，法治政府建设扎实推进

2014年，中共中央印发了《法治政府建设实施纲要（2015—2020）》（以下简称《纲要》），规定2020年要基本建成职能科学、权责法定、执法严明、公开公正、廉洁高效、守法诚信的法治政府。2018年，宁夏各级政府落实中央和国务院的重大决策部署，在已有成绩的基础上，法治政府扎实推进，取得新的成绩。

1. 进一步深化放管服改革，打造职能科学、权责法定的法治政府

作为国家推进相对集中行政许可改革试点省区，宁夏在五个地级市和五个县开展试点，审批事项进驻服务大厅达到70%以上，实行"一枚印章管审批"，得到李克强总理的充分肯定。公布宁夏行政事业性收费和政府性基金目录清单，取消行政事业收费197项，全部取消地方涉企收费项目和二级公路收费，成为全国12个无地方审批设立涉企收费的省区。整治"红顶中介"，全区556家行业协会、商会实现与主办单位脱钩，脱钩率为72.7%。为优化政务服务质量，宁夏建成覆盖区、市、县、乡、村五级的政务服务"一张网"。目前，宁夏80.4%的服务事项可不见面办理，39个便民事项可不出村（社区）办理。宁夏推行的互联网+医疗健康和互联网+教育，被国务院办公厅作为全国优化营商环境典型经验进行推广学习。国务院办公厅电子政务办公室编制的《省级政府网上政务服务能力调查评估报告（2018）》显示，宁夏网上政务服务能力在全国31个省（区、市）和新疆生产建设兵团中排名第11位。

2. 认真落实重大行政决策程序规定，打造执法严明、公开公正的法治政府

2018年，宁夏各级政府认真贯彻落实《宁夏回族自治区重大行政决策规划》，将公众参与、专家论证、风险评估、合法性审查和集体讨论决定作为重大决策的必经程序。认真执行《宁夏回族自治区行政程序规定》，建立行政决策评估机制和重大决策终身追究及责任倒查机制，探索实行决策事项目录管理制度、重大行政决策听证制度。自治区政府的重大行政决策、重大行政事项、重大合同等均由政府法制机构进行合法性审查，2018年，共审查各类规范性文件、协议600多件。严格推行行政执法责任制，实行行政裁量权动态管理。规范行政执法程序，健全行政执法调查取证、告知、罚没收入管理制度。在总结中卫市行政执法"三项制度"试点工作的基础上，起草了《关于全面推行行政执法公示制度，执法全过程记录制度，重大执法决定法制审核制度实施方案》，现已完成征求意见和修改工作。2018年，还起草了《宁夏回族自治区行政执法监督平台方案》《宁夏回族自治区人民政府特邀行政执法监督员制度指导意见》《宁夏回族自治区人民政府特邀行政执法监督员工作规则》，通过引入外部监督机制，内外兼修，促进严格公正文明执法。

3. 强化行政权力运行监督制约，打造廉洁高效、守法诚信的法治政府

坚决贯彻执行《宁夏回族自治区行政执法监督条例》《宁夏回族自治区行政程序规定》，在全区实现"双随机、一公开"监督全覆盖，强化事中事后监管、法制监督和责任追究。高度重视人大政协监督、社会监督和舆论监督。让权力在阳光下运行，是打造廉洁高效政府的重要举措。2018年，自治区政府高度重视信息公开工作，全面推行决策、执行、管理、服务、结果公开，取得了明显的成绩，宁夏政府信息公开透明度排名在全国各省级政府中不断提高。2017年，中国社科院国家法治指数研究中心等机构继续对全国各级政府政务公开情况进行评估，宁夏在31个省级政府透明度排序中位列第22位，银川市在49个较大市中位列第7位，评估选取全国100个县级政府，宁夏贺兰县、青铜峡市分别位列第28名和第31名，名次比较靠前。银川市等市县通过电视问政等形式，强化了社会对公权力的监督,有效保障了公民的参与权、知情权、监督权。

(三)维护社会公平正义,司法责任制改革深入推进

司法是社会治理的重要场域,努力让人民群众在每一个司法案件中都感受到公平正义是司法改革的目标要求。2018年,在自治区党委领导下,在自治区人大及其常委会的监督下,在最高人民法院的指导和最高人民检察院的领导下,宁夏法院、检察院在进一步推进司法体制综合配套改革、基本解决执行难、开展公益诉讼、服务宁夏发展、维护社会稳定等方面做出了显著的成绩。

1. 全面贯彻新发展理念,为宁夏经济社会发展营造良好法治环境

生态立区战略是自治区十二次党代会提出的"三大战略"之一,为保障服务生态立区战略,宁夏法院成立了首家环境资源保护法庭,腾格里沙漠环境污染公益诉讼系列案件圆满执结,5.69亿生态环境损害赔偿金和600万环境损害公益金全部执行到位。服务创新驱动战略,加强知识产权保护,认真落实中办、国办《关于加强知识产权审判领域改革创新若干问题意见》,推进知识产权审判"三审合一"机制改革,全年审结知识产权案件389件。深入学习贯彻习近平总书记在民营企业家座谈会上的重要讲话精神,依法平等保护民营企业和民营企业家的合法权益。制定《关于充分发挥审判职能作用,为企业家创新创业营造良好法治环境的实施意见》,依法平等保护民营企业家人身财产和企业合法权益。通过信息化建设,进一步完善诉讼服务中心平台建设,为人民群众提供更加高效的诉讼服务。坚持依法保护、契约自由、诚实守信的原则审理各类民事案件,妥善化解民商事纠纷,有力维护了社会稳定。充分发挥"化解行政争议、保护合法权益、监督依法行政"的司法功能。依法审理行政诉讼案件,连续十年发布行政审判白皮书,提出问题、分析原因、提出建议,助推法治政府建设,营造清亲政商环境。

2018年,宁夏检察机关紧紧围绕自治区中心工作,服务经济社会发展大局。为发挥检察机关在推动宁夏"三大战略"实施中的作用,宁夏回族自治区人民检察院先后制定了《宁夏检察机关关于进一步履行检察职能服务自治区"三大战略"的意见》《宁夏回族自治区人民检察院关于充分发

挥检察职能,加强生态环境保护工作的意见》《关于宁夏检察机关服务保障打好精准脱贫攻坚战助力脱贫富民战略的实施意见》,为宁夏"三大战略"实施提供有力司法保障。

2. 落实总体国家安全观,坚决维护国家政治安全和社会和谐稳定

严惩各类刑事犯罪,严厉打击非法集资、合同诈骗、组织传销、套路贷等涉众型经济犯罪。2018年1—11月,宁夏法院共受理刑事案件9720件,同比上升0.66%;深入开展扫黑除恶专项斗争,强化组织领导,与公安机关、检察机关建立协调联络和重点案件跟踪督办机制,审结郭某某等52人涉黑犯罪案件,判处五年以上有期徒刑10人;深入总结重大职务犯罪案件审判经验,完善职务犯罪审判机制,依法惩处腐败犯罪,审结张某、吴某某等职务犯罪案件,始终保持对腐败犯罪的高压态势;认真学习贯彻国家监察法,加强国家监察与司法审判有机衔接,完善办理职务犯罪案件相互配合、互相制约机制。2018年1—11月,宁夏检察机关批准逮捕各类刑事犯罪嫌疑人3626人,同比下降3.1%;提起公诉6793人,同比下降0.6%;批准涉黑涉恶犯罪嫌疑人360人,起诉208人。加大法律监督力度,监督公安机关立案24人,纠正漏捕59人,追加起诉21人。严厉打击伤害未成年人的刑事犯罪,积极参与校园欺凌专项整治,起诉校园暴力犯罪171人。强化检察监督,从立案监督、侦查监督、审判监督、执行监督到民事行政监督,形成全方位的监督格局,有力维护了社会公平正义。截至2018年2月,宁夏三级检察院的反贪污贿赂、反渎职侵权和职务犯罪预防部门职能、机构和308名检察人员全部转隶自治区纪委监委,整体划转政法专项编制503个,转隶工作平稳有序,圆满完成。为适应《中华人民共和国监察法》和新修订的《中华人民共和国刑事诉讼法》的要求,与自治区纪委监委联合制定了《办理职务犯罪案件工作衔接办法》《职务犯罪案件证据收集审查基本要求与案件材料移送清单》,为办理监委移送案件提供了基本遵循。与自治区公安厅联合制定《办理监委移送审查起诉案件执行逮捕强制措施工作衔接办法》,完善了检察机关对监委已采取留置措施案件先行拘留的业务流程。决定逮捕职务犯罪嫌疑人27人,起诉64人,其中对自治区交通运输厅原厅长许某某,农垦集团原董事长王某某;宁夏医科

大学原副校长、宁夏医科大学总医院原院长杨某某等7名厅局级领导干部提起公诉。

3. 全力以赴攻坚"基本解决执行难"，广泛开展公益诉讼，切实保障胜诉当事人合法权益和社会公共利益

为贯彻落实党的十八届四中全会作出的"切实解决执行难"的决策部署，2016年3月，最高人民法院提出"用两到三年时间基本解决执行难"。2018年是"基本解决执行难"的攻坚决战之年，在自治区党委的领导下，在最高法院的指导下，宁夏法院构建了党委领导、政法委协调、人大监督、政府支持、法院主办、部门配合、社会参与的综合治理执行难工作格局。经过近3年的努力，宁夏法院执行工作通过了第三方评估，决胜"基本解决执行难"取得阶段性胜利，自治区高级法院被最高法院确定为全国五家解决执行难"样板法院"之一。2017年6月，全国人大常委会修改《中华人民共和国民事诉讼法》和《中华人民共和国行政诉讼法》，正式确立检察机关提起公益诉讼制度。宁夏检察机关在生态环境和自然资源保护、食品药品安全、国有财产保护、国有土地使用权出让、英烈保护等领域全面开展公益诉讼工作，发现公益诉讼案件线索776件，立案729件，向行政机关发出诉前检察建议695件，向审判机关提起刑事附带民事公益诉讼25件，有效维护了社会公共利益，捍卫了社会核心价值。

4. 全面深化司法体制改革，加快推进智慧司法建设

在全面落实司法责任制的基础上，进一步深化司法体制综合配套改革。完善新型审判权力运行机制，完善审判权力监督管理机制和惩戒制度，完善法官员额动态管理机制，加强法官权益保障，正确处理放权与监督、约束与激励、责任与保障的关系，规范司法权力运行，防止司法腐败。深化以审判为中心的刑事诉讼制度改革，全面落实庭前会议、非法证据排除、法庭调查"三项规程"，完善侦查人员、鉴定人、证人出庭作证机制，促进庭审实质化。自治区检察院深入推进以审判为中心的刑事诉讼制度改革，建立公检法联席会议制度，制定侦查人员、证人、鉴定人等出庭办法，与公安机关就"诉侦一体化"达成共识，初步形成一整套工作机制，为进一步完善司法改革迈出坚实步伐。信息化建设是近年来司法机关基础设施建

设的重点工程，通过智慧法院、智慧检务建设，推动了大数据、人工智能在司法工作中的运用，不但提高了司法效率，也为打造阳光司法创造了条件。

(四) 公安工作成效显著，社会长期保持和谐稳定

2018 年是自治区成立 60 周年，宁夏各级公安机关以 60 周年庆祝活动安保维稳为中心工作，积极开展各项工作，维护了全区社会稳定大局，为经济社会发展创造了稳定环境。

1. 坚持总体国家安全观，维护民族地区社会稳定

民族地区社会稳定是大局大事。2018 年，宁夏各级公安机关在自治区党委政府的坚强领导下，圆满完成自治区成立 60 周年庆祝活动，给党中央、全国各族人民交上了一份满意的答卷。由于特殊的区位和历史文化因素，近年来，宁夏反恐维稳形势日渐严峻。宁夏公安牢牢守住不发生暴恐袭击案件的底线，研究出台了《关于进一步做好新时代反恐怖工作的实施意见》《反恐怖工作领导小组工作规则》《反恐怖工作履职报告、问题通报、约谈、问责暂行规定》3 个文件，做到反恐怖工作制度化、规范化。信息情报搜集工作是反恐怖工作的基础性工程，为加强反恐怖信息化工作，宁夏建成反恐怖情报信息平台，实现了反恐怖数据上下贯通、左右互联，为反恐怖斗争提供准确信息支持。针对宁夏民族宗教问题突出敏感的特点，坚持以党和国家民族宗教政策法规为基本遵循，妥善处理宗教内部矛盾，坚持保护合法，制止非法、遏制极端、抵御渗透、打击犯罪的基本原则，对非法传教等活动依法查处，有效挤压了非法宗教活动空间。

2. 严厉打击各类违法犯罪活动，不断满足人民群众日益增长的平安需求

2018 年，宁夏各级公安机关强力推进"扫黑恶、反邪教、打涉众、大收戒、攻侵财、缉枪暴、净网络"七大战役，确保全区刑事案件持续下降，治安形势持续好转。刑事案件、八类主要刑事案件发案数同比分别下降 8.1%、12.1%，全区刑事案件破案率达 49.3%。现行命案发案同比下降 19.6%，破案率保持 100%。成功侦破了 9·17 故意杀人案、10·07 杀人抛尸案等一批群众反映强烈、社会影响恶劣的典型案件，取得了较好的社会效果。针对涉及民生的刑事案件逐年上升的形势，建成区市两级反电信诈骗中心，挽回经济损失同比上升 1327%，破获一批传销大案，铲除了传销的

土壤。"两抢一盗"等侵财类案件同比下降14.5%。查处有毒有害食品及生产销售假药、破坏环境、制假造假等刑事案件100余件,震慑了犯罪,保护了人民群众舌尖上的安全。开展声势浩大的反毒禁毒斗争,毒品形势得以根本好转,现有吸毒人员降至1.5万人,较2017年下降17.8%。

3.搭建社会治安防控体系,筑牢社会稳定根基

社会稳定的基石在基层,社会稳定的难点也在基层,稳基层就是稳基础。2018年,宁夏公安全面推进"一村(社区)一警"社区防控体系建设,通过信息化数据平台建设,筑牢基层人防技防基础。针对高危人员,严格制度要求,确保"一人不漏、一刻不误、一控到底"。加大公共安全管理力度,交通事故、火灾事故等明显减少,全区公共安全形势持续好转。

(五)司法行政改革助力法治社会建设

2018年,全区司法行政工作围绕国家改革发展大局,坚持党建引领,强基础、抓落实、求创新,各项工作取得新成效、实现了新的发展。

1.充分发挥党建引领作用,在全国率先实现律师行业党建全覆盖

以十九大精神为指导,贯彻学习习近平新时代中国特色社会主义思想,通过"司法行政大讲堂"等形式,不断提高和强化干部队伍"四个意识""四个自信"。建立机关党建常态化学习制度,每月开展"1+4+X"主题党日活动,推动全系统党建制度化、常态化。加强律师行业党组织建设,率先在全国实现省级及以下律师行业党组织全覆盖,为无党员的律师事务所选派党建联络员、指导员19人,全区律师事务所实现了党组织和党建工作全覆盖。

2.助力社会治理,维护社会和谐有序

2018年,司法行政机关认真履行职责,在监狱、戒毒场所管理,社区矫正,矛盾化解,法律服务方面均取得了较好成绩。监狱内部管理不断加强。开展了"整顿监狱秩序,净化改造环境"活动和"百日安全整治行动",建设狱内文化设施,提升改造质量。按照全国司法行政戒毒工作座谈会部署要求,推动建立统一的戒毒工作模式,各场所统一设置"四区"和"五大中心",制定相应的工作流程和岗位标准,提高科学化水平。建立健全社区矫正重大事项报告制度,明确社区矫正重大事项报告项目、认定标

准、报告时限和方式，建立社区矫正和安置帮教工作评价考核指标体系。2018年，宁夏作为全国试点开展为期3个月的"坚持发展'枫桥经验'实现矛盾不上交"试点工作，着力打造新时代宁夏版的"枫桥经验"。共化解各类矛盾28318件，实现了全区信访总量和集体访、进京访、越级访、民商事案件"五下降"。

3. 公共法律服务体系建设取得实效

2018年，宁夏司法行政机关提请自治区党委政府出台《关于进一步推进法律公共服务体系建设的意见》，投入1670万元专项经费建成县（区）、乡镇（街道）、村（社区）三级公共法律服务实体平台，建成率100%。提请自治区政府印发《关于开展一村（社区）一法律顾问工作的实施意见》，推进一村（社区）一法律顾问工作实现全覆盖。出台《关于充分发挥律师专业优势，服务"三大战略"，促进法治宁夏建设的工作意见》，主动服务宁夏重大决策。严格落实司法部"双严十二条"规定，在全区司法鉴定行业开展规范整治活动，注销17家僵尸机构，召开宁夏司法鉴定协会换届大会，为宁夏司法鉴定发展提供组织保证。扎实开展"七五"普法活动，建立完善普法责任"四清单一办法"，促进各级党委、政府部门落实"谁执法谁普法"普法责任制，法治宣传突出主题，广泛应用多媒体大数据，法治宣传更加接地气，通过"百名法治模范"、"十大法治人物"、最美人民调解员评选，产生了较好的社会效益。

4. 司法行政改革取得新突破

按照司法部《关于加快推进司法行政改革的意见》，制定了《宁夏司法行政改革分工实施方案》。在银川市、石嘴山市开展刑事案件审判阶段律师辩护全覆盖试点和律师参与城管执法试点工作，在中卫市公证处开展合作制公正机构试点工作，在全区27个法院、11个看守所基本建立律师值班工作运行机制，实现法律援助值班律师工作全覆盖，协调自治区财政将社会律师值班补贴纳入各级财政法律援助经费予以保障。

（六）法治队伍建设水平不断提高，法治能力有较大提升

第十八届四中全会作出的《中共中央关于全面推进依法治国若干重大问题的决定》（以下简称《决定》），明确提出要加强法治工作队伍建设，

着力建设一支忠于党、忠于国家、忠于人民、忠于法律的社会主义法治工作队伍。

1. 法治专门队伍建设水平持续提高

2018年全区政法系统干部职工深入贯彻落实中共中央《关于新形势下加强政法队伍建设的意见》和自治区党委《关于新形势下加强政法队伍建设的实施意见》，从思想建设入手，通过制度建设和体制机制改革，法治队伍建设取得新成效。法治专门队伍建设要突出各级领导班子建设这个关键，把作风民主、公道正派、能力突出的优秀人才选拔到领导岗位。要推进法治专门队伍正规化、专业化、职业化，提高职业素养和专业水平。法治专门队伍是维护社会稳定的重要力量。树立"四个意识"，坚定"四个自信"，坚决做到"两个维护"，勇于担当是对法治专门队伍的基本要求。2018年，自治区政法系统坚决贯彻落实党中央、自治区党委重大决策部署，在自治区"60周年大庆""扫黑除恶"专项斗争、法治改革中作出了重要贡献。为了推进政法能力建设，自治区党委政法委围绕宪法修改、总体国家安全观、民族宗教等热点问题，举办政法大讲堂，提高认识。各政法单位都出台了人才建设规划和实施方案，形成了人才培养制度化和长效机制。

2. 法律服务队伍建设稳步推进，成效显著

加强律师队伍建设，特别是加强律师队伍思想政治建设，把拥护中国共产党领导、拥护社会主义法治作为律师从业的基本要求。2018年，宁夏律师队伍建设突出政治引领，律师行业党建工作取得新突破，实现党的组织和工作全覆盖。2018年，宁夏律师共担任法律顾问2284家，公益法律服务6259件，12名律师入选自治区党委法律服务专家库。推荐24家律师事务所为破产人管理律师事务所，建立律师名册、知识产权人才库、涉外法律服务机构和涉外法律服务人才库，服务宁夏经济建设。通过公正机构改革试点，进一步激活公正市场活力。2018年全区新增人民调解组织320个，人民调节"四张网"建设入选中央政法委2018年开展的"政法战线改革之星"80个典型经验。制定了《宁夏专职人民调解员管理办法》《宁夏人民调解员等级评定管理办法》，建立了纠纷信息员、专职调解员、金牌调解员、兼职调解员、人民调节志愿者5支队伍，建成人民调节专家库270

个，吸收892名律师等法律工作者充实人民调解员队伍。

3.法学研究队伍不断壮大，研究水平不断提高

十八届四中全会《决定》要求，要坚持用马克思主义法学思想和中国特色社会主义法治理论全方位占领高校、科研机构法学教育和法学研究阵地，加强法学基础理论研究，形成完善的中国特色社会主义法学理论体系、学科体系、课程体系。宁夏现有法学研究机构4个，分别为宁夏社会科学院法学社会学研究所、宁夏党校法学教研部、宁夏大学政法学院、北方民族大学法学院，自治区法学会作为人民团体，也是法学界、法律界的学术性团体，在推动宁夏法学研究工作方面发挥了重要作用。近年来，宁夏法学界积极服务经济社会发展，3人被聘为自治区党委法律顾问，多人被聘为自治区人大立法咨询专家、自治区人民政府法律咨询委员会委员、自治区法官检察官遴选委员会专家组成员和法治宣传讲师团成员，在依法治区和法治宣传教育活动中发挥了重要作用。

二、让法治思维和法治方式成为宁夏人生活方式的重要内容——2018年宁夏法治建设存在的问题与不足

法治是一种社会治理形式，也是一种生活方式。从人类社会发展的历史看，在较长的时间内，宗教、道德以及法制构成了人类社会治理的规则体系，在不同的国家地区和文化背景下，三者的地位作用与影响有所不同。近代以来，随着资本主义的兴起，法治作为一种治理形式才开始产生并逐渐成为一种强势话语体系。法治的历史虽然只有数百年，但迄今为止却没有一个统一的法治概念和法治模式，法治总是与各个国家的历史文化传统紧密结合在一起，形成了法治的"地域"特色。2018年是中国改革开放40周年，也是法治国家建设的40年，更是法治宁夏建设40年。十一届三中全会不但把党和国家工作的重点转移到经济建设上来，而且提出了加强社会主义法制的号召，开创了改革开放法治建设新历程。1997年党的十五大报告划时代地提出"依法治国，建设社会主义法治国家"的号召，开启了依法治国的新阶段。党的十八大以来，以习近平同志为核心的党中央在全面依法治国，在建设中国特色社会主义法治体系和法治国家的实践中，提

出了许多原创性的法治思想，把中国特色社会主义法治国家建设引向新时代。回顾历史，我们可以看出，同其他形式的治理相比，我国法治建设的历史较短，法治国家建设的任务更加繁重。2018年是宁夏回族自治区成立60周年。60年来，在党中央国务院的亲切关怀下，在自治区党委的坚强领导下，在科学立法、法治政府、司法公正、法治社会建设等方面都取得了历史性成绩。2018年也是全面决胜小康社会的关键年份，宁夏的法治建设事业在原有基础上又有所进步。与此同时，也应清醒地看到，距离自治区十二次党代会提出的让法治思维和法治方式成为宁夏人生活方式的重要内容的要求，我们还有较大的差距。

（一）对法治的认知还存在不足，对原有的治理模式有较深的路径依赖

党的十八届四中全会《决定》指出：依法治国，是坚持和发展中国特色社会主义的本质要求和重要保障，是实现国家治理体系和治理能力现代化的必然要求，事关我们党执政兴国，事关人民幸福安康，事关党和国家长治久安。全面建成小康社会、实现中华民族伟大复兴的中国梦，全面深化改革、完善和发展中国特色社会主义制度，提高党的执政能力和执政水平，必须全面推进依法治国。但在现实生活中，许多人还存在对法治的误解和曲解，总认为法治束缚了手脚，把为官不为归咎于法治。有些人把法治看成经济发展起来后的奢侈品，认为发展还是要靠政策和强制，习惯沿用老办法处理问题，法治意识和法治思维明显不足。从社会视角看，自觉守法、遇事找法、解决问题靠法的社会氛围还没有完全形成，权利意识与义务观念不对等的现象还比较普遍，距离让人们认识到法律既是保障自身权利的有力武器，也是必须遵守的行为规范的要求还存在一定的差距。

（二）立法还不能完全适应改革开放和发展需要，引领改革发展的作用发挥不够

法律是治国之重器，良法是善治之前提。建设中国特色社会主义法治体系，必须坚持立法先行，发挥立法的引领和推动作用。做到重大改革于法有据，立法主动适应改革和经济社会发展需要。按照十八届四中全会《决定》要求，自治区人大常委会做了大量立法工作。但我们也看到，宁夏的立法不能完全满足社会需要的问题依然凸显，对地方立法权特别是民族地方立法权的运用不是很充分，在内陆开放试验区、丝绸之路经济带建设等涉及宁夏改革开放大局的领域内，尽管有国家先行先试的政策，但宁夏在立法上基本是空白，影响了宁夏改革开放和内陆开放试验区建设的速度和质效。

（三）行政执法存在短板，影响法治政府建设实效

法律的生命在于实施，法律的权威也在于实施。职能科学、权责法定、执法严明、公开公正、廉洁高效、守法诚信是第十八届四中全会《决定》对法治政府建设的基本要求。从近年来法治政府建设的情况看，行政执法领域是法治政府建设的短板，中国政法大学中国法治政府评估报告认为，我国行政执法水平不高，总体处于不及格状态，宁夏的情况也基本如此。政府的行为具有较强的外部性，法治政府建设的好坏不是看政府做了什么，而是社会有什么反应，采取了什么样的态度。从这个意义上说，行政诉讼案件的多少是考察行政执法水平高低的最为客观真实的指标之一。据不完全统计，2018年1—11月，宁夏法院共受理各类行政案件5003件，同比增长53.14%，其中银川市两级法院共受理各类行政案件2525件，占全区行政案件一半以上，同比上升89.28%；吴忠市两级法院受理行政案件238件，同比上升23.96%；固原市两级法院共受理各类行政案件601件，同比增长11.9%；中卫市两级法院共受理各类行政案件375件，同比增长34.41%。全区只有石嘴山市两级法院审理的行政案件呈同比下降态势，下降了31.54%，但石嘴山人口基数小，绝对数量仍然较大，达到306件。以上数据只是法院受理的行政案件，还有相当数量行政案件没有进入司法程序，说明行政执法环节仍然是宁夏法治政府建设的短板。采取有效措施，提高行政执法水平，应是宁夏法治政府建设的重点。

（四）法治改革的系统性不强，配套改革相对滞后，改革红利与群众感受存在一定落差

党的十九大报告指出：全面依法治国是国家治理的一场深刻革命。既然是革命，改革便是法治建设的应有之义。法治改革不同于司法改革等具体领域改革，它是一系列改革举措，涵盖法治建设的方方面面。十八届三中全会出台了20多项重大法治改革举措，四中全会出台了190项重大法治

改革举措，针对立法不良、有法不依、执法不严、司法不公、监督疲软、权力腐败、人权保障不力、诚信缺失等现象作出了全面改革部署，改革取得显著成绩。法治改革是全方位立体式改革，既有横向改革，也有纵向改革，系统思维是改革取得实效的关键。法治改革的系统性缺失一般是指两个层面的问题：一是不同部门之间改革的衔接配套问题，如司法体制改革与监察体制改革、公安改革、司法行政、社会改革等领域的改革之间是否衔接相互配套的问题；二是部门内部改革是否衔接，体制机制是否顺畅，是否达到改革预期的问题。由于改革是一项渐进的事业，不可能一蹴而就，进一步完善改革内容，深化各领域综合配套改革，最终形成系统科学高效的法治改革框架和运行体制机制，让更多人民群众切身感受到法治改革的红利仍然是法治改革面临的重要任务。

（五）社会诚信意识有待提升，法治社会建设任重道远

未来社会的竞争，是科技竞争、资本竞争、人才竞争，更是社会资本的竞争。当一个地区聚集了大量的社会资本，就会形成虹吸效应，决定技术人才资本流向。社会诚信是社会资本的重要内容，是决定一个地区经济竞争力的重要指标。近年来，自治区党委政府高度重视诚信体系建设工作，形成了较为完善的个人征信、企业征信、社会组织征信系统，极大提高了社会的征信水平。但我们也看到，诚信意识的缺失原因是多方面的，需要全社会共同发力，才能有效解决诚信缺失的问题，其中公共权力机关的引领尤为重要。立法引领、司法引领、政府引领可以进一步明确我们提倡什么、反对什么、禁止什么，对社会诚信意识的形成具有重要影响。在这方面，我们还存在明显的不足，社会主义核心价值观在立法、司法、行政执法中贯彻不够，"救不救""劝不劝""追不追""扶不扶"仍是经常困扰群众的问题，政府诚信仍是社会关注的一个话题，新官不理旧账仍是一个长期存在的顽疾，需要下大力气解决。推动社会主义核心价值观转化为社会公众的情感认同和行为习惯，我们还有许多工作要做。但无疑，各级党委政府首先应该做出表率。

（六）法治队伍素质有待提高，服务社会能力有待提升

四中全会《决定》要求：全面推进依法治国，必须大力提高法治工作队伍思想政治素质、业务工作能力、职业道德水平，着力建设一支忠于党、忠于国家、忠于人民、忠于纪律的社会主义法治工作队伍，为加快建设社会主义法治国家提供强有力的组织和人才保障。虽然宁夏党委政府对提高法治工作队伍素质做了大量工作，但还存在一些较为突出的问题。一是法治专门队伍存在招人难、留人难的问题，导致基层队伍年龄结构不合理；人员素质与新形势新要求还有较大差距，专业知识不扎实，信息化技术能力不足已经成为制约法治专门队伍发展的瓶颈；虽然反腐力度不断加大，但违纪违法问题依然突出，2015年查处违纪违法干警87人，2016年为107人，2017年为114人，2018年前三个季度为135人，基层一线违纪违法案件多发高发。二是律师队伍建设存在短板。律师服务地方经济社会发展的能力还不强，服务领域较窄，专业化程度较低，不能适应改革开放和现代化建设的需要，特别是现代金融、期货、投融资、股权改制等非诉讼领域涉猎不多，影响了服务能力。律师业收入差距较大，青年律师生存状况堪忧，影响了律师业健康发展。三是法学研究力量不足，法学基础学科相对薄弱，高水平研究人才匮乏的现状没有根本性改变，提高研究水平，建设一支高素质的法学研究队伍，是宁夏法治队伍建设应予以关注的问题。

三、全面依法治国是中国特色社会主义的本质特征——对法治宁夏建设的思考和2019年法治宁夏建设展望

（一）必须高度重视法治宣传教育，提高全社会对厉行法治的认知，达成法治共识

必须要从社会主义本质特征的高度理解全面依法治国的重要意义。党的十九大报告指出：全面依法治国是中国特色社会主义的本质要求和重要保障，也是国家治理的一场深刻革命，必须坚持厉行法治，推进科学立法、严格执法、公正司法、全民守法。从依法治国到全面依法治国，说明法治已经不是单纯意义上的治理工具，而是目的价值与工具价值的有机统一，是建设中国特色社会主义的基本要求，必须要从国家治理体系与治理能力现代化的高度理解法治建设的重要意义。全面推进依法治国，总目标是建设中国特色社会主义法治体系，建设社会主义法治国家。国家治理体系和

治理能力现代化是一项宏大的事业，总结国内外国家治理的经验和改革开放40年的奋斗历程，历史一再昭示，法治且只有法治，才能促进国家治理体系和治理能力不断迈向现代化，必须要从法治就是生产力和竞争力的高度看待和理解法治建设的重要意义。习近平总书记指出，一些国家在经历快速增长后，并没有迈进现代化的门槛，而是陷入这样或那样的陷阱，出现经济社会发展停滞甚至倒退，主要是与法治不彰有关。自治区十二次党代会报告提出要让法治成为未来宁夏发展核心竞争力的重要标志，就是认识到竞争力就是生产力，核心竞争力就是核心生产力。厉行法治，就是为宁夏经济社会建设创造良好的发展环境，以法治软环境弥补发展硬环境的不足，提高宁夏的经济竞争力，要从法治是解决经济社会发展问题的总抓手的高度去理解和认识法治。供给侧结构性改革、构建新型政商关系、平等保护私有产权、保护知识产权、铲除腐败、解决收入差距是我们近年来面临的比较棘手的发展问题，而要解决这些问题，离不开法治。我国虽然还处于发展的战略机遇期，但发展中的不确定因素明显会增多，在推动经济高质量发展的同时，也会产生许多社会矛盾和问题，只有牢固树立法治理念和法治思维，以法治方式处理和解决社会矛盾和问题，才能最大限度化解纠纷，保持社会长治久安。

（二）地方立法必须要适应新时代新要求

党的十九大做出了一个重大判断：经过长期努力，中国特色社会主义进入新时代，这是我国发展新的历史方位。新时代必然要有新要求，对宁夏的地方立法工作也有新的期待。应坚持"以人民为中心"的发展理念，紧扣人民日益增长的美好生活需求和不平衡不充分的发展之间的矛盾，关注公共安全、高质量发展和民生福祉，加强宁夏地方立法工作。应坚持立法为改革开放服务的理念，紧扣内陆开放试验区和丝绸之路经济带建设，做好立法规划，满足社会对改革开放的立法需求。党的十九大以后，我国改革开放进入新的阶段，改革的步伐越来越快，开放的大门会越开越大，宁夏的地方立法要适应跟进形势变化，充分利用制定、修改、废止、解释、授权、决定等多种立法形式，为宁夏对外开放提供法治保障。坚持以良法促善治，将社会主义核心价值观融入地方立法。习近平总书记强调，要坚持依法治国和以德治国相结合，强化道德对法治的支撑作用，法律法规要树立鲜明的道德导向，把社会主义核心价值观贯穿其中。在现实生活中，社会救助、见义勇为、志愿服务、移风易俗、尊老爱幼、民族文化等都牵涉价值判断问题，地方立法对此要作出积极回应，积极引领社会道德风尚。

（三）强化行政执法领域改革和监督管理，着力打造法治政府

《纲要》提出，到2020年基本建成职能科学、全责法定、执法严明、公开公正、廉洁高效、守法诚信的法治政府。2018年是实施《纲要》的第四个年头，法治政府基本建成已经进入最后冲刺阶段。从宁夏法治政府建设的总体情况看，守法诚信是短板，在行政执法领域表现的尤为明显。要聚焦法治政府建设主要问题进行突破，有针对性提出解决问题方案，通过卓有成效的工作，圆满完成《纲要》确定的目标任务。习近平总书记非常重视公共权力的公信力建设，曾借助"塔西佗陷阱"说明政府公信力建设的重要性。塔西佗陷阱是指：当政府部门或某一组织失去公信力时，无论说真话还是说假话，做好事还是做坏事，都会被认为是说假话、做坏事。各级政府要正视公信力问题，提高政府的信任度，避免出现"中央是恩人，省里是亲人，县里是好人，乡里是恶人，村里是仇人"的现象。

（四）进一步加强法治改革的系统性，提高法治改革的实效

从法制建设到法治改革，是改革开放40年中国法治建设的一个重大转变。如果说，从十一届三中全会到党的十八大在法治上我们注重建设的话，那么党的十八大以来，法治出现了改革与建设并重更加注重法治改革的新形势。由于法治改革牵涉多个部门，系统性的要求就日益凸显：在立法领域，基于政府立法的传统，人大主导地位如何与政府立法兼容；在法治政府建设方面，人大监督、司法监督、民主监督、社会监督、舆论监督如何有效；在司法改革方面，如何协调处理好司法机关与监察委、公安、司法行政的关系；等等。在法治部门内部，随着改革的深入，也存在改革的系统性问题，主要表现为相关改革措施的综合配套改革。以司法改革为例，司法责任制、员额制、人财物统管等大的改革任务完成后，进一步全面落实司法责任制，完善新型审判权、检察权运行机制，完善审判检察监督管理机制和惩戒机制，完善法官、检察官员额动态管理机制、解决案多人少的问题等就成为下一步工作的重点。法治改革是一项宏大的系统工程，改革一定要有系统思维和整体把握，要避免改革碎片化和部门利益化倾向，在这方面，政法委要发挥组织协调和政治引领作用。

（五）增强全民法治观念，切实推进法治社会建设

法治社会需要法律信仰。法律的权威源自人民的内心拥护和真诚的信仰。法律信仰是法治社会建设的重要条件，而法律信仰的生成则是一个非常复杂的过程。历史文化传统、现实法治状况、法治宣传教育、个人法治素养都会对法律信仰的生成产生影响。其中现实的法治状况对法律信仰的形成具有决定性影响，公共权力机关的行为对法律信仰的生成具有重要的引领作用。法治社会建设，表面是在社会，根子其实在政府。法治社会需要公民的权利观念和义务意识。权利观念可以有效防止公权力对公民权利的侵害，义务意识则是公民对国家的守法义务，两者如一枚硬币的两面，缺一不可，法律既是保障公民权利的有力武器，也是必须遵守的行为规范。权利与义务的对等性，是一个社会良性运行的必要条件。法治社会也是一个诚信社会。诚信是一个社会正常运转的基础，是构成一个社会的重要社会资本。一个不诚信的社会，必然导致交易成本、管理成本、生产成本、时间成本居高不下，最终会对社会造成重大伤害。加强社会征信体系建设，构建涵盖政府征信、企业征信、社会征信、个人征信在内的全区统一征信平台，对失信者平等对待，让失信者一朝失信，处处受限，只有这样，诚信社会建设才会取得实效。

（六）2019年法治宁夏建设展望

2019年是中华人民共和国成立70周年，也是全面建成小康社会的关键之年，在2018年法治建设的基础上，宁夏的法治建设将会取得更大成绩。2019年，我国面临的国际形势将会更加复杂严峻，国内经济形势稳中有变、变中有忧，经济面临下行压力。为有效应对各种挑战，法治的作用会更加凸显。展望2019年宁夏法治发展，法治将会在以下几个方面发挥重要作用。

1. 法治在创造公平竞争的制度环境方面将发挥重要作用

市场经济是法治经济，竞争是经济发展的动力，公平的竞争环境是市

场充满活力的条件，契约自由、政商关系、市场准入、公正司法、平等保护，只有在法治的环境下才能得以实现。党的十八大以来，地方竞争已经从传统的资源型竞争向法治型竞争转变，如何提高法治化水平，不但需要扎实做好各项工作，还需要引起我们高度重视。

2. 法治将会在推动宁夏经济高质量发展中发挥重要作用

刚刚闭幕的中央经济工作会议认为，我国经济运行主要矛盾仍然是供给侧结构性的，必须坚持以供给侧结构性改革主线不动摇，更多采取改革的办法，更多运用市场化、法治化的手段，在"巩固、增强、提升、畅通"八个字上下功夫。法治不仅仅是经济发展的保障，也是经济发展的动力和手段。以法治理念与法治思维解决经济发展中的问题，将会成为领导干部、管理者、企业家素质和能力的重要体现。

3. 法治将会在平等保护民营企业家人身安全和财产安全上发挥重要作用

2018年11月1日，习近平总书记在民营企业家座谈会上指出，要保护企业家人身和财产安全。稳定预期，弘扬企业家精神，安全是基本保障。新型政商关系的构建与平等保护私有产权，必须依靠法治。只有真正的法治，民营企业家的人身安全和财产安全才会得到有效保护。宁夏回族自治区党委政法委2018年12月出台《关于政法机关依法保障和服务民营企业健康发展的实施意见》，从坚持主动服务、平等保护、规范执法、综合治理四个方面，细化了21条具体实施意见，将为民营企业健康发展提供有力法治保障和优质法律服务。

4. 法治将会在依法保护知识产权，鼓励创新创业方面发挥重要作用

创新驱动战略是自治区第十二次党代会确定的"三大战略"之首。实施创新驱动，必须要严格知识产权保护。只有加强知识产权保护，才能鼓励创新，维护创新者的合法权益，创新才会具有可持续性。

5. 法治将会在"建设美丽新宁夏"中发挥重要作用

"建设美丽新宁夏"是习近平总书记在自治区成立60周年大会上的贺词，包含着对宁夏各族人民的美好祝愿。打造天蓝、地绿、水清的生态环境，必须要实行严厉的法治，为生态建设提供坚强保证。生态文明不是一个自足的体系，它的建设离不开政治、经济、文化、社会等资源的支撑，其中,实行最严格的法治,是打造生态文明的重要条件。

6.法治将会在打造中华民族共同体意识,维护宁夏社会稳定上发挥重要作用

维护民族团结的大好局面是宁夏各族人民的共同期盼。中华民族共同体既是政治共同体,也是文化共同体。民族团结、宗教和顺离不开法治的滋养。从法治宁夏到法治国家建设,最后建成法治中国,就是要致力于打造中华民族政治共同体,奠定政治认同的根基,进而为中华民族文化共同体建设创造条件、积累共识。

领域篇
LINGYU PIAN

2018年宁夏立法工作发展报告

朱 赟 杨述文 金 晶

地方立法是宪法和法律赋予有立法权的地方人大及其常委会的重要职权，是中国特色社会主义法律体系的重要组成部分，担负着保证国家法律实施、管理地方性事务、促进地方各项事业发展的重要责任。随着中国特色社会主义进入新时代，我国社会主要矛盾也发生了深刻变化，赋予了地方立法新的使命、新的任务、新的要求。对此，自治区人大及其常委会坚持以习近平新时代中国特色社会主义思想和党的十九大精神为指导，紧紧围绕自治区第十二次党代会确定的"三大战略""五个扎实推进"任务来谋划、推进地方立法工作，着力实现地方立法与自治区经济社会发展进程相适应，与改革决策相衔接，为推进法治宁夏建设作出积极探索和立法保障。

一、2018年立法工作的基本情况

2018年是全面贯彻落实党的十九大精神的开局之年，也是十二届自治区人大及其常委会依法履职的第一年。全年共审议通过自治区地方性法规

作者简介 朱赟，宁夏回族自治区人大常委会法制工作委员会主任；杨述文，宁夏回族自治区人大常委会法制工作委员会副主任；金晶，宁夏回族自治区人大常委会法制工作委员会备案审查处主任科员。

17件，其中制定2件，修订7件，修正6件，废止2件；批准设区的市地方性法规14件，其中制定6件，修改8件，立法工作稳步推进。

（一）坚持党的领导，确保立法工作的正确政治方向

党的领导是中国特色社会主义最本质的特征，是全面推进依法治国，加快建设社会主义法治国家最根本的保障，是中国特色社会主义的法治之魂。自治区人大常委会深入贯彻落实习近平总书记关于全面依法治国的新理念、新思想、新战略，准确把握新时代立法工作的基本要求，把党的领导贯穿到宁夏立法工作的全过程和各方面。

1. 围绕自治区党委确定的中心工作，开展立法活动

坚持把人大立法工作纳入自治区党委的工作部署之中，科学制订立法规划和立法计划，积极主动地把保障自治区改革、发展、稳定工作中需要用法规来规范和解决的突出问题作为立法重点，较好地发挥了地方立法对经济建设和社会发展的规范、引导、服务和保障作用。

2. 推进立法向自治区党委报告工作制度

自治区人大常委会编制的五年立法规划和制订的2018年立法计划，经常委会主任会议研究后，报请自治区党委批准后组织实施，确保全区上下达成共识，充分协调各方，从而保证了立法的顺利进行和法规的有效实施。自治区人大常委会在起草、审议、修改涉及政治性强或重大问题的法规草案时，坚持向党委请示汇报，把对党负责与对人民负责有机统一起来。

（二）坚持提高立法质量，深入推进科学立法、民主立法、依法立法

1. 发挥人大在立法工作中的主导作用

自治区人大及其常委会作为立法机关，切实加强对立法工作的组织协调，充分发挥人大在立法各个环节上的主导作用，凡是列入年度立法计划的项目，自治区人大常委会法工委都积极督促、协调各相关专委会和部门制订工作方案，细化进度要求，落实具体责任，切实把工作任务分解好、落实好。确保立法从源头上更具必要性和可行性，使法规调整的社会关系和主要制度设计更具针对性和前瞻性，以积极回应社会公众关切和经济社会发展迫切需要。同时，充分发挥各级人大代表在立法过程中的重要作用，通过向人大代表书面征求意见、召开有人大代表参加的立法座谈会等形式，

听取立法项目要解决的主要问题、主要制度设计以及法规草案基本框架等方面的合理意见，既进一步密切了同人民群众的联系，又保证了制定的法规更加符合广大人民群众的根本利益。

2. 拓展人民群众参与立法渠道

坚持以人为本、立法为民、走群众路线是做好立法工作的关键。一是实施立法过程公开化。立法规划和立法计划、法规草案及说明等立法信息，均通过自治区人大网站或者地方主要媒体予以公开，做到了立项公开、过程公开和结果公开，切实保障公众知情权，为引导公众有序参与立法活动奠定了坚实基础。二是最大限度发挥专家的智力支持作用。设立了自治区十二届人大法制委员会法律专家咨询委员会，聘请了27名长期从事法学理论研究、教学和实施领域的专家、学者作为立法专家咨询委员会成员，就法规草案中专业性、技术性较强的问题征求专家学者的意见和建议。三是参与对象广泛。以网站、报刊、问卷调查和其他形式广泛征求包括政协委员、各民主党派和社会各界人士的意见与建议，避免了法规草案起草修改的局限性，使立法更好地体现民情、汇聚民意、集中民智。

3. 坚持科学立法，完善立法工作机制

不断完善立法项目征集、起草工作机制，在编制人大常委会本届立法规划和2018年立法计划过程中，通过召开座谈会、论证会，邀请相关单位、法律学者和咨询专家提出建议，使立法规划和立法计划更加符合地方立法需求。在具体法规草案起草过程中，注重提前介入，与人大机关委员会、司法厅、政府有关部门组成联合起草小组，联合攻关，共同解决问题。为了全面了解掌握法规质量，通过采取实地查看、专题调研、问卷调查等方式对《宁夏回族自治区大气污染防治条例》进行了立法后评估，通过分析法规制度设计的合法性、合理性和可操作性，发现法规在实施过程中存在的问题与不足，为法规的进一步修改完善提供充分依据。

（三）发挥立法的引领和保障作用，坚持以良法促进发展

深入推进科学立法、民主立法、依法立法，使每一项立法都符合宪法精神、反映人民意志、得到人民拥护，这是在全面推进依法治国新的历史起点上对立法工作的新要求。自治区人大常委会坚持问题导向，突出重点领域立法，科学调整和规范社会生活的各种关系，处理好改革开放和现代化建设中的各种复杂问题，立法工作取得了新成效。

1. 适应改革发展需要，加强经济领域立法

以推动经济发展方式转变和产业结构调整为主线，加强经济领域立法。为了适应新时期宁夏促进科技成果转化的需要，加快实施自治区创新驱动发展战略，修订了《宁夏回族自治区促进科技成果转化条例》，促进了宁夏科技创新最新政策措施的法定化、制度化。保障科技成果转化财政投入，鼓励和支持企业通过购买科技成果、技术入股等方式，承接区内外科技成果并实施转化；鼓励中小微企业科技创新，规范科技成果从实验室走向市场最后一公里，保障科技成果转化的技术权益，更大激发创新活力，提升经济竞争力。

2. 保障和改善民生，强化社会领域立法

为了贯彻落实党的十九大关于"积极应对人口老龄化，构建养老、孝老、敬老政策体系和社会环境，推进老龄事业和产业发展的要求"，修订了《宁夏回族自治区老年人权益保障条例》，进一步增强了法规的针对性和可操作性，为维护老年人权益提供更好的法律保障。党的十八大、十九大对加强和改进工会工作和工会改革提出了新要求，为切实保障职工合法权益，竭诚服务职工群众，构建和谐劳动关系，促进宁夏经济社会和谐发展，根据新修订和修正的《中华人民共和国工会法》《中国工会章程》，及时对《宁夏回族自治区实施〈中华人民共和国工会法〉办法》进行了修订，进一步明确工会任务、工会组织、工会权利和义务，为工会坚持自觉接受党的领导，承担团结、引导职工听党话、跟党走的政治责任，坚持以职工为本，为工会维护职工合法权益、服务职工提供了法律保障。

3. 促进绿色发展，重视生态文明立法

加强生态文明建设和生态环境保护是党的十八大以来，以习近平同志为核心的党中央为推进全面深化改革作出的重大战略部署。为深入落实"绿水青山就是金山银山"的绿色发展理念，推进自治区生态立区战略，根据中共中央办公厅、国务院办公厅印发的《关于划定并验收生态保护红线的若干意见的通知》要求，将生态保护红线管理纳入法制轨道，制定了

《宁夏回族自治区生态保护红线管理条例》，实现一条红线管控重要生态空间，保障和维护国家和自治区生态安全。为促进绿色建筑发展，规范绿色建筑活动，节约资源，提高人居环境质量，制定了《宁夏回族自治区绿色建筑发展条例》。针对宁夏环境保护仍面临大气污染排放总量大、水环境改善不容乐观等现状，修改了《宁夏回族自治区湿地保护条例》《宁夏回族自治区污染物排放管理条例》《宁夏回族自治区实施〈中华人民共和国节约能源法〉办法》等，对现实存在的制约自治区经济社会发展的环境突出问题作出了积极回应，为自治区经济和社会的全面协调可持续发展创造了良好的法治环境。

4. 注重改废并举，推进依法立法

一是为维护宪法尊严，根据新修订的全国人民代表大会常务委员会关于实行宪法宣誓制度的决定，及时对《宁夏回族自治区实施宪法宣誓制度办法》进行了修正，保障了各地区各部门认真贯彻落实法律规定，依法组织开展宪法宣誓活动，对于激励和教育国家工作人员忠于宪法、遵守宪法、维护宪法，加强宪法实施，弘扬宪法精神，发挥了积极作用。二是为推进自治区机构改革，平稳有序调整自治区地方性法规规定的行政机关职责和工作，避免因法规尚未修改而影响改革进程和机关工作，作出了《关于宁夏回族自治区人民政府机构改革涉及自治区的地方性法规规定的行政机关职责调整问题的决定》，进一步确保行政机关依法履行职责。三是对与上位法和相关政策内容精神不符、部分条款已与宁夏经济社会发展形势不相适应的《宁夏回族自治区民族教育条例》《宁夏回族自治区奶产业发展条例》《宁夏回族自治区清真食品管理条例》予以修改，废止了《宁夏回族自治区私营企业工会条例》《宁夏回族自治区文化市场管理条例》等法规。四是在对宁夏现行有效的267件地方性法规（包含设区的市）进行全面清理自查的基础上，专门对自治区和设区的市涉及生态环境保护方面的地方性法规进行了清理，督促指导银川市对《银川市水资源管理条例》等5件地方性法规进行打包修改。

（四）加强对设区的市地方立法工作的指导

为切实提高设区的市立法质量，自治区人大常委会法工委从立法能力、立法需求、立法制度建设等方面进一步采取措施，帮助指导设区的市稳步推进地方立法工作。

1. 协助沟通，统筹好立法资源

自治区人大常委会法工委通过参加立法论证会、面对面点评等方式，加强与各设区的市进行沟通，就法规选项可能涉及的权限范围、可行性以及重点难点问题进行帮助指导，同时要求在立法数量安排上，循序渐进、量力而行、质量优先，促进设区的市科学统筹立法资源，切实提升立法选项的针对性、有效性，做到不越权立法、不重复立法。

2. 严格审查，把握好立法权限

为使设区的市所制定的法规真正管用好用，自治区人大常委会法工委提前介入设区的市法规草案的起草、修改工作，帮助各市解决立法技术、程序和实际操作等方面存在的问题。对设区的市一审后的法规草案，广泛征求意见，归纳梳理，研究修改，把立法权限问题、合法性问题有效解决在设区的市人大常委会审议通过前，较好地维护了法制统一，提高了法规审查的针对性和有效性，便于法规的顺利通过。

3. 加强培训，提升立法能力

针对五市立法经验不足、立法能力欠缺的实际情况，自治区人大法工委主动与设区的市人大常委会联系，通过召开实地培训、集中培训、专家培训等方式，在立法程序、立法技术和文本格式等方面进行了指导。2018年，组织设区的市人大法制委、常委会法工委10名立法人员参加了全国人大常委会法工委举办的第二期立法培训班。这些培训紧贴需求，主题突出，针对性强，效果明显，对提升设区的市的立法能力起到了积极作用。

（五）不断加强和改进备案审查工作

加强备案审查制度和能力建设，坚持"有件必备、有备必审、有错必纠"是保证宪法、法律在宁夏实施的有效举措。2018年以来，自治区人大常委会法工委在不断提高备案审查信息化工作水平的同时，进一步创新工作方式，完善备案审查机制，使备案审查工作迈上了新台阶。截至目前，共向全国人大常委会、国务院报送法规31件，接受报备的规范性文件和政府规章36件。

1. 创新方式，依法依规开展备案审查

将规范性文件备案审查各阶段的工作任务核定量化，以责任表的形式确定承办单位、审查机构人员工作责任和工作时限，确保审查工作任务的落实。抓好规范性文件备案审查制度的执行，对全区11家报备单位备案审查工作情况进行督导检查，对存在的问题及时通报，促使责任单位落实责任，实现备案审查工作规范化。

2. 严格审查，增强监督实效

坚持主动审查和被动审查并重，切实增强监督实效。在主动审查方面，定期核对自治区政府、各市人大常委会公报，避免文件制定机关漏报文件，确保"有件必备"。对于文件的审查，由专门委员会、法工委共同肩负审查职责，逐件审查、逐件研究，确保"有备必审"。审查过程中，发现文件存在问题的，严格履行纠错程序。要求文件制定机关收到审查机构审查意见后，依照法定程序自行修改或者废止文件。如果文件制定机关未按照审查机构的审查意见修改或者废止文件，则依照法定程序撤销文件。2018年，先后对有关方面及个人反映的关于依法严厉打击破坏森林资源违法犯罪行为的指导意见、经济发达镇行政管理赋权意见以及吴忠市、泾源县有关春节期间禁止燃放烟花爆竹等有关规范性文件进行了审查、答复。

3. 统筹协调，推进备案审查信息平台建设

2017年，自治区人大常委会备案审查信息系统正式建成并实现了对规范性文件的电子化管理以及自治区、市、县、乡四级人大系统备案审查信息化工作全覆盖。为帮助市、县、乡人大报备工作人员掌握平台应用的方法，推进报备信息化进程，2018年5月中下旬，自治区人大常委会法工委会同自治区人大常委会办公厅信息中心在五市举办了规范性文件备案审查系统培训班，对参训人员进行了系统操作实务培训，承担规范性文件报备、审查的工作人员200余人参加了此次培训班。2018年8月2—3日，全国人大常委会法工委在广州召开全国备案审查信息平台现场推进会，宁夏作为5个备案审查信息平台建设使用情况演示汇报单位之一，向大会介绍了平台建设先进经验。

二、立法工作存在的困难和问题

2018年，宁夏立法工作虽取得了一定成效，但面对新的要求和新的挑战，也还存在着不少亟待解决的困难和问题。

（一）地方立法的推动引领作用有待进一步发挥

党的十八届四中全会提出，要坚持立法先行，发挥立法的引领和推动作用，要坚持立改废释并举，增强法律法规的及时性、系统性、针对性、有效性。揭示了现阶段立法在全面深化改革进程中的功能定位和价值指向，但立法与改革之间的矛盾具有与生俱来的天然属性，需要在立法实践中逐步探索，进一步化解立法与改革"定"与"变"的属性冲突。

（二）地方立法工作机制要继续加以完善

一是法规立项和起草等准备阶段制度建设有待完善，立法准备阶段的制度是地方立法不可或缺的一部分，涉及立法活动的有序开展，关乎法规的质量与实施。目前，在地方立法程序中法规立项、起草等准备阶段的制度尚缺乏统一的标准和规则，需要进一步规范。二是公众有序参与立法的程度有待深化，有些形式如论辩会、听证会等难以常态化，群众的"参与权""话语权"不够，公众意见采纳反馈机制不健全，立法机关与公众沟通互动不够，公众参与缺少激励机制，影响了公众参与热情和实效。

（三）地方立法质量有待进一步提高

在地方立法中，为了片面追求体例完整，在法规案的起草过程中，照抄照搬上位法和兄弟省区市相关条款的现象还存在，地方特色不明显，在一定程度上弱化了法规的针对性和可操作性；有的法规的原则性、指导性条款过多，内容过于宽泛、笼统，实施效果还不够好，需要进一步修改完善。

（四）立法能力有待进一步加强

立出良法，立出高质量的法，需要立法工作者具有较高的政治素质、业务素质和各方面的综合能力。目前，在宁夏有立法权的人大及其常委会组成人员中，具有法治实践经验的人员占比相对偏低，不利于人大立法职权的充分发挥。设区的市人大在立法人才储备和立法经验积累方面存在着严重的不足，制定高质量地方性法规的能力还有所欠缺，导致立法的针对性、可操作性不强，在实施过程中有执行难的问题。

（五）备案审查信息平台作用发挥有待进一步推进

宁夏备案审查信息化平台已正式建成，自治区人大需进一步贯彻落实全国人大的有关要求，对平台进行改造升级，利用和发挥好信息平台作用，积极与全国人大备案审查平台对接，实现备案审查电子信息化。同时，还要不断完善人大、政府规范性文件数据内容，增加平台功能。

三、推动新时代地方立法工作与时俱进、完善发展

中国特色社会主义已进入了新时代。未来 5 年，我国要实现第一个百年奋斗目标，并在全面建成小康社会的基础上，朝着全面建设社会主义现代化国家的新征程进发，自治区也将努力实现与全国同步建成小康社会的奋斗目标，这给人大地方立法工作提出了新的更高要求，赋予了重大的历史责任。对此，宁夏必须紧跟形势、与时俱进、完善发展，确保宁夏地方立法工作沿着正确的轨道前进。

（一）强化立法论证，切实提高立法质量

地方立法工作有着严格的权限、严格的程序、严格的质量要求，越是强调法治，越要提高立法质量。要不断完善立项论证制度，多在立法计划项目、立法论证上下功夫，对法规的必要性、可行性、合理性进行分析论证，科学合理安排立法项目。要积极探索三方联合起草、委托起草等多元化的法规起草机制。要切实强化立法项目的调研论证，以立法"精细化"为目标，避免出现重复立法、选择性立法、立法质量低等问题，努力使每一项立法都符合有关法律法规的规定和精神，符合实际的需要。

（二）增强备案审查和专项清理工作实效

要着力增强备案审查制度的刚性，对审查中发现与宪法、法律相抵触或者不相适当的问题要认真进行研究处理，要积极做好规范性文件清理工作，要按照全国人大常委会通过的《关于全面加强生态环境保护依法推动打好污染防治攻坚战的决议》要求，切实提高政治站位，强化组织和责任落实，将生态环境保护地方性法规和规范性文件全面清理工作保质保量完成。在起草、审议生态环境保护类的地方性法规和制定这方面规范性文件

时，要认真落实中央、自治区文件精神，严格遵循上位法要求，切实维护法制统一。

（三）加强法规宣传，切实增强全民法治意识

法的生命力在于实施，法的权威也在于实施，一部法规制定的再好，如果得不到很好的贯彻实施，那这部法不具有意义和价值。2018年，自治区人大常委会对《宁夏回族自治区大气污染防治条例》进行了评估，评估结果显示，法规宣传解读工作还不到位，群众知晓度不高，导致法规实施效果受到一定影响。今后要通过新闻发布会、集中宣传、专题宣讲、纳入普法计划等形式，加大法规宣传解读力度，落实"谁执法、谁宣传"责任制，使法规家喻户晓，加强法规实施效果，真正发挥作用。

（四）加强队伍建设，提升立法工作效能

立法工作是一项政治性、专业性、技术性都很强的工作，必须建立一支与之相适应的高素质的立法队伍。要进一步建立完善立法人才培养机制，有目标、有重点、有步骤地推进立法队伍建设，通过培训、举办法治讲座、立法工作经验交流等多种形式，加强法学理论、专业知识和法律法规的学习培训，进一步提升立法工作者综合素质。要逐步打破部门行业壁垒，逐步畅通立法、执法、司法部门干部和人才相互交流的渠道，推进立法队伍正规化、专业化、职业化建设。

2018年宁夏法治政府建设工作发展报告

万 玮　秦建伟

2018年，宁夏认真贯彻落实党中央和国务院关于法治政府建设的一系列重大决策部署，紧紧围绕自治区党委、政府的中心工作，始终把法治政府建设作为依法治区的重要任务，凝心聚力，统筹推进，法治政府建设各项工作取得了新成效。

一、法治政府建设工作成效

（一）推进"放管服"改革，政府职能依法全面履行

一是进一步简政放权。全面深化行政审批制度改革，建立全区权责清单"总台账"，建成统一的权责清单管理系统并实行动态管理，启动市场准入负面清单制度改革。宁夏被纳入国家推进相对集中行政许可权改革试点省区，在5个地级市和5个县开展了试点，审批事项进驻大厅达到70%以上，实行"一枚印章管审批"的做法被李克强总理充分肯定。公布宁夏行政事业性收费和政府性基金目录清单，取消行政事业性收费107项，全部取消地方涉企收费项目和二级公路收费，成为全国12个无地方审批设立涉企收费的省区。坚决整治"红顶中介"，全区556家行业协会、商会实现脱钩，脱钩率72.7%。二是进一步创新监管。实现全区"双随机、一公开"

作者简介　万玮，宁夏司法厅综合处副处长；秦建伟，宁夏司法厅综合处主任科员。

监管全覆盖。建成自治区投资项目在线审批监管、企业信用信息和社会信用信息3个共享平台,推进跨部门联合监管和"互联网+监管",城市管理、食品药品安全、工商质检、农牧等综合行政执法改革扎实推进,监管工作正从职能部门"单打独斗"向综合监管、"智慧监管"逐步转变。三是进一步优化服务。建成了覆盖区、市、县、乡、村五级的宁夏政务服务"一张网"。大力推行"互联网+政务服务",加快"不见面、马上办"审批改革,出台了一系列精简证明、便民利企的措施,推进服务下沉,实现了更多政务服务事项网上办、就近办、异地办和马上办。目前,宁夏80.4%的服务事项可不见面办理,39个便民事项可不出村(社区)办理,老年证、参保登记、养老保险待遇核准、生存认证等6项事项全区通办、异地可办。深入开展"减证便民"活动,取消81项涉及企业和群众负担的证照。工商登记改为"先照后证",启动"多证合一"登记注册制度改革。宁夏推行的"互联网+医疗健康"和"互联网+教育",被国务院办公厅作为全国优化营商环境典型推广学习。国务院办公厅电子政务办公室编制的《省级政府网上政务服务能力调查评估报告(2018)》显示,宁夏网上政务服务能力在全国31个省(自治区、直辖市)和新疆生产建设兵团中排名11位。

(二)加强和改进政府立法,依法行政制度体系更加完善

一是健全政府立法工作机制,坚持科学、民主、依法立法。创新"公众参与、专家论证和政府决定相结合"的立法工作机制,健全政府立法立项、起草、论证、协调、审议工作环节,将法规规章草案的办理环节细化为10个部分,确定了各环节的目标、任务和要求。认真落实《法规规章草案审查要点》,从法制统一、政策统一及管理体制、可行性、体例、用语、逻辑等16个方面规范草案办理流程,促进了法规规章草案质量的提高。明确政府立法权力边界,严把行政许可、行政处罚、行政强制和行政收费等措施的设定关,有效防止部门利益和地方保护主义法制化。二是扎实做好政府立法基础性工作。通过向社会公开征询立法项目建议,与立法项目报送单位、自治区人大常委会相关委员会反复协商的基础上,科学制订自治区政府2018年立法工作计划。以问题为导向,深入开展立法调研,提高调研的针对性和工作效率。主动邀请基层人大代表和政协委员、群众代表参加立法座谈会，听取人大代表和政协委员对政府立法的意见建议。主动公开法规草案，广泛征求公众意见，保障了公众对政府立法工作的知情权和参与权。自治区政府全年共开展区内外立法调研及召开立法论证会、征求意见会、座谈会150余场次。三是切实推进重点领域立法。积极抓好创新驱动、脱贫富民和生态立区"三大战略"实施及深化"放管服"改革、转变经济发展方式等方面的地方性法规、政府规章项目办理工作。自治区政府全年共提请自治区人大制定、修改和废止地方性法规12件，制定、修改和废止政府规章15件。其中，《宁夏回族自治区绿色建筑发展条例》对绿色建筑发展规划和建设活动进行了规范，为改变宁夏绿色建筑发展相对落后的面貌，提高建筑节能水平，促进绿色发展将发挥积极作用。《宁夏回族自治区湿地保护条例（修订）》从概念、规划、禁止性行为和法律责任等方面进行了全面修订，进一步突出了对生态立区战略的贯彻落实。《宁夏回族自治区促进科技成果转化条例（修订）》的出台，标志着宁夏科技成果转化工作将步入一个崭新的发展阶段，也从一定程度上促进了创新驱动战略的依法实施。《银川综合保税区管理条例》明确综合保税区将按照海关特殊监管区域自身发展的规律进行建设、管理和运营，打破发展瓶颈，走出一条适宜西部欠发达地区对外开放的发展新路。《宁夏回族自治区哲学社会科学文学艺术奖励办法》的出台，对于调动哲学社会科学、文学艺术工作者的积极性、主动性和创造性，促进宁夏哲学社会科学和文学艺术事业的繁荣发展具有重要意义。

（三）健全行政决策机制，政府治理法治化有力推进

一是严格落实重大行政决策法定程序。认真落实《宁夏回族自治区重大行政决策规则》，将公众参与、专家论证、风险评估、合法性审查和集体讨论决定作为重大决策的必经程序。落实《宁夏回族自治区行政程序规定》，建立行政决策评估机制和重大决策终身责任追究及责任倒查机制，探索实行决策事项目录管理制度、重大行政决策听证制度。例如，对供暖收费、自来水定价、重大行政执法等涉及行政相对人切身利益的决策事项，通过组织听证会，广泛听取各方意见，依法保障群众合法权益；对建设工程劳动保险取消遗留问题的处理，采取对重大行政决策开展事前评估、事中跟踪、事后评价，会同专家进行风险评估的方式，确保重大行政决策的合理性、可行性和可控性。二是严格重大决策法制审核。坚持行政机关内部重大决策合法性审查机制，重大行政决策由政府常务会议或部门领导班子会议集体讨论做出决定，将民主决策、依法决策贯穿重大决策的全过程。全区各级政府法制机构负责人全程列席政府常务会议，参与政府重大决策的做法日渐成为常态。自治区政府的重大行政决策、重大行政事项、重大合同等均由政府法制机构进行合法性审查。2018年以来，共审查各类规范性文件、协议600余件。三是全面提升政府法律顾问服务水平。完善新型法律智库建设，自治区政府建立了法律专家库和专家咨询委员会，聘任10名专业律师为法律顾问，建立法律顾问参与政府常务会议和专题会议制度。自治区政府先后出台了《关于推行法律顾问制度和公职律师公司律师制度的实施意见》《宁夏回族自治区政府法律顾问工作规则》《政府购买法律服务暂行办法》等制度，为自治区政府重大战略决策提供法律服务保障。自治区、市、县（市、区）政府及区本级29个政府部门和直属机构建立了政府法律顾问制度，全区政府系统共有220名公职律师，共聘请263名社会律师担任政府法律顾问，覆盖自治区、市、县、乡四级政府的法律顾问格局已经形成。

（四）深化行政执法体制改革，行政执法效能有效提升

一是加快行政执法体制改革。在银川市、吴忠市探索开展市辖区跨行业、跨领域综合执法改革试点，将原由多个部门、多支队伍履行的执法职责全部交由一个部门、一支队伍承担，建立覆盖城乡、跨行业跨领域综合执法体制机制。推进城市管理综合执法改革，在区、市、县三级构建城市管理综合执法体系，合理配备执法人员，全面提升城市管理能力和水平。推行部分行业综合执法改革，在劳动监察、卫生计生等专业性强、情况复杂、有特殊要求的行业推进行业内综合执法改革，构建较为完善的行业综合执法体系。二是创新行政执法方式。严格推行行政执法责任制，实行行政裁量权动态管理。出台行政执法工作与检察监督工作相衔接的规定，积极推进行政执法与刑事司法衔接，将"两法"衔接工作纳入自治区综合考评体系。规范行政执法程序，健全行政执法调查取证、告知、罚没收入管理等制度。严格执行《宁夏回族自治区行政处罚案卷文书评查标准及细则》，加强行政执法案卷评查工作，促进行政执法水平逐步提升。加强执法信息化建设，自治区公安、交通运输、国税、地税、安监、住房城乡建设、文化等部门建成了行政执法信息平台，用信息化推动执法规范化。认真完成中卫市政执法"三项制度"试点工作，并在总结中卫市和学习借鉴其他兄弟省区开展行政执法"三项制度"试点工作的基础上，起草了《关于全面推行行政执法公示制度执法全过程记录制度重大执法决定法制审核制度的实施方案》，已经完成征求意见和修改工作，待国家层面指导意见印发后，做进一步修改完善，提请研究讨论并正式印发执行。三是健全行政执法管理机制。不断改进行政执法人员培训考试方式，全面推进行政执法人员网上培训考试工作。组织完成全区25个地市县（区）行政执法人员综合法律知识培训考试工作，参与考试人数7623人，考试合格人数4983人，培训考试合格率65.36%，有效地促进了宁夏行政执法人员素质的提升。制定印发《宁夏回族自治区行政执法辅助人员管理办法》和《宁夏回族自治区行政执法争议协调处理办法》，健全执法辅助人员管理和行政执法机关权限争议协调制度。加大合理安排执法装备配备、科技建设方面的投入，行政机关履行执法职责所需经费全部纳入政府预算。四是加强行政执法监督工作。积极落实行政执法案卷评查制度，应邀对自治区农牧厅、工商局等执法部门报送的执法案卷进行评查。为进一步提升行政执法监督效能，在总结北京、天津、河北等建立执法监督平台经验的基础上，研究起草了《宁夏回族自治区行政执法监督平台方案》，并报送自治区信息化建设管理部门，通过专家评审与立项，启动了行政执法监督平台建设工作。研究起草了《宁夏回族自治区推行特邀行政执法监督员制度的指导意见》和《宁夏回族自治区人民政府特邀行政执法监督员工作规则》，筹划建立特邀行政执法监督员制度，积极探索和构建科学、高效的行政执法监督体系，促进严格公正文明执法。

（五）强化行政权力监督制约，政府公信力明显提升

一是健全行政权力监督制约机制。认真贯彻执行《宁夏回族自治区行政执法监督条例》《宁夏回族自治区行政程序规定》等地方性法规、政府规章和规范性文件，不断完善行政系统内部的层级监督制度。在全区实现"双随机、一公开"监管全覆盖，强化事中事后监管、法治监督和责任追究。高度重视人大监督、政协监督、社会监督和舆论监督。主动接受人大监督和政协民主监督，积极参加自治区人大常委会专题询问会，坚持依法向自治区人大常委会报告法治政府建设、审计等工作情况，认真研究处理人大及其常委会组成人员对政府有关工作提出的有关审议意见；定期向自治区政协通报自治区政府工作情况，保障政协委员更好地参政议政。切实加强审计监督，加大对自治区"三大战略"实施等重点领域的审计监督。二是强化规范性文件监督管理。严格按要求向国务院、自治区人大常委会报送备案政府规章、行政规范性文件，共报备政府规章5件，行政规范性文件27件，报备率、及时率、规范率均保持100%。认真履行行政规范性文件备案监督职责，收到五市政府、自治区政府各部门、直属机构报送备案的行政规范性文件153件，对每一件报送备案的规范性文件认真审查，确保与法律、法规和规章保持一致，切实做到"有件必备、有备必审、有错必纠"。提请印发《关于加强行政规范性文件制定和监督管理工作的实施意见》（宁政办发〔2018〕77号），对加强规范性文件的监督管理提出了完善行政规范性文件相关工作机制等9个方面的措施。举办规范性文件"三统一"和有效期制度培训班，对全区各地区、各部门法制机构及办公厅（室）相关工作人员进行培训，为宁夏全面推行行政规范性文件"三统一"制度、强化行政规范性文件监督管理、提高各级行政机关依法行政水平起到了很好的促进作用。三是扎实开展地方性法规、政府规章和规范性文件清理工作。结合改革步伐，全面梳理自治区政府现行有效的159件政府规章和455件规范性文件，对需要清理的政府规章和规范性文件逐件逐条进行严格审查，对涉及"三化"、著名商标制度、产权保护等的相关内容与相关执行部门反复协商沟通，依法提出废止和修改建议，按照法定程序提请自治区政府、自治区人大常委会审议，并向国务院、司法部报送相关清理工作报告。经过清理，自治区人大常委会废止《宁夏回族自治区文化市场管理条例》，修改《宁夏回族自治区污染物排放管理条例》等5件地方性法规；自治区政府废止5件，修改5件政府规章；自治区政府废止49件，宣布失效35件，修改规范性文件46件。梳理汇总各地区、各部门证明事项清理工作情况，向司法部提交清理建议，共梳理法律、行政法规、国务院部门规章及规范性文件设定的证明事项146项，建议取消59项，为进一步创建良好营商环境奠定制度基础。四是全面推进政务公开。全区各级行政机关主动公开政府信息，全面推进决策、执行、管理、服务、结果公开，让权力在阳光下运行。不断完善政府新闻发言人制度，全区县级以上行政机关主要负责人积极出席新闻发布会和在线访谈，有效保障了群众的知情权、参与权、监督权。

（六）依法化解矛盾纠纷，有效维护社会和谐稳定

一是稳步推进行政复议体制改革。认真贯彻落实自治区政府《关于进一步加强行政复议工作规范化建设的实施意见》，健全预防和化解行政争议联席机制，完善复议案件审理机制，积极推行灵活的受理、办理方式，加大公开审理力度，注重调解，依法办案，化解矛盾纠纷，实现"办结一案、教育一片、稳定一方"的良好社会效果。截至2018年11月，自治区政府共收到行政复议申请25件，受理19件，审结18件，纠正了一批违法和不当的行政行为，有效保护了当事人的合法权益。二是积极开展行政应诉工作。认真贯彻执行《宁夏回族自治区行政机关负责人行政诉讼出庭应诉工作规定》和《关于加强和改进行政应诉工作的实施意见》，不断规范和促进行政应诉工作，提升行政应诉水平。截至2018年11月，自治区政府共开展行政应诉案件40件（次）。三是健全多元矛盾纠纷化解机制。强化行政调解制度建设，将行政调解作为加强社会管理创新的重要内容纳入"三大调解"体系，加强与行政机关、司法机关的沟通联系，充分发挥了行政复议、行政调解、行政裁决在化解行政争议、维护社会稳定中的主渠道作用。充分发挥仲裁在化解矛盾、促进社会和谐中的积极作用。健全人民调解"四张网"，建立百余个行业性人民调解委员会，有效化解纠纷。全面推行网上信访、诉访分离，依法分类处理信访诉求，全力办理中央第八巡视组移交的群众信访件，推动解决了一大批信访突出问题。

二、2018年宁夏法治政府建设存在的问题

经过不懈的努力，宁夏法治政府建设工作在自治区党委、政府的正确领导下，取得了较好成绩，但与自治区第十二次党代会要求和人民群众期望相比，还存在一些差距和不足：一是部分地方、部门的领导对法治政府建设重视不够、组织推进不力，没有把依法行政原则全面贯穿于行政管理和服务的各环节，运用法治思维和法治方式开展工作的能力有待进一步提高；二是政府职能转变还不到位，"放管服"改革有待持续深入推进；三是政府立法的精细化水平不够，立法质量有待进一步提高；四是行政执法体制改革还不到位，行政裁量权基准制度和执法责任制落实工作不均衡，多头执法、执法扰民等问题依然存在，执法水平有待进一步提高；五是对行政权力的制约和监督还不到位，行政问责力度有待进一步加强；六是行政复议在化解行政争议、维护社会稳定中的主渠道作用没有得到充分发挥，大量属于行政复议范围的信访事项没有通过行政复议渠道解决，行政争议解决机制有待进一步完善。

三、对推进宁夏法治政府建设的对策建议

2019年是宁夏深入推进依法行政、全面建设法治政府的关键时期。法治政府建设工作将以重新组建司法行政机关为契机，提高站位、扩大视野，坚决贯彻落实中央和自治区决策部署，加强党对法治建设的领导，牢固树立"四个意识"，坚定"四个自信"，坚决维护以习近平同志为核心的党中央权威和集中统一领导，将党的领导贯彻到法治政府建设的各方面和全过程。特别是要从宁夏改革发展的大局出发，把握机遇、顺势而为，切实抓好法治政府建设工作。

（一）强化法治政府建设组织工作

围绕自治区党委、政府中心工作，严格按照《宁夏回族自治区法治政府建设实施方案（2016—2020年）》的要求，着力抓好贯彻落实。制定2019年法治政府建设工作要点，对2019年法治政府建设工作进行安排部署。强化法治政府建设督查考核工作，充分发挥考核评价对法治政府建设

的重要推动作用。落实党政主要负责人推进法治政府建设第一责任人职责，把法治政府建设成效作为衡量各级领导班子和领导干部工作实绩的重要内容。加强示范引导，扩大示范创建单位范围，对示范创建单位进行验收、评定和挂牌，做好法治政府建设第三方评估，提高法治政府建设整体水平。加强法治政府建设宣传，以报刊、广播、电视、网络等多种形式，广泛宣传法治政府建设目标、工作部署、先进经验、典型案例，正确引导舆论，凝聚社会共识，营造全社会关心、支持和参与法治政府建设的良好氛围。

（二）提高以政府立法为核心的制度建设质量

充分发挥制度建设的引领和推动作用，通过多种方式，切实提高政府立法工作的水平。科学安排立法项目，推进立法计划精细化。要适应发展战略的需求和经济转型的新形势，紧扣改革发展的大局，围绕加快转变经济发展方式、促进自主创新、保障和改善民生、保护环境和生态建设等重点领域开展政府立法工作，使立法项目符合经济社会发展规律和推动改革的需要。不断完善工作机制，推进立法过程精细化。建立基层立法联系点制度，加强立法调研，加大开门立法力度，健全立法起草、论证、协调、公开征求意见和公众意见采纳情况反馈机制，开展立法成本效益分析的研究和试点工作，积极探索立法成本效益分析的内容、方法和程序，切实提高政府立法工作水平。同时，选择一些经济社会发展影响较大、事关人民群众切身利益的规章制度，对其实施情况进行跟踪问效，开展评估工作，切实提高政府立法质量。以管用、可行为原则，推动立法草案精细化。对事关全区重大经济社会发展尤其是涉及多个部门利益的立法项目草案，由法制机构统筹安排、调研起草。充分考虑地方实际，避免简单照抄照搬上位法，应研究制定具有地域和行业特点的法规规章，把有限的立法资源用好，立好法，出精品。

（三）推进行政决策科学化、民主化、法治化

严格落实《宁夏回族自治区重大行政决策规则》，坚持把公众参与、专家咨询、风险评估、合法性审查和集体讨论作为决策的必经程序，坚决杜绝行政决策中的擅权、专权和滥用权力现象。事关发展全局和涉及群众切身利益的重大政策、重大项目等决策事项，要广泛听取民意、集中民智，必要的还要进行公示和听证。努力使政府各项决策经得起实践的检验、历史的检验。对标中央和自治区关于法律顾问的制度要求，进一步加强政府法律咨询委员会和法律顾问力量，推动政府法律顾问制度向乡镇、社区延伸，逐步实现法律顾问全覆盖。完善"以事前防范为主和事中控制、事后补救为辅"的法律风险化解机制，扩大政府法律顾问参与的广度和深度。结合地区实际、部门特点，探索建立法律顾问的选拔聘用、联络协调、工作管理、绩效考评、奖励追责制度，发挥好政府法律顾问、公职律师的专业优势和重要作用，为政府依法行政提供有力的法律保障。加强对行政决策的监督，实行重大行政决策的后评估制度，落实行政决策责任追究制度及责任倒查机制，真正做到决策权与决策责任相统一。

（四）不断深化行政执法体制改革

积极做好相对集中行政许可权和综合执法改革工作。深化市场监管、生态环境保护、文化市场、交通运输、农业等领域综合行政执法改革工作。认真总结宁夏城市综合执法乡镇（街道）受委托开展综合执法试点工作经验，研究出台市辖区开展综合执法工作意见。抓好行政执法专项监督检查，督促指导全区各级行政执法机关全面推行行政执法全过程记录、重大行政执法决定法制审核、行政执法公示等制度的落实工作。严格行政执法人员资格管理，结合机构改革，完成对行政执法主体与执法人员资格的清理工作，以及行政执法证件管理和更新工作。加强行政执法信息化建设和信息共享，用信息化助推行政执法规范化。全面落实行政执法责任制，建立行政执法特邀监督员制度，加强对行政执法部门及执法人员的评议考核，全面提高执法人员素质，促进严格规范公正文明执法。

（五）进一步强化对行政权力的监督制约

健全行政层级监督机制，以落实《宁夏回族自治区行政程序规定》为抓手，加大监督力度，进一步规范行政行为。不断完善对行政机关违法行政行为投诉举报制度，畅通监督渠道，方便群众投诉举报、反映问题，及时调查处理违法行政行为。发挥报刊、广播、电视等传统媒体监督作用，加强与互联网等新兴媒体的互动，建立健全网络舆情监测、收集、研判、处置机制，推动网络监督规范化、法治化。进一步改进上级行政机关对下级行政机关的监督，加强行政问责制度化、规范化建设，增强行政问责的针对性和时效性。严格执行规范性文件备案制度，强化备案监督，依法履行规范性文件备案审查职责。畅通规范性文件监督渠道，对群众提出的合法性异议或行政复议案件中发现的存在合法性问题的规范性文件，依法予以处理，切实做到"有件必备、有备必审、有错必纠"。建立规章、规范性文件清理工作长效机制，坚持定期清理与及时清理相结合，全面清理与专项清理相结合，使政府规章和规范性文件与国家法律、法规相一致，适应经济社会发展需要。

（六）加强行政应诉指导，有效化解社会矛盾纠纷

大力推进行政复议规范化建设，积极探索整合地方行政复议职责，不断完善行政复议运行机制，提高行政复议办案质量。加强行政应诉工作。尊重并自觉履行人民法院的生效判决、裁定，认真对待人民法院的司法建议，深入分析行政机关败诉原因，切实纠正依法行政工作中的突出问题。进一步强化对全区行政应诉工作的指导，对行政机关负责人出庭应诉情况进行监督检查，并将行政诉讼出庭应诉情况纳入法治政府建设目标考核体系。以贯彻落实《宁夏回族自治区行政机关负责人行政诉讼出庭应诉工作规定》为抓手，加强与人民法院的沟通协调，认真履行行政应诉职责，通过审判监督、司法建议倒逼自身提高依法行政水平。完善由各级政府负总责、法制机构牵头，各职能部门为主体的行政调解工作机制，加强行政调解与人民调解、司法调解的衔接工作，有效化解社会矛盾纠纷。

2018年宁夏法院审判工作发展报告

吴培渊

2018年，宁夏法院在自治区党委坚强领导、人大及其常委会有力监督和最高法院正确指导下，在自治区政府、政协和社会各界关心、支持下，高举习近平新时代中国特色社会主义思想伟大旗帜，认真落实自治区第十二次党代会精神，坚持严抓实干、稳中有进，大力加强审判工作，全力攻坚"基本解决执行难"，全面推进司法体制改革，切实加强队伍建设，各项工作取得了新发展。

一、2018年宁夏法院审判工作总体情况

2018年，宁夏法院以习近平新时代中国特色社会主义思想为指导，紧紧围绕"让人民群众在每一个司法案件中感受到公平正义"总目标，全面提升能力水平，全力抓好执法办案第一要务。2018年1—11月，宁夏法院共受理各类案件233306件，同比上升17.8%，审（执）结192260件，同比上升22.36%；未结41046件，同比上升0.3%；结案率82.41%，同比增长3.07个百分点。总体呈现出受理数、结案数、未结数、结案率上升的"四升"态势。其中，宁夏高级人民法院共受理各类案件3593件，同比增长28.97%；审（执）结2687件，同比上升31.33%；结案率74.78%，上升

作者简介　吴培渊，宁夏回族自治区高级人民法院研究室副主任。

1.34个百分点。银川市两级法院共受理各类案件106724件，同比增长22.44%；审（执）结86328件，同比增长27.12%；结案率80.89%，同比上升2.98个百分点。石嘴山市两级法院共受理各类案件26143件，同比增长6.45%；审（执）结22851件，同比上升13.68%；结案率87.41%，同比上升5.57个百分点。吴忠市两级法院共受理各类案件41248件，同比增长11.43%；审（执）结33475件，同比增长13.94%；结案率81.16%，同比上升1.85个百分点。固原市两级法院共受理各类案件31806件，同比增长15.11%；审（执）结27262件，同比增长18.68%；结案率85.71%，同比上升2.58个百分点。中卫市两级法院共受理各类案件23792件，同比增长25.96%；审（执）结19657件，同比增长33.54%；结案率82.62%，上升4.69个百分点。

（一）落实重大战略部署，服务宁夏发展大局

宁夏法院始终坚持党对法院工作的绝对领导，围绕中心，服务大局，积极作为，忠实履职，为重大战略实施提供有力司法服务和保障。

1. 积极服务发展大局

发布保障生态立区战略实施的意见，围绕"蓝天、碧水、净土"三大行动，加强对重点区域、特定领域生态环境和自然资源的司法保护，成立宁夏首家环境资源保护法庭，维护贺兰山国家级自然保护区生态安全；腾格里沙漠环境污染公益诉讼系列案圆满执结，5.69亿元生态环境损害赔偿金和600万元环境损失公益金全部执行到位。服务创新驱动战略，推进知识产权审判"三审合一"机制改革，审结各类知识产权案件389件。制定《关于充分发挥审判职能作用，为企业家创新创业营造良好法治环境的实施意见》，依法平等保护企业家人身财产安全和企业合法权益。

2. 深入开展扫黑除恶专项斗争

强化组织领导，建立协调联络和重点案件跟踪督办机制，制定办理黑恶势力犯罪案件证据指引，出台办理"套路贷"刑事案件指导意见，编发典型案例，畅通群众举报渠道。审结郭某某等52人涉黑犯罪案件，判处五年以上有期徒刑10人；互联网直播涉恶势力犯罪案件庭审，并当庭宣判，打出专项斗争声威。

3. 圆满完成涉军停偿案件审理执行工作

切实提高政治站位，强化责任担当，建立专人督查督办机制，缩短立案周期，加快审理节奏，提高审判质效，维护军民双方合法权益。截至2018年11月底，全区法院涉军停偿案件已全部如期办结，妥善化解了一批涉及人数多、社会影响大的案件，结案率居全国前列。

（二）加强立案信访工作，畅通参与诉讼渠道

依托标准统一、功能统一的诉讼服务中心，完善线上线下多元诉讼服务平台体系，为群众提供一站式服务。联合司法厅、律师协会推行律师代理涉讼信访案件，合力化解信访案件。红寺堡区法院建成全区首个互联网法庭，让原被告相隔千里"对簿公堂"，减少奔波劳苦。银川中级人民法院、石嘴山中级人民法院推行刑事案件远程庭审，打破空间限制，提高诉讼效率。

（三）加强刑事审判工作，全力维护社会稳定

严惩危害国家安全、公共安全的犯罪，严惩危害人民群众生命财产安全犯罪，维护公共安全；严厉打击非法集资、合同诈骗、组织传销等涉众型经济犯罪，维护经济秩序；严惩腐败犯罪，确保廉洁用权。审结公安部挂牌督办的"12·15"李某某等69人特大电信诈骗案。审结张某、吴某某等职务犯罪案件。认真学习贯彻《中华人民共和国监察法》和新修订的《中华人民共和国刑事诉讼法》，积极支持监察体制改革，抓好有效衔接。启用减刑假释信息化办案平台，办结减刑、假释等刑罚变更案件2221件，严格规范暂予监外执行，确保刑罚效果和司法公正。

2018年1—11月，宁夏法院共受理刑事案件9720件，同比上升0.66%；审结8505件，同比上升3.04%；结案率为87.5%，同比上升2.02个百分点。其中，银川市两级法院共受理各类刑事案件4088件，同比下降0.68%；审结3475件，同比上升0.7%；结案率85%，同比上升1.16个百分点。石嘴山市两级法院共受理各类刑事案件1694件，同比上升26.42%；审结1618件，同比上升30.69%；结案率95.51%，同比上升3.12个百分点。吴忠市两级法院共受理各类刑事案件1530件，同比下降14.04%；审结1358件，同比下降10.19%；结案率88.76%，同比上升3.81个百分点。固原市两级法院

共受理各类刑事案件 1194 件，同比下降 5.54%；审结 1058 件，同比下降 5.7%；结案率 88.61%，同比下降 0.16 个百分点。中卫市两级法院共受理各类刑事案件 899 件，同比上升 10.31%；审结 750 件，同比上升 15.21%；结案率 83.43%，同比上升 3.55 个百分点。

从刑事案件受案数来看，银川市两级法院刑事案件上升幅度较小，吴忠市和固原市两级法院刑事案件呈下降趋势，反映出三个地区社会治安形势良好，群众守法意识进一步增强；石嘴山市和中卫市两级法院刑事案件受案数增加明显，特别是石嘴山市增加了 26.42%，这与经济下行引起的社会矛盾纠纷增加有关。

（四）加强民事审判工作，妥善化解民商纠纷

坚持依法保护、契约自由、诚实守信等原则，妥善审理买卖、建设工程等合同纠纷案件，有力规范市场秩序。全面推进家事审判改革，共建联席会议制度，吴忠市中级人民法院、西吉县人民法院等法院落实"人身安全保护令"制度，建立家事案件冷静期、心理疏导干预等机制，大力维护家庭和谐。稳妥处理交通事故、人身损害、劳动争议等关系群众切身利益的案件，依法保护民生权益。加强产权司法保护，妥善审理权属争议、股权等纠纷案件，依法平等保护各种所有制经济组织的财产权。依法妥善审理企业清算、破产案件，确保"僵尸企业"积极稳妥处置、兼并重组依法有序推进。

2018 年 1—11 月，宁夏法院共受理各类民商事案件 137482 件，同比增长 17.04%；审结 117415 件，同比增长 20.18%；结案率 85.4%，同比增长 2.22 个百分点。其中，银川市两级法院共受理各类民商事案件 51556 件，同比增长 19.51%；审结 50983 件，同比增长 22.51%；结案率 82.74%，同比上升 2.02 个百分点。石嘴山市两级法院共受理各类民商事案件 14424 件，同比增长 7.32%；审结 13230 件，同比增长 13.91%；结案率 86.41%，同比上升 5.31 个百分点。吴忠市两级法院共受理各类民商事案件 25023 件，同比增长 14.12%；审结 21126 件，同比增长 15.3%；结案率 84.43%，同比上升 0.87 个百分点。固原市两级法院共受理各类民商事案件 19998 件，同比增长 15.48%；审结 18015 件，同比增长 17.17%；结案率 90.08%，同比上升 1.29

个百分点。中卫市两级法院共受理各类民商事案件14444件,同比增长25.43%;审结12446件,同比增长29.5%;结案率86.17%,同比上升2.71个百分点。从受案数量来看,五市法院民商事案件受案均呈增长态势,这与经济下行引起矛盾纠纷增加不无关系。

(五) 加强行政审判工作,助推法治政府建设

充分发挥"化解行政争议、保护合法权益、监督依法行政"的司法功能,依法审理行政诉讼案件,推动行政机关负责人依法履行出庭应诉义务,规范执法行为;大力推进行政案件集中管辖改革,提升行政审判公信力。连续10年发布行政审判白皮书,指出问题、分析原因、提出对策。认真办理国家赔偿案件,依法维护赔偿请求人的合法权益。

2018年1—11月,宁夏法院共受理各类行政案件5003件,同比增长53.14%;审结4016件,同比增长77.07%;结案率80.27%,同比增长10.85个百分点。其中,银川市两级法院共受理各类行政案件2525件,同比增长89.28%;审结2190件,同比增长175.82%;结案率86.73%,同比上升27.21个百分点。石嘴山市两级法院共受理各类行政案件306件,同比下降31.54%;审结255件,同比增长0.39%;结案率83.33%,同比上升26.51个百分点。吴忠市两级法院共受理各类行政案件238件,同比增长23.96%;审结199件,同比增长36.3%;结案率83.61%,同比上升7.57个百分点。固原市两级法院共受理各类行政案件601件,同比增长11.09%;审结502件,同比增长12.05%;结案率83.53%,同比上升0.72个百分点。中卫市两级法院共受理各类行政案件375件,同比增长34.41%;审结335件,同比增长41.95%;结案率89.33%,同比上升4.74个百分点。从行政案件受案数来看,石嘴山市行政纠纷下降幅度较大,这说明石嘴山市法治政府建设成效明显。

(六) 加强案件执行工作,全力破解执行难题

认真落实最高人民法院关于"用两到三年时间基本解决执行难问题"的决策部署,创新举措,进一步强化执行规范管理、强化信息技术支撑、强化联合信用惩戒、强化执行舆论引导,构建形成了党委领导、政法委协调、人大监督、政府支持、法院主办、部门配合、社会参与的综合治理

"执行难"工作格局,宁夏法院的执行工作取得新成效,通过第三方评估,决胜"基本解决执行难"完美收官,自治区高级人民法院被最高人民法院确定为全国五家解决执行难"样板法院"之一。

2018年1—11月,宁夏法院共受理各类执行案件78690件,同比增长19.94%;执结60235件,同比增长28.08%;结案率76.55%,同比增长4.87个百分点;共执结标的70.05亿元。其中,银川市两级法院共受理各类执行案件37237件,同比增长28.55%;执行结案28601件,同比增长36.4%;结案率76.81%,同比上升4.42个百分点;执结标的37.73亿元。石嘴山市两级法院共受理各类执行案件9434件,同比增长3.58%;执行结案7493件,同比增长10.39%;结案率79.43%,同比上升4.9个百分点;执结标的9.83亿元。吴忠市两级法院共受理各类执行案件14217件,同比增长10.59%;执行结案10597件,同比增长15.83%;结案率74.54%,同比上升3.37个百分点;执结标的7.81亿元。固原市两级法院共受理各类执行案件9771件,同比增长16.52%;执行结案7473件,同比增长26.51%;结案率76.48%,同比上升6.04个百分点,执结标的4.24亿元。中卫市两级法院共受理各类执行案件7830件,同比增长27.36%;执行结案5912件,同比增长43.74%;结案率75.5%,同比上升8.6个百分点;执结标的5.34亿元。

从执行案件受案数量来看,受案数、结案数、结案率均有所增长,这反映出宁夏法院"基本解决执行难"工作成效明显。

(七)全面深化司法改革,促进公正高效司法

宁夏法院深入贯彻落实中央、自治区党委、最高人民法院改革工作部署,扎实推进各项改革落地见效,努力让人民群众共享改革成果。

1. 全面落实司法责任

全面落实"让审理者裁判,由裁判者负责"要求,全面下发裁判文书签发权限。着力构建司法人员业绩考核体系,建立各类人员业绩档案,充分发挥绩效考核良性激励作用。遴选员额法官78名,对外招录聘用制书记员888名,充实办案一线力量。

2. 全面加强监督管理

积极回应社会各界对改革后司法权监督制约问题的关注关切,制定出台落实院庭长审判监督管理职责办法,强化审判流程管理和节点管控,实现对关键节点的全员、全过程实时监控。严格落实办案质量终身责任制、错案责任倒查制,确保放权不放任,用权受监督。

3. 全面统筹配套改革

深入推进以审判为中心的刑事诉讼制度改革,完善公检法联席会议制度和重大案件协调机制,严格落实非法证据排除规则,完善证人出庭保障措施,充分保障当事人辩护权,合力推进庭审实质化。制订工作方案,积极稳妥推进内设机构改革。贯彻落实《人民陪审员法》,贺兰、平罗人民法院由 3 名法官、4 名人民陪审员组成大合议庭,采取区分事实审与法律审的方式审理案件。

(八)加强能力素质建设,打造过硬司法队伍

按照习近平总书记"五个过硬"的要求,坚持正规化、专业化、职业化标准,努力建设忠诚、干净、担当的法院队伍。

1. 切实加强司法作风建设

组织全区法院开展机关作风专项整治工作,持续推进"两学一做"学习教育常态化制度化,严格落实中央八项规定精神和自治区党委有关规定,巩固深化纠正"四风"成果。

2. 切实加强司法能力建设

围绕审判领域重点工作和审判实务热点难题,开展司法能力提升"五大活动",总结审判经验,统一裁判标准。

3. 切实加强司法廉政建设

完善党风廉政建设履责全程纪实制度,加强日常监督,注重抓早抓小,用好监督执纪"四种形态",坚持有案必查、有腐必惩,查处违纪违法案件 15 件、违纪违法人员 19 人。

二、宁夏审判工作存在的问题

一是面对新时代人民群众对公正司法的需求,一些案件质量和效率不高、审判效果不好,个别法官司法作风不正,司法形象不佳,司法能力有待增强,司法水平有待提升,司法作风有待改进。

二是随着司法体制改革深入推进，在落实改革配套措施、破解改革难题方面还需要加大力度。

三是解决执行难问题依然长期面临查人找物难、财产变现难、排除非法干预难和化解"执行不能"案件难等诸多现实阻力。

四是基层基础工作存在短板，一些条件艰苦地区法院招人难、留人难问题突出，基层管理有待加强，高级法院对下监督指导机制还需完善。

五是案件数量持续大幅上升，基层法官超负荷工作成为常态，执法司法环境有待优化，司法人员履职保障还需加强。

三、加强宁夏法院审判工作的几点建议

（一）始终坚持正确政治方向

要坚持以习近平新时代中国特色社会主义思想为指导，坚持中国特色社会主义司法制度不动摇，自觉把法院工作置于党的绝对领导之下，自觉接受人大法律监督、政协民主监督、检察机关诉讼监督和社会各界监督，确保宪法法律赋予的职责依法履行，确保人民赋予的权力服务人民。

（二）始终坚持严格公正司法

贯彻总体国家安全观，依法严惩危害国家安全、经济安全和社会安全的各类犯罪，深入开展扫黑除恶专项斗争，加大腐败犯罪的惩治力度，依法打击多发性、涉众型犯罪，切实维护国家安全和社会稳定，保障人民群众生命财产安全。依法严惩腐败犯罪，加强产权司法保护，让企业家专心创业、放心投资、安心经营，让财产财富更加安全，让权利权益更有保障。完善知识产权和环境资源审判机制，促进科技创新、绿色发展。全面推进行政案件集中管辖，妥善化解行政争议。建立完善长效机制，努力在切实解决执行难上迈出新步伐。

（三）始终坚持司法为民

加强民生案件的审判工作，保持解决执行难标准不降、力度不减，进一步扎牢民生司法保障网。推进信息技术在审判执行、司法公开、立案信访等方面的广泛应用，让群众见证司法、参与司法、信赖司法，真切感受司法的便捷与高效。推进诉讼服务中心建设提档升级，提高司法服务的针

对性、及时性和有效性。努力在推动多元化纠纷解决机制改革、完善案件繁简分流机制等方面，积累更多富有宁夏特色、符合宁夏实际的新时代"枫桥经验"，推进基层社会治理现代化。

（四）始终坚持深化司法改革

深入推进司法责任制改革，紧紧抓住员额管理、新型审判团队组建、内设机构改革、审判监督管理和职业保障等关键问题，推动形成权责一致、全员覆盖、全面监督、全程管控的审判权运行新机制。深入推进诉讼制度改革，不断完善繁简分流、多元化解等制度机制，加强现代科技深度应用，提高办案质量效率，破解案多人少难题。推动司法公开再上新台阶，努力实现全面、实质、常态化公开。

（五）始终坚持加强队伍建设

围绕"八种能力""五个过硬"要求，不断推进全面从严治党、从严治院向纵深发展。加强专业能力、专业精神、专业素养培育，努力打造政治过硬、本领高强、作风优良的高素质法官队伍。落实保护司法人员依法履行法定职责规定，坚持严管厚爱，持续开展正风肃纪活动，加强典型引领和警示教育，健全廉政风险防控体系，确保司法廉洁。

2018年宁夏检察工作发展报告

宁夏回族自治区人民检察院课题组

2018年,宁夏检察机关以习近平新时代中国特色社会主义思想为指引,在自治区党委和最高人民检察院的正确领导下,深入学习贯彻党的十九大和十九届一中、二中、三中全会精神及自治区第十二次党代会精神,讲政治、顾大局、谋发展、重自强,全面履行检察职能,着力深化检察改革,建设过硬检察队伍,为推动"让法治成为宁夏未来发展核心竞争力的重要标志"作出了积极努力。

一、宁夏检察工作取得了新进展

(一)围绕中心工作,坚持不懈服务大局

紧紧围绕党的十九大确定的总目标、总任务和自治区第十二次党代会提出的"三大战略"等任务目标,结合宁夏检察工作实际,研究制定了《宁夏检察机关关于进一步履行检察职能服务自治区"三大战略"的意见》,从三个方面提出19项工作措施,努力营造诚信包容的市场环境、和谐稳定的社会环境、廉洁高效的政务环境、公平正义的法治环境。最高人民检察院在《检察研究参考》中,以"重要成果"全文予以刊发。

作者简介 课题组主持人:时侠联,宁夏回族自治区人民检察院党组书记、检察长,课题组成员:庞立强,宁夏回族自治区人民检察院法律政策研究室主任;张万顺,宁夏回族自治区人民检察院法律政策研究室检察官。

立足宁夏检察机关服务保障生态立区战略的实际,制定了《宁夏回族自治区人民检察院关于充分发挥检察职能,加强生态环境司法保护工作的意见》,从四个方面提出15项工作措施,努力为打好污染防治攻坚战和推进生态立区战略实施,提供优质法治环境和司法保障。

紧紧围绕最高人民检察院工作部署,结合对宁夏检察机关为打好"集中脱贫"攻坚战提供司法保障专题调研,制定了《关于宁夏检察机关服务保障打好精准脱贫攻坚战助力脱贫富民战略的实施意见》,从七个方面提出33项工作措施,明确新时代宁夏检察机关服务保障脱贫攻坚战内容,全面履职、综合施策、精准发力,为宁夏脱贫攻坚顺利推进提供有力司法保障。

(二) 依法履行批捕起诉等职能,推进平安宁夏建设

依法惩治刑事犯罪。宁夏检察机关牢固树立总体国家安全观,全力维护国家安全和社会稳定,1—11月,批准逮捕各类刑事犯罪嫌疑人3626人,同比下降3.1%;提起公诉6793人,同比下降0.6%。严惩影响人民群众安全感的严重刑事犯罪,起诉故意杀人、绑架、放火等严重暴力犯罪305人,起诉抢劫、抢夺、盗窃等多发性侵财犯罪1442人,起诉毒品犯罪307人。严厉打击破坏环境资源和危害食品药品安全犯罪,起诉107人,其中通过开展专项立案监督,建议环境资源执法部门、食品药品监管部门移送涉嫌犯罪案件96件。

推进扫黑除恶专项斗争。批捕涉黑涉恶犯罪嫌疑人360人,起诉208人。加大法律监督力度,监督公安机关立案24人,纠正漏捕59人,追加起诉21人。自治区人民检察院加强督导力度,挂牌督办6件重大涉黑涉恶案件。宁夏检察机关组建捕诉合一的扫黑除恶办案团队43个,集中优势力量办案。与公安机关、法院建立侦捕诉一体办案机制,增强打击合力。通过群众举报、审查案件、开展专项监督活动摸排等方式挖掘线索,深入追查黑恶势力及背后的"关系网"和"保护伞"。

加强未成年人司法保护。严厉打击伤害未成年人的刑事犯罪,积极参与校园欺凌专项治理,起诉校园暴力犯罪171人。保护救助关爱未成年被害人,为32名被害人提供法律援助,向36名被害人发放司法救助金143.2万元。贯彻国家对犯罪未成年人"教育、感化、挽救"方针和"教育为主、惩罚为辅"原则,坚持依法对未成年人"少捕慎诉少监禁",不批准逮捕171人,相对不起诉90人,附条件不起诉82人。通过观护帮教促进悔过自新,18名涉嫌轻微犯罪的未成年人考上大学,74名在校生复学。开展"法治进校园"巡讲活动和检察机关院领导兼任学校法治副校长专项活动。沙坡头区人民检察院创建的"未成年人司法社会保护监督帮教服务平台",被最高人民检察院确立为全国检察机关创新实践基地。

推进社会矛盾纠纷化解。宁夏检察机关建成集"信、访、网、电(话)"为一体的12309检察服务中心,推进服务功能整合升级,为人民群众提供"一站式"便捷规范服务。扎实开展集中解决群众反映强烈的突出问题、清理化解涉检信访积案等专项活动,落实宁夏检察机关院领导接待制度,院领导直接倾听群众诉求,身体力行化解矛盾。落实律师代理涉法涉诉案件制度,助推疑难案件息诉罢访。对153名陷入生活困境的被害人或其近亲属提供司法救助,发放救助金208万元。开展公开审查专项督查活动,公开审查案件30件。

(三)强化检察监督,维护社会公平正义

强化立案监督和侦查活动监督。宁夏检察机关对公安机关应当立案而不立案的,监督立案307件468人,同比分别上升99.5%和118.7%;对公安机关不应当立案而立案的,督促撤案516件825人,同比分别上升27.7%和57.4%。监督纠正侦查活动违法280件,同比下降21.3%。对应当逮捕而未提请批捕的,追加逮捕218人,同比上升28.2%。在审查起诉过程中,追加起诉210名犯罪嫌疑人的遗漏罪行,同比上升18.6%;追加起诉遗漏同案犯224人,同比上升60%。

强化刑事审判监督。宁夏检察机关对认为人民法院确有错误的刑事裁判提出抗诉91件,同比上升51.7%;人民法院已采纳抗诉意见50件,抗诉意见采纳率同比上升4.2%。提出纠正审判活动违法意见23件,同比上升43.8%;人民法院采纳意见已纠正19件,同比上升35.7%。

强化刑事执行活动监督。建议办案机关对不需要继续羁押的犯罪嫌疑人、被告人变更强制措施或者释放366件,建议被采纳333件;监督纠正减刑、假释、暂予监外执行不符合法定条件或者程序案件140件、刑罚执

行和监管活动违法165件、监外执行活动履职不当108件。开展对看守所、监狱执法专项监督活动，就混押混管、牢头狱霸等违规违法问题，监督纠正101件。推进财产刑执行专项监督活动，监督纠正财产刑执行不当案件24件。推进判处实刑罪犯未执行刑罚专项监督活动，核查出判实刑未执行刑罚罪犯59人，已清理纠正31人。开展核查纠正社区服刑人员脱管、漏管专项监督活动，纠正社区服刑人员脱管、漏管78件。对3名涉黑涉恶罪犯提出不予减刑的建议并被人民法院采纳。宁夏被最高人民检察院确定为全国检察机关对监狱实行巡回检察试点省区后，对监狱实行巡回检察14次，发现监狱在罪犯教育、监管、劳动、文化改造等4个方面81个问题，向监狱发出检察建议37件。

强化民事行政诉讼监督。对认为审判机关确有错误的民事行政裁判提出抗诉49件，人民法院再审改判33件，改判率76.7%，同比上升10.9%；提出再审检察建议26件，人民法院裁定再审20件；对人民法院审判程序和执行活动监督提出检察建议1142件，人民法院采纳985件。开展协助解决农民工讨薪问题专项活动，支持196名农民工起诉讨薪368.96万元。宁夏被最高人民检察院确定为全国未成年人民事行政检察统一集中办理试点工作的省份以来，办理撤销、变更监护权案件10件，支持起诉50件，发出再审检察建议2件，发出检察建议338件，被人民法院采纳305件。

（四）开展公益诉讼工作，维护国家和社会公共利益

全面开展公益诉讼工作。2017年6月，全国人大常委会修改民事诉讼法和行政诉讼法，正式确立检察机关提起公益诉讼制度以来，宁夏检察机关在生态环境和资源保护、食品药品安全、国有财产保护、国有土地使用权出让、英烈保护等领域全面开展公益诉讼工作。共发现公益诉讼案件线索776件，立案729件，向行政机关发出诉前检察建议695件，行政机关已经整改528件。向审判机关提起刑事附带民事公益诉讼25件，人民法院已判决6件、调解11件，均支持检察机关起诉意见。

助力生态环境和资源保护。开展黄河宁夏段、贺兰山、六盘山生态环境和资源保护，饮用水水源地环境保护，农村生态环境整治，草原林地资源保护，医疗废物处理等公益诉讼专项监督活动。宁夏检察机关立案生态环境和资源保护领域公益诉讼案件 543 件，发出诉前检察建议 513 件，督促治理和恢复被污染的水源地 75.62 亩、水域 435 亩、河道 44.61 公里、土壤 21.21 万亩，督促关停和整治造成环境污染的企业、违法养殖场 74 家，清除处理违法堆放的生产生活废物 5.85 万吨，恢复被损毁的林地、耕地、草原 1597.22 亩，挽回被非法开采的矿产资源总案值 4192.06 万元。

助力保障"舌尖上的安全"。开展公益诉讼专项监督活动，检察机关立案食品领域公益诉讼案件 73 件，发出诉前检察建议 72 件，督促取缔 1742 家无证餐饮服务商家，责令 46 家未取得食品经营许可证的学校食堂停止供餐活动，向 293 家食品经营者下发了责令改正通知书，督促查处销售假冒伪劣食品 1978.58 公斤。

助力国有财产和国有土地保护。检察机关立案国有财产保护和国有土地使用权出让领域公益诉讼案件 67 件，全部发出诉前检察建议，督促收回人防工程易地建设费、被套取或冒领的国家补贴资金等 902.88 万元；督促收回欠缴的国有土地出让金 7910.01 万元，解除受让方不履行的出让合同 2 份，涉及国有土地 84.5 亩、金额 1.15 亿元，收回被非法占用的国有土地 11.6 亩。在公益诉讼领域以外，针对行政执法机关怠于履行职责、不当履行职责、违法履行职责等问题，提出督促履行检察建议 1103 件，行政机关采纳 1085 件，督促收回国有财产 4115.9 万元。

（五）配合国家监察体制改革，助推反腐败斗争

反贪等职能、机构、人员平稳转隶。截至 2018 年 2 月底，宁夏三级检察院的反贪污贿赂、反渎职侵权和职务犯罪预防部门职能、机构及 308 名检察人员全部转隶自治区纪委监委，整体划转政法专项编制 503 个，转隶工作平稳有序。

建立健全职务犯罪办案衔接配合机制。适应《中华人民共和国监察法》和新修订的《中华人民共和国刑事诉讼法》要求，与自治区纪委监委联合制定了办理职务犯罪案件工作衔接办法、职务犯罪案件证据收集审查基本要求与案件材料移送清单，为宁夏检察机关办理监委移送起诉案件提供了基本规范。与自治区公安厅联合制定办理监委移送审查起诉案件执行逮捕强制措施工作衔接办法，完善了检察机关对监委已采取留置措施案件先行拘留的业务流程。

职务犯罪案件顺畅办理。做好转隶后遗留案件清理工作。探索组建职务犯罪专业化办案团队，实行捕诉合一，对接办理监委移送案件。决定逮捕职务犯罪嫌疑人27人，起诉64人，其中，对自治区交通运输厅原厅长许某某、农垦集团原董事长王某某、宁夏医科大学原副校长杨某某等7名厅局级干部提起公诉。

（六）深化司法改革，加强履职能力建设

全面深化司法体制改革。司法责任制改革的各项工作机制进一步完善，特别是入额院领导带头直接办案实现常态化，制定《关于进一步加强检察长带头办案和列席人民法院审判委员会工作的意见》，每季度对入额院领导办案情况进行通报。检察人员分类管理制度运行平稳，补充遴选44名员额制检察官，聘用110名聘用制书记员，启动员额检察官按期晋升工作。以审判为中心的刑事诉讼制度改革深入推进，与自治区公安厅、高级人民法院联合制定推进改革的指导意见、公检法联席会议制度规定以及侦查人员、证人、鉴定人等出庭的实施办法，向公安厅通报近两年公安机关移送审查起诉案件质量情况，就检察机关进一步发挥审前主导过滤作用，共同推进"诉侦一体化"达成共识。建设"智慧检务"，联合宁夏高级人民法院起草了刑事案件智能辅助系统办理案件证据标准指引，开展远程视频提讯、公诉智能辅助办案系统、庭审一体化平台应用试点，推动大数据、人工智能等现代科技在检察工作中的应用。

锻造过硬检察队伍。以政治建设为统领，全面提升检察人员依法公正履职的能力和水平。加强机关党的建设，认真组织开展"不忘初心，牢记使命"主题教育，建立院机关党建与业务工作"月度双报告会议"制度，建立意识形态工作联席会议制度。人才队伍建设取得新成果，基层基础工作更加坚实。在全国检察机关第九次先进集体、先进个人表彰中，灵武市人民检察院荣获"全国模范检察院"称号，宁夏检察机关两名干警分别被授予"全国模范检察官"称号和被最高人民检察院荣记个人一等功。举办了宁夏检察机关优秀公诉人业务竞赛、未成年人检察业务竞赛、刑事执行检察业务竞赛，一名干警荣获第二届全国未成年人检察业务竞赛能手。坚定不移正风肃纪，

开展检察机关违反中央八项规定精神突出问题专项治理问责，严肃查处违纪违法检察人员。全面落实最高人民检察院巡视组对宁夏回族自治区人民检察院的政治巡视反馈意见，并组织开展了对下级检察院的巡视工作。

二、影响宁夏检察工作的主要问题

总体来看，2018年宁夏检察工作平稳持续健康发展，取得了新的进步，但随着社会主要矛盾的转变、经济社会的发展进步、惩治腐败职能的变革和司法体制改革的深化落实，面对新时代、新任务、新要求，还存在一些亟须加强和改进的方面。

一是针对宁夏经济社会发展中出现的新情况新问题，对办案形势、特点、规律把握不够，就案办案的思想还不同程度存在，检察机关服务保障宁夏经济社会发展的能力和效果还有待提升。

二是检察工作发展还不够平衡，主要是刑事检察与民事检察、行政检察、公益诉讼检察工作发展不平衡，自治区人民检察院的领导指导能力与市、县（区）人民检察院办案工作的实际需求不适应、不平衡。

三是司法责任制改革还需持续落实，配套改革措施还需加大落实力度，改革红利还需进一步释放。

四是检察队伍的素质能力还不能完全适应新时代要求，高层次、专业化人才缺乏，个别检察人员违法违纪问题时有发生。

三、加强宁夏检察工作的思考建议

2019年是新中国成立70周年，是决胜全面建成小康社会第一个百年奋斗目标的关键之年。宁夏检察机关将坚持以习近平新时代中国特色社会主义思想为指导，坚持党对检察工作的绝对领导，坚持以人民为中心的发展理念，紧紧围绕党和国家工作发展大局，忠实履行法律监督职责，深化检察改革，加强过硬检察队伍建设，努力为人民群众在民主、法治、公平、正义、安全、环境等方面的新需求，提供更多更优质的法治产品、检察产品。

（一）始终坚持党对检察工作的绝对领导

坚决维护习近平总书记核心地位，坚决维护党中央权威和集中统一领导,增强"四个意识",坚定"四个自信",自觉在思想上政治上行动上同以习近平同志为核心的党中央保持高度一致。坚定中国特色社会主义检察制度自信,保持政治定力和战略定力,坚决抵制各种错误思潮干扰,确保检察事业沿着正确的政治方向前进。坚持把执行党的政策与执行国家法律统一起来,严格执行向党委请示报告重大事项制度,确保党的基本理论、基本路线、基本方略在检察工作中得到不折不扣的落实。

(二)主动服务经济社会持续发展

围绕自治区"三大战略"实施和"一带一路"建设,完善检察服务措施,以法律监督工作的高质量保障经济发展的高质量。树立谦抑、审慎、善意、文明司法理念,坚持平等对待、平等保护原则,营造"亲""清"检商关系,依法履行对民营企业的保护职能,让民营企业家专心创业、放心投资、安心经营。依法惩治破坏生态环境犯罪,加强生态环境系统性保护与修复,与环保部门开展干部双向挂职交流,共同推进生态领域司法保护。聚焦服务打好精准脱贫攻坚战,加强检察机关对口扶贫工作,细化精准扶贫措施,推进检察机关国家司法救助与精准脱贫衔接,助力精准脱贫攻坚。依法严惩民生领域犯罪,深化打击食品药品安全及教育医疗领域犯罪,完善食品药品安全犯罪立案监督机制。加强特殊群体合法权益司法保护,突出惩治针对妇女儿童、老年人、残疾人实施的犯罪。

(三)全力维护社会大局稳定

坚持总体国家安全观,坚决打击危害国家安全犯罪,有效防范化解政治安全风险。严厉惩治非法集资、网络传销、内幕交易等涉众型经济犯罪,防范经济风险向政治安全领域传导。深入推进扫黑除恶专项斗争,依法提前介入、引导取证,严把证据审查、事实认定和法律适用关口,深挖彻查"保护伞",铲除黑恶势力滋生土壤。认真学习新时代"枫桥经验",积极参与加强和创新社会治理。注重发挥律师等"社会第三方"作用,引导公民既依法维护合法权益,又自觉履行法定义务。

(四)着力强化法律监督

坚持在全面依法治国中履行好法律赋予的检察职能,加强统筹谋划、谋篇布局,以贯彻落实修改后的《人民检察院组织法》和《刑事诉讼法》

为契机，坚持刑事检察、民事检察、行政检察和公益诉讼检察并重，下大力气促进检察工作全面、平衡、充分发展。坚持把办案作为履行各项法律监督职责的过程和基本手段，把监督寓于办案。坚持双赢多赢共赢的监督理念，检察机关与被监督机关的法定职责本质上是一致的，工作目标、追求效果是一致的，要改进工作方法，与被监督机关形成良性、互动、积极的工作关系。要把检察建议办成刚性、做成刚性，提升质量，盯住效果。要注意发挥专家学者，专职律师，有法律背景的人大代表、政协委员等社会力量的作用，探索研究民事行政诉讼监督案件专家咨询研判工作办法，充分用好"外脑"。

（五）全面深化检察体制改革

紧密结合深化司法体制综合配套改革，全面落实司法责任制，完善人员分类管理、监督制约、绩效考核等制度，构建权责明晰、激励有效、约束有力的检察权运行新机制。落实中共中央办公厅《关于加强法官检察官正规化专业化职业化建设，全面落实司法责任制的意见》，加快推进检察机关机构改革，形成完整的、适应司法责任制需求的、有助于提高办案质量效率和提升检察官素质能力的内设机构体系。加快构建以检察官为核心、以检察业务需求为导向的专业化新型办案团队。推进检察官助理和书记员职务等级确定和晋升工作。推进智慧检务建设，推动现代科技与检察业务深度融合。

（六）持续推进检察队伍建设

把讲政治与抓业务紧密结合起来，加强检察机关党的建设，把政治建设融入检察工作中、落实到监督办案上。着力培养专业能力、专业精神，不断提高办案质量和效率。加强检察理论研究，不断深化对法律监督理论、检察权运行规律的认识，以理论创新引领制度创新、事业创新。坚持把重心放在基层，健全人财物向基层倾斜的政策保障体系，关心爱护基层干部。坚持以更严标准加强纪律作风建设，强化监督执纪的利剑作用，对徇私舞弊、贪赃枉法特别是充当黑恶势力"保护伞"等违纪违法行为，坚决处理，决不手软。坚持以社会主义核心价值观引领检察文化建设，大力宣传先进集体先进个人的优秀事迹，激励广大检察干警。

2018年宁夏公安工作发展报告

黄景海

2018年,宁夏公安机关在自治区党委、政府的坚强领导下,以党的十九大精神为指引,以习近平总书记"四句话、十六字"总要求为统领,以自治区成立60周年庆祝活动安保维稳为主线,忠诚履职,担当尽责,有力实现了全区刑事案件、八类刑事案件同比分别下降8.1%、12.1%的良好态势,有力确保了李克强总理来宁视察、自治区成立60周年庆祝活动等一系列重大活动绝对安全、万无一失,有力维护了全区社会大局持续稳定、社会治安形势持续向好。

一、2018年宁夏公安工作情况

(一)以自治区成立60周年庆祝活动安保为主线,以反恐维稳"铁桶工程"为载体,持续维护全区社会大局稳定

1.顺利圆满完成自治区成立60周年庆祝活动安保任务

坚持总体国家安全观,坚持以维护民族地区长治久安长远发展为基点,强力推进维稳"铁桶工程",为全区社会大局持续稳定和自治区成立60周年庆祝活动等重大活动顺利进行创造了安全稳定的社会环境。顺利圆满完成自治区成立60周年庆祝活动安保任务,从2018年年初开始把自治区成

作者简介 黄景海,宁夏回族自治区公安厅办公室主任科员。

立60周年庆祝活动安保工作作为贯穿全年主线,统筹政治安全、核心警卫、社会治安等各个战场,制订完善各类方案预案,特别是对各警卫线路、中央代表团住地、集中活动现场、慰问点及场馆反复踏勘,对庆祝活动涉及的场馆、点位开展全覆盖、无缝隙搜排爆和核辐射安检,启动环宁环银公安检查站,开展车辆检查、核查比对、应急物资装备储备、实战演练,组建反恐防暴、防火救援等专业应急处突分队,构筑了立体防控、整体联动、快速反应、高效处置的安保工作体系,实现了"四个防止""三个确保"工作目标,得到了中央、公安部和自治区党委、政府的充分肯定和高度评价。

2. 牢守不发生暴恐案事件底线

按照三年三步走的战略规划,细化完善了反恐维稳"铁桶工程"三年规划,研究出台《关于进一步做好新时代反恐怖工作的实施意见》《反恐怖工作领导小组工作规则》《反恐怖工作履职报告、问题通报、约谈、问责暂行规定》3个指导性、规范性、操作性文件,建成宁夏反恐怖情报信息平台,实现了反恐怖数据信息上下贯通,互联互通,深度融合,全面落实关注人员基础摸排、动态管控,建成省级卡口固定公安检查站,机场车站电子闸机、电子围栏,整体形成了区、市、县、重点区域四级防控圈,推动反恐怖工作步入常态化、系统化、信息化、精细化轨道,坚决确保宁夏社会稳定和长治久安。

3. 稳慎处置民族宗教领域敏感问题

始终坚持以党和国家民族宗教政策法规为根本方针,坚持保护合法、制止非法、遏制极端、抵御渗透、打击犯罪的根本原则,推进"雪亮工程"向宗教场所延伸,确保千人以上规模性宗教活动安全顺利进行,成功化解宗教内部矛盾纠纷,依法查处"达洼"等非法宣教活动,坚决取缔非法宗教渗透活动聚集点,有效切断了境外渗透传播渠道,有效挤压了非法宗教活动空间。区市县三级公安机关统一指挥、上下联动、捆绑作业、合成作战,有效确保了开斋节、古尔邦节等节点平稳有序。针对现实问题,主动向自治区党委、政府提出针对性对策建议,充分发挥了公安机关维护稳定和参谋助手作用。

（二）以合成作战为依托，以"七大战役"为重拳，持续保持严打突出违法犯罪强大攻势高压

紧盯严重影响群众安全的突出违法犯罪，依托区市县三级合成作战体系，强力推进"扫黑恶、反邪教、打涉众、大收戒、攻侵财、缉枪爆、净网络"七大战役，有力确保了全区刑事案件持续下降、治安形势持续向好。

1. 全力攻坚大案要案

全区刑事案件破案率达49.3%，犯罪嫌疑人抓获数同比上升2.7%。刑事案件、八类主要刑事案件发案数同比分别下降8.1%、12.1%。破获各类涉黑涉恶刑事案件、抓获犯罪嫌疑人、铲除恶势力犯罪团伙同比分别上升177.8%、69%和250%。现行命案发案率同比下降19.6%，破案率持续保持100%。特别是成功侦破了"9·17"故意杀人、"10·07"杀人抛尸等一批群众反映强烈、社会影响恶劣的典型案件，取得了良好的社会效果。

2. 民生案件战果显著

建成区市两级反电信诈骗犯罪中心，挽回经济损失同比上升1327%，连续4年成倍猛增的高发势头得到有效遏制。接连破获"8·30""国好百分百""就这美"等传销大案，有力铲除了传销渗透土壤。"两抢一盗"等侵财类案件同比下降14.5%。"盗抢骗"犯罪嫌疑人抓获数、追赃数逐年上升，有力地震慑了街面犯罪，有效回应了群众新期待。查处有毒有害食品及生产销售假药、打孔盗油、破坏环境、卷烟打假刑事案100余件123人，不断净化了经济发展和群众生活环境。

3. 禁毒示范创建稳步推进

以出台宁夏首部禁毒条例为契机，层层压实"八责机制"，全面实施"双百工程"。在全区所有乡镇打造249个标准化社区戒毒康复工作中心，创建689所毒品预防教育示范学校，建成27个市县区公共场所禁毒教育基地，形成覆盖1300余所学校、85.6万余名学生的"互联网+校园禁毒教育"模式。现有吸毒人员降至1.5万人，较2017年年底下降17.8%；社区戒毒康复执行率从过去不足80%提升到现在的99%以上；3年戒断巩固率从不足30%上升至49%；新增吸毒人员增速从高峰期的21.5%降至2.6%的历史最低水平，实现了毒情形势的历史性拐点。

(三)以"一村(社区)一警"社区警务为基础,以科技信息化"数据强警"工程为牵引,创新完善智能化立体化现代化社会治安防控体系

全面推进"一村(社区)一警"社区警务战略,大力实施科技信息化"数据强警"工程,固本强基,牵引驱动,共建共治共享的社会治理格局不断完善,驾驭社会治安复杂形势的能力不断增强。

1. 社区警务提档升级

围绕"六建六促"目标任务,宁夏所有市县均以党委、政府名义出台了社区警务实施意见,创新推动新时代"枫桥经验"和社区警务工作相结合,在宁夏全面实施"一村(社区)一警"社区警务机制战略部署,实行"1+X+N"社区警务工作模式。从体制机制、保障制度、运行模式、目标任务等方面,将城乡社区警务改革措施固化为创新和加强社会治理、推动平安宁夏建设的党政工程,推进落实农村警务专干工作制度和补贴标准。划分警务区,建成规范化社区警务室,建立警务联系点(站),配备专职社区民警、辅警,全面覆盖所有社区、街道、乡镇和村庄。采集实有人口信息598.97万余条、实有单位信息13.50万余条、实有房屋信息274.67万余条,"微警务"服务群众31.52万余人。全区入室盗窃、矛盾纠纷类警情、电信诈骗案件同比分别下降24.9%、5.1%、15.7%。社区警务由点到面全面铺开,公安工作基层基础和社会治安防控基础得到全面加强。

2. 数据强警作用凸显

紧紧抓住整合、建设、应用三个关键环节,整合内部11个系统87.85亿条公安数据和外部19个厅局560个企事业单位53类3亿条社会数据;基层移动警务终端配备率达到87%以上;警综平台一站式登录应用和移动终端一次性采集录入,区市县三级智能指挥和视频监控联通联动。各类重大活动、警卫任务、安全事故、群体性事件现场实时"看得见、呼得通、调得动",科技信息化牵引驱动作用更加凸显。

3. 重点管控严密细致

针对涉恐涉暴涉稳涉极端等人员,严格落实"五见面两核查"和"四个逐人""五个必须"工作措施,确保"一人不漏、一刻不误、一控到底",群体性事件下降至近5年来最低值。针对机场、车站、繁华商圈等人

员密集重点场所，常态运行精准化武装巡防，全面推进交巡警合一警务机制改革，织严织密"1、3、5分钟"应急响应圈，持续保持社会面见警率和震慑力。针对寄递物流、散装汽油等重点行业和重点物品，严格落实实名登记、流向监控和三个"100%"制度，对违规违法企业和个人一律依据反恐怖法上限重罚，有力震慑。

4. 公共安全措施到位

扎实开展道路交通安全隐患综合治理，重点车辆隐患清零、交通违法清零，危险路段治理率达到55%，重点车辆交通事故同比下降38.79%，交通事故四项指数同比分别下降4.41%、10.24%、11.33%和51.87%，较大以上事故同比下降50%，全区火灾起数、直接财产损失同比分别下降18.04%、7.31%，全区公共安全形势持续向好。

（四）持续促进社会公平正义、服务民生、服务发展，人民群众获得感幸福感安全感不断提升

牢固树立以人民为中心的发展理念，坚持维护稳定与服务发展并重，保障民安与服务民生并举，以严格规范促公平，以优质高效惠民生。

1. 执法规范化建设不断深化

积极适应以审判为中心的诉讼制度改革，牵头建设执法大数据智能平台。试点推行"206"政法协同办案系统，试点推开执法办案积分制考评改革，完成执法办案区智能化改造，实现接处警、受立案、询问讯问、移送起诉等全流程和警情统计、办案场所、涉案财物、案件卷宗等全要素执法监督巡查。组织研究处置大规模群体性事件等重大敏感案事件"三同步"依法处置工作流程。集中解决交巡警合一警务机制改革12项执法实务问题，制定15种现场执法操作标准，法制保障、服务实战作用逐步显现。

2. "互联网+公安政务服务"上线运行

依托"互联网+公安政务服务"平台，实现与自治区政务服务平台、公安厅门户网站以及13个公安业务系统、4个社会服务系统对接联通，实现80%以上服务事项"不见面、马上办"；实现了288项事项"网上办、一次办"；提前实现了最多跑一次的服务承诺。截至2018年11月，平台访问量接近30万人次，注册人数近2.5万人，其中实名认证近1.8万人，受理群众申请、咨询 5648 件，接受群众查询 10 万余次，办结率 100%，有效提升了知晓率、普及率和使用率。

3. 非警务警情分流成效显著

会同自治区政务服务中心联合印发《关于明确民生服务平台非警务类咨询求助事项管辖单位的通知》，明确界定 4 大类 60 项非警务类咨询、求助和投诉事项的管辖范围，指导各地以政府名义建立每月通报和督导问责机制，纳入效能目标考核。分流非警务警情 22.9%，有限警力回归公安主业，警务效能有效提升。银川市率先在全区建立首家"12345"专业处置队伍，依托综治平台和社区网格开展矛盾纠纷化解，中卫市 12345 政务服务中心引入专业呼叫服务公司，建立社会化专业化接线员队伍，专业化服务水平不断提高。

二、当前面临的形势及存在问题

目前，宁夏社会大局总体平稳可控，社会治安形势持续向好，但面临的风险挑战依然严峻、不容忽视。

（一）暴恐现实威胁凸显

在新疆严打高压态势下，宁夏已经成为暴恐极端分子潜藏渗透的主要目标和重点关注人员流入流出的重要通道，宗教极端思想向高校学生和群众加剧渗透，凸显出宁夏已经处于反恐怖斗争的第一线和最前沿，进入了一个比以往更加严峻复杂、更加尖锐激烈的新阶段。

（二）经济金融风险集中爆发

受国际国内经济形势影响，一些经济金融风险集中暴露、加速酝酿、积聚升级。以非法集资为代表的涉众型经济犯罪集中爆发、持续高发，涉案金额大，群众损失大，追赃挽损率低，成为诱发和加剧经济金融领域风险隐患向社会稳定、政治安全领域传导的重要因素。另外，受经济下行压力加大的影响，部分转型升级、创新发展后劲不足的企业表现出明显的不适应性，触及群众切身利益，刺激社会敏感神经，极易形成区域性、行业性涉稳风险。

(三) 公安执法服务质量有待进一步提升

宁夏公安机关自身还存在着情报预警还不够精准,重点管控还不够严密,科技应用的效能有待进一步增强,执法服务水平有待进一步提升等短板问题,需要下大力气提质增效。

三、2019年宁夏公安工作的对策建议

2019年,中华人民共和国成立70周年纪念活动、"一带一路"高峰论坛、中阿博览会等一系列重大活动将接连举办,公安机关承担的任务更重,面临的挑战更大。宁夏公安机关将以习近平新时代中国特色社会主义思想和"四句话、十六字"总要求为统领,以建设平安中国示范区为新的目标,以一系列重大活动安保为主线,立足当前、着眼长远,构建完善主动警务、合成警务、智慧警务、民生警务、阳光警务"五大警务体系",在更高水平、更高层次上推动宁夏公安工作转型升级创新发展,维护民族地区长治久安长远发展。

(一) 加强反恐维稳"铁桶工程",提升预测预警预防能力,打造主动警务体系

立足维护民族地区长治久安长远发展的工作基点,进一步推进反恐维稳"铁桶工程",牵引带动立体化社会治安防控体系提档升级,为维护民族地区安全稳定提供全面系统、持久有力的支撑保障。

(二) 持续深化警务机制改革,提升现代化警务效能,打造合成警务体系

深化区市县三级合成作战体系建设和交巡警合一警务机制改革,全力推动警务工作从"单打独斗"向"合成作战"转变,增强公安机关的合成攻坚能力,实现各种警务资源和要素效能最大化,最大限度提升警务效能。

(三) 全面推进"数据强警"工程,提升科技信息化应用能力,打造智慧警务体系

以"数据强警"工程为牵引,落实政策制度等顶层设计,深入推动公安工作由传统型向智能型转变,进一步助推宁夏公安数据强警迈上新台阶。

(四) 提档升级"一村（社区）一警"社区警务战略，提升社会治理能力，打造民生警务体系

聚焦人民群众新期待，坚持把社区（农村）警务这个基础夯实筑牢，把执法服务这个根本抓实抓细，以扎实有力的基层基础和优质高效的执法服务，努力使人民群众获得感幸福感安全感更加充实、更有保障、更可持续。

(五) 建设新时期过硬公安队伍，提升队伍向心力凝聚力战斗力，打造阳光警务体系

全面贯彻新时代党的建设总要求，坚持以习近平总书记"四句话、十六字"总要求为统领，以公安队伍正规化专业化职业化为总方向，持续深化政治建警、素质强警、从严治警、从优待警，不断提升公安队伍向心力凝聚力战斗力，全面打造新时期忠诚干净有担当的过硬公安队伍，让党放心，让人民满意。

2018年宁夏司法行政工作发展报告

张弼超

2018年,全区司法行政系统紧紧围绕自治区党委、政府的中心工作,在突出重点中整体推进,在开拓创新中培育特色,司法行政各项工作取得了新成效、实现了新发展。

一、2018年司法行政工作基本情况

2018年,全区各级司法行政机关在自治区司法厅党委的带领下,面对新形势新任务新要求,坚持以习近平新时代中国特色社会主义思想为指导,切实加强司法行政党的建设,着力推进法治政府建设和重点领域立法,强化政府法制监督,加快公共法律服务体系建设步伐,切实维护国家安全和社会稳定,各项工作取得了显著成效。

(一)全系统党的建设呈现新气象

始终坚持党的绝对领导这一根本政治原则,毫不动摇把党的政治建设贯穿到司法行政工作各方面、全过程,有力推动全系统党建工作提质量、上水平。一是坚持用党的最新理论武装头脑、指导实践。切实把学习贯彻习近平新时代中国特色社会主义思想和党的十九大精神作为司法行政工作的首要政治任务,通过举办专题学习班、创新设立"司法行政大讲堂"等

作者简介 张弼超,宁夏回族自治区司法厅主任科员。

方式，不断强化干部队伍理论武装，严明政治纪律和政治规矩，干部队伍"四个意识"不断加强，"四个自信"进一步坚定。二是机关党建工作形成新常态。建立常态化学习制度，及时传达学习中央、司法部及自治区党委、政府重大会议和重要文件精神。建立全系统每月集中开展"1+4+X"主题党日活动模式，有力带动了全系统党建工作制度化、常态化。制定了《党组织书记抓党建三级联述联评联考制度》等5项基层党建工作制度，建立了党建工作经常性督导检查机制，提升了制度执行力。三是律师行业党建得到进一步加强。率先在全国实现了省级以下律师行业党委全覆盖模式，选优配强了宁夏律师行业党委领导班子，为无党员律师事务所选派党建联络员、指导员19人，各律师事务所实现了组织全覆盖和党建工作全覆盖。

（二）维护安全稳定能力实现新提升

坚持总体国家安全观，坚守安全底线，践行改造宗旨，确保国家安全和社会稳定。一是监狱内部管理不断强化。坚守安全底线，开展了"整顿监规秩序，净化改造环境"活动、"百日安全整治行动"。践行改造宗旨，积极贯彻落实"五大改造"新理念，通过创新集中教育攻坚转化模式、创新"四课"教育形式、改革完善教育改造"三中心"、搭建狱内文化平台等，提升改造质量；通过"产业抓升级、劳动创品牌、管理上水平、待遇要提高"等措施，较好地保障了劳动改造。二是戒毒工作规范化水平有效提升。按照全国司法行政戒毒工作座谈会部署要求，推动建立统一的戒毒工作模式，各场所统一设置"四区"和"五大中心"，制定相应的工作流程和岗位标准，进一步提高戒毒矫治科学化专业化水平。切实做好戒毒医疗康复工作，积极开展康复训练师、专业医师教育培训，将各场所执业医师纳入全区精神科医生培训计划。三是社区矫正有了新体系。健全了社区矫正重大事项报告制度，明确了社区矫正重大事项报告项目、认定标准、报告时限和方式等。建立了宁夏社区矫正和安置帮教工作评价考核指标体系，细化和量化社区矫正和安置帮教、"智慧矫正"60项指标，着力提升社区矫正工作规范化水平。

（三）新时代"枫桥经验"结出新硕果

按照司法部部署要求，宁夏作为全国试点在全区开展了为期3个月的

"坚持发展'枫桥经验'实现矛盾不上交"试点工作,着力打造新时代宁夏版的"枫桥经验"。以试点工作为契机和抓手,有力推动全区人民调解工作优化升级。一是人民调解工作在维护社会和谐稳定中的作用更加凸显。试点以来,全区共化解各类矛盾纠纷28318件,同比增长11.5%,实现了全区信访总量和集体访、进京访、越级访、民商事案件数量"五下降",在维护全区社会稳定中发挥了积极作用。二是人民调解组织网络进一步健全。织密人民调解"四张网",全区新增人民调解组织320个,自治区人民调解"四张网"建设入选中央政法委2018年开展的"政法战线改革之星"80个典型经验。三是人民调解工作模式和机制更加完善。建立了城市、农村、内部单位、行业专业人民调解工作新模式,健全完善了信访事项人民调解"两排查一分析"制度、联合调解制度、案件收结制度等10项制度。联合自治区财政厅在全区建立了人民调解工作经费保障奖补机制,将全区专职人民调解员生活补贴全部纳入同级财政预算。四是人民调解队伍专业化程度进一步提高。制定了《宁夏专职人民调解员管理办法》《宁夏人民调解员等级评定管理办法》,建立了纠纷信息员、专职调解员、金牌调解员、兼职调解员、人民调解志愿者5支队伍,建成人民调解专家库270个,吸收892名律师等法律工作者充实到人民调解队伍,人民调解员和专职人民调解员数量分别增长9.2%和2.4%。

(四)司法所规范化建设迈上新台阶

以星级司法所创建为载体,强力推进司法所组织机构正规化、队伍建设专业化、业务工作效能化、基础设施标准化、所务管理规范化"五化"建设,全区基层司法所得到全面加强。一是星级司法所创建圆满收官。全区243个司法所星级创建率达到100%,五星级达标率92.6%,有9个县(市、区)五星级司法所创建率达100%,基层司法所基础设施、管理水平、履职能力得到极大提升。二是司法所管理体制进一步理顺。认真落实司法部《关于进一步加强乡镇司法所建设的意见》,按照"机构独立、编制单列、职能强化、管理规范"的要求,理顺了司法所管理体制,落实了司法局和乡镇(街道)双重管理、以司法局管理为主的工作模式,为司法所履行工作职责奠定了良好基础。三是队伍力量不断加强。将县级司法行政机关 75%的工作人员下沉到基层司法所，配齐配强工作人员，所均达到 6 人以上。全面落实司法所长副科级待遇和司法助理员每月 2000 元津补贴，创造了拴心留人的良好环境。四是建立了"3454"多元联动工作机制。建立了县、乡、村三级公共法律服务网络，实现基层司法行政业务联动。以乡镇为单元，将乡镇派出所、司法所、基层法庭、信访投诉中心等机构联系在一起，建立了组织联建、业务联帮、工作联动、服务联合的"四联机制"，推动了公调、诉调、检调、访调、援调"五调对接"，构建了大调解、大普法、大援助、大服务"四大"格局。

（五）法律服务助力社会发展得到新体现

以开展"公共法律服务体系建设年活动""矛盾纠纷大调解专项行动""法律援助规范化建设专项行动"三个专项行动为抓手，统筹推进律师公证、法律援助、司法鉴定等公共法律服务体系建设。一是公共法律服务体系建设成效显著。把 2018 年确定为公共法律服务体系建设年，提请自治区党委、政府出台了《关于进一步推进公共法律服务体系建设的意见》，先后投入 1670 万元专项经费建成了县、乡、村三级公共法律服务实体平台，建成率 100%。提请自治区政府印发了《关于开展一村（社区）一法律顾问工作的实施意见》，制定相关保障措施和评估考核制度，"一村（社区）一法律顾问"实现全覆盖。"12348 宁夏法网"网络平台全面运行，开通了"12348 宁夏法网"移动客户端、"宁夏掌上 12348"微信公众号。将原"12348"法律咨询热线优化升级为公共法律服务热线，全时段向社会公众提供专业的法律服务，共接听电话 30507 个，引导法律援助 467 个，引导调解 163 个，与 12345、12315、110 部门联动 16 个，处理留言 2675 个。二是法律服务领域进一步拓展。制定出台了《关于充分发挥律师专业优势服务"三大战略"促进法治宁夏建设的工作意见》，主动服务自治区重大决策实施。截至 2018 年 11 月，全区律师为政府部门、企事业单位担任法律顾问 2284 家，为企业和当事人挽回经济损失 4.9 亿元。积极开展律师参与信访矛盾化解和参与城管执法试点工作，建立了 10 家律师事务所调解室，150 多名律师接受法院委托开展调解工作。深入开展法律援助助推精准脱贫攻坚战工作，将全区扶贫对象全部纳入法律援助范围，并免于事项范围审查。法律援助人群范围由55.8万人扩大至172万人，覆盖了全区人口的1/4，重点加强农民工、残疾人、未成年人、妇女、老年人5类人群的法律援助服务。协调自治区财政厅将法律援助三类、二类、一类案件补贴标准分别由原来的400元、800元、1100元提高到600元、1300元、1500元，平均上浮50%。全区共办结各类法律援助案件9297件，为16109名受援人挽回或避免经济损失2.2亿元。三是推动司法鉴定行业健康发展。严格落实司法部"双严十二条"规定，在全区司法鉴定行业中开展了规范整治活动，清理注销17家"僵尸机构"。组建了全区司法鉴定物证、声像资料等鉴定人专家委员会，编入司法鉴定名册向社会公布。实现了司法鉴定行业协会脱钩管理。2018年3月，在银川市召开宁夏司法鉴定协会换届大会，选举了协会领导，修改了章程。以协会名义支持鼓励做强做规范宁夏医科大学司法鉴定中心等10家司法鉴定机构，实现以典型引领行业长足发展。

（六）法治宣传教育推出新举措

以全面落实普法教育责任制为主要抓手，扎实开展"七五"普法，着力为法治宁夏建设营造良好的法治氛围。一是普法责任更明确。建立完善普法责任"四清单一办法"，促进各级党委、政府部门（单位）较好地落实"谁执法谁普法"普法责任制，初步实现了"四清单一办法"的全公开、全备案、全监督。二是主题活动更突出。围绕自治区生态立区战略开展了"生态立区与法同行"、围绕实施乡村振兴战略开展了项目化精准普法等主题法治宣传实践活动，为法治宁夏建设营造良好的法治氛围。三是宪法学习更丰富。认真落实司法部深入组织开展好宪法学习宣传教育部署要求，开展了"学习宪法、法律进机关"主题学习宣传活动，举办了"崇尚宪法厉行宪法推进法治宁夏建设"主题座谈会，并将宪法学习纳入宁夏干部教育培训网络平台，开展了宪法知识微信竞答活动，参与竞答124.7万人次。四是新媒体普法更接地气。积极推动建立媒体联动传播模式，推进形成以"宁夏法治"微信公众号为核心的新媒体普法矩阵，并借助各类媒体平台开展以案释法宣传和"百名法治模范"、"十大法治人物"事迹、最美人民调解员宣传，取得了良好的社会效果。

（七）司法行政信息化建设实现新发展

坚持科技创新，突出抓融通，确保"数字法治·智慧司法"有序实施，推动司法行政信息化建设由"分散型"向"融合型"转变。一是顶层设计更加科学。加强对全系统网络安全和信息化工作的顶层设计、统筹协调、政策制定，研究提出了宁夏司法行政信息化体系建设总体思路，确定了纵横贯通、全面覆盖、融合共享、智能高效、安全可控的目标方向。二是业务信息系统建设全面推进。建成了社区矫正信息指挥中心及管理系统、刑满释放人员安置帮教管理系统，建成了宁夏监狱大数据平台，通过利用数据可视化等技术，提供动态统计、趋势预测、危险预警、改造评估等决策服务，推动监管向精准化、智能化迈进。三是科技手段助推工作效率提升。持续优化基层单位的政法网络链路，建设备份链路，提高了网络传输速率和可靠性。为所有基层单位建设了视频监控系统并配发了指纹仪、高拍仪等设备，改善了基层执法环境。借助宁夏政法网实现了司法行政系统各单位网络的联通，视频会议在覆盖监所和市、县司法行政单位的同时，向乡镇、街道司法所延伸，提升了工作效率。根据司法部视频点名工作安排，对假期值班人员视频点名工作进行培训，有效确保了视频点名工作有序开展。

（八）司法行政重点改革取得新突破

按照司法部《关于加快推进司法行政改革的意见》，攻坚克难，创新举措，切实抓好重要改革任务落实。一是加强组织领导。及时调整了自治区司法行政改革领导小组，制订了《宁夏司法行政改革分工实施方案》，并在全国率先制定了司法行政改革督查考核规定，采取有力措施，着力推动重点改革任务落地见效。二是重点改革任务取得突破。在银川市、石嘴山市开展了刑事案件审判阶段律师辩护全覆盖试点和律师参与城管执法试点工作，在中卫市公证处开展合作制公证机构试点工作，取得明显成效。在全区27个法院、11个看守所基本建立值班律师工作运行机制，实现法律援助值班律师工作全覆盖，并协调自治区财政将社会律师值班补贴纳入各级财政法律援助经费保障。

（九）司法行政队伍建设取得新成效

通过抓班子带队伍，着力打造学习型机关，强化纪律作风建设，司法行政干警的素质和能力得到全面提升，干部队伍呈现出拼搏进取、奋发向上的精神面貌和勇于担当、争先创优的良好工作状态。一是领导班子建设不断加强。对司法行政系统各级领导班子进行综合研判，选准用好干部，配齐配强了5所监狱、4个戒毒所的领导班子。制订《关于建立后备干部库加大优秀年轻干部培养选拔工作的实施方案》，集中推荐并储备了一批优秀年轻后备干部。二是队伍能力素质不断提升。着力打造学习型机关，在全系统深入开展了"大学习大培训大调研大督查"活动，建立健全了"统一规划、分级管理、归口负责、分类实施"的干部学习教育培训管理体制，共举办各类培训班38个，培训5360余人次。三是队伍纪律作风持续向好转变。坚持从严治警，狠抓"双六条禁令""六个一律""六个决不允许"等铁规、禁令的贯彻执行，开展经常性纪律教育，使全体警察"见不贤而自省"，以铁的纪律打造铁的人民警察队伍。

二、2018年宁夏司法行政工作形势分析

按照中央的决策部署，自治区全面启动了机构改革工作。根据《宁夏回族自治区机构改革方案》要求，将自治区依法治区领导小组改为自治区党委全面依法治区委员会，作为自治区党委议事协调机构，自治区党委全面依法治区委员会办公室（以下简称自治区依法治区办）设在自治区司法厅；将自治区司法厅、自治区政府法制办公室的职责整合，重新组建自治区司法厅。重新组建的司法厅实现了立法、执法、司法、守法、普法各环节职责一体、全面贯通，在依法治区、依法执政、依法行政共同推进，法治国家、法治政府、法治社会一体建设，政治、经济、文化、社会和生态文明建设统筹推进等各个方面，责任更大、任务更重，形成了"一个统筹，四大职能"的新工作布局。"一个统筹"，即自治区依法治区办统筹协调法治工作；"四大职能"，即在全面履职基础上，发挥好行政立法、行政执法、刑事执行、公共法律服务四个方面职能作用。

当前，司法体制改革和机构改革"双重改革"叠加下的司法行政，既面临前所未有的机遇，也面临前所未有的挑战，如新时代司法行政改革还需进一步落实落地，信息资源整合共享还需进一步对接打通，队伍整体素质还需

进一步加强提升，等等，都需要下大气力研究，常抓不懈。因此，全区各级司法行政机关和干部职工要进一步把握大局，认清形势，立足当下，凝心聚力，抢抓机遇，对标新定位新职能，切实担当起自治区依法治区办的工作职责，统筹协调，守正笃实，久久为功，推动形成事业发展的强大合力，切实做好行政立法、行政执法、刑事执行、公共法律服务四个方面工作，努力实现人员大团结、人心大融合、事业大发展，在推进全面依法治区中发挥更加积极的作用。

面对新形势、新任务、新职能，面对自治区党委、政府新要求和人民群众的新期望，司法行政工作还存在以下几方面的突出问题：一是立法的及时性、前瞻性、针对性还不强，立法工作质量有待进一步提高。二是执法监督工作中存在协调难度大、行政执法监督信息化水平不高、规范性文件备案监督管理不平衡等问题。三是刑事执行面临的形势依然严峻，监狱服刑人员、强制隔离戒毒人员和社区矫正人员构成日趋复杂，安全防范的风险进一步加大。四是公共法律服务还存在不平衡、不充分、质量不高等问题，覆盖面还需进一步提高，服务的功能还需进一步完善，服务的途径和方式还需进一步拓展。五是信息化建设还存在诸多短板，建设水平较低，应用程度不高，在推动司法行政各项工作中发挥的作用不够。

三、对进一步加强宁夏司法行政工作的思考和建议

（一）围绕一条主线，努力建设模范政治机关

以政治引领、党建先行为主线，毫不动摇把坚持党的绝对领导体现在推动自治区司法行政事业发展的各方面、全过程，全区各级司法行政机关切实增强"四个意识"，坚定"四个自信"，自觉把"两个坚决维护"落实到工作中、行动上。进一步加强全区司法行政系统和律师行业党的建设，创新"1+4+X"主题党日活动模式，坚持每月集中开展具有鲜明行业特色的主题党日活动。开展"基层党组织建设提升年"活动，深化党建"灯下黑"问题专项整治活动，着力提升各级党组织创造力和凝聚力。严肃党内政治生活，严格落实中央八项规定精神，建立廉政风险动态防范预警机制，不断推动全系统全面从严治党向纵深发展，努力把宁夏司法行政机关建设

成为模范政治机关。

(二) 对标新定位新职能，加强统筹协调能力

扎实做好自治区依法治区办筹备工作，认真研究依法治区有关重大问题。按照法治国家、法治政府、法治社会一体建设的总要求，加强法治宁夏建设顶层设计，紧紧围绕中央、自治区重大决策部署，研究制订更加科学合理、便于操作的法治宁夏建设规划。对标新定位新职能，统筹协调立法、执法、司法、普法有关工作，加强依法治区各项任务的督促检查，积极协调解决制约工作发展的瓶颈问题。

(三) 深入推进两项改革任务

一是深化司法行政改革。根据职能整合，充实调整改革任务，待《司法部全面深化改革纲要（2018—2022年）》出台后，制订实施方案，明确时间表、路线图，全力推进全系统改革各项工作。二是推进行政执法体制改革。全面推行行政执法"三项制度"。深入开展"证照分离"改革工作，积极营造公平透明的营商环境。建立规章、规范性文件清理工作长效机制，重点做好自治区机构改革涉及规章和规范性文件的清理工作，确保各级行政机关依法履行职责。

(四) 打造监管安全三个模式

一是打造监狱工作新模式。坚持总体国家安全观，统一谋划监狱、戒毒、社区矫正等工作，积极探索建立"五大改造"理念宁夏模式，制定出台《宁夏监狱统筹推进以政治改造为统领的"五大改造"新格局实施意见》，打造宁夏监狱工作新格局。二是打造戒毒工作新模式。进一步健全完善以分期分区为基础、以专业中心为支撑、以科学戒治为核心、以衔接帮扶为延伸的统一的司法行政戒毒工作基本模式，不断提升司法行政戒毒工作规范化水平。三是打造社区矫正新模式。进一步理顺社区矫正工作管理体制，积极争取通过政府购买服务方式，落实司法所"一所一协管员"模式，着力推进社区矫正队伍正规化专业化职业化建设。

(五) 开展三个专项行动

一是开展以宪法为主题的法治宣传教育专项行动，建立宪法学习宣传教育长效机制、责任落实机制，加强对普法责任制落实的督导检查，召开

全区"谁执法谁普法"普法责任制推进会,开展年度主题教育实践活动,以法治进宗教场所为侧重点,推进"法律八进"向"法治八进"提升,着力打造新媒体普法矩阵,积极构建全方位、全覆盖的普法大格局,推动让法治思维和法治方式成为宁夏人生活方式的重要内容。二是全面启动"坚持发展'枫桥经验'努力实现矛盾不上交"三年行动,着力推动成立人民调解员培训基地,建立人民调解员持证上岗制度,推动人民调解工作智能化建设,促进人民调解工作提质增效。三是深入开展星级司法所标准化建设三年行动,以强化司法所"六大标准"(政治、机构、队伍、业务、基础、制度),建立司法所干部队伍常态化培训机制,推进"一所一特色,一所一亮点"品牌司法所建设,带动司法所整体工作全面提升。

(六)推进五项重点建设

一是依法行政制度建设。围绕加快转变经济发展方式、保障和改善民生、保护环境和生态建设、营造民营企业营商环境等方面,科学安排立法项目。不断完善科学立法、民主立法、依法立法工作机制,建立基层立法联系点制度,加强立法协调与调研,健全立法起草、论证、协调、公开征求意见和公众意见采纳情况反馈机制,切实提高政府立法水平与质量。二是法治政府建设。强化法治政府建设督查考核工作,积极推动法治政府建设示范单位创建工作,做好第三方评估,提高法治政府建设整体水平。加强对行政决策的监督,落实行政决策责任追究制度及责任倒查机制,做到决策权与决策责任相统一。清理规范责任清单和执法主体的人员资格,加强行政规范性文件监督管理,继续做好行政规范性文件合法性审查、"三统一"和有效期等制度的落实工作。大力推进行政复议规范化建设,不断完善行政复议运行机制。进一步健全政府法律顾问工作制度,为政府依法行政提供有力的法律保障。三是公共法律服务体系建设。认真贯彻落实司法部《关于加快推进公共法律服务体系建设的意见》,研究制定基本公共法律服务标准,制定《宁夏回族自治区基本公共法律事项清单》,继续完善优化公共法律服务实体平台、网络平台、热线平台建设及服务功能,着力推动公共法律服务三大平台融合提升,整合网上网下、线上线下资源,努力形成协调有力、优势互补的综合服务格局。紧紧围绕服务"三大攻坚战"

和自治区"三大战略",统筹推进律师、公证、法律援助、司法鉴定、行政审批、仲裁等工作,加大法律援助服务精准脱贫力度,加强司法鉴定管理和监督,建立律师调解室,深入开展民营企业法治体检专项活动,积极为自治区民营经济发展提供更加精准便捷的法律服务。四是司法行政信息化建设。认真贯彻落实司法部"数字法治·智慧司法"的信息化建设总思路,按照"一朵云""两平台""三入口"的体系架构和六大类18项重点业务系统建设要求,建立行政执法监督平台、人民陪审员管理系统、律师综合管理系统、法律职业资格考试管理系统、社区矫正大数据系统等各类信息平台,打造满足各类云上业务在线闭环运行系统,实现资源集中化共享化、服务在线化、业务移动化、交互智能化。五是司法行政队伍建设。着力推动转职能、转理念、转方式、转作风,内强素质、外树形象,努力建设讲政治、善学习、重大局、强作风的司法行政干部队伍。按照"全员培训、全过程培训、全方位培训"基本要求,以提升执行力为切入点,突出抓好习近平新时代中国特色社会主义思想学习及党性修养、专业能力、知识体系的培养塑造,推动干部多岗位实践锻炼,提高实战本领。坚持抓班子带队伍,坚持正确的用人导向,落实"好干部"五个标准,切实做好干部选拔任用工作。按照"纪律部队"高标准、严要求,加强纪律作风建设,坚持从严治警,把纪律和规矩挺在前面,进一步扎紧织密纪律"笼子",以铁的纪律打造铁的人民警察队伍。认真做好评先选优工作,通过选树先进、挖掘典型,发挥好示范引领作用。建立干警依法履职免责、容错纠错保障机制,不断激发司法行政队伍的创造力、凝聚力、战斗力。

2018年宁夏社会治安综合治理工作发展报告

刘 敏

2018年,在自治区党委、政府的坚强领导下,在中央政法委的正确指导和大力支持下,宁夏各地各部门以习近平新时代中国特色社会主义思想为引领,深入学习贯彻党的十九大和自治区第十二次党代会精神,贯彻落实中央、自治区党委决策部署,深入推进平安宁夏建设,主动适应新形势、新变化,以提高人民群众安全感和满意度为目标,把防控风险、服务发展摆在更加突出的位置,下大力气破解难题、补齐短板,不断推进理念思路、方式手段、体制机制创新,不断强化综治基层基础建设,健全完善矛盾纠纷多元化解机制,加强社会治安立体防控体系建设,大力提升社会治安综合治理工作水平,全力服务保障经济高质量发展和维护社会和谐稳定。自2014年起,全区平安建设考核成绩连续4年进入全国优秀行列。

一、宁夏社会治安综合治理取得的成效

(一) 维护全区社会大局稳定成效显著

深入贯彻习近平总书记视察宁夏时的重要讲话精神,落实自治区第十二次党代会各项决策部署,以服务保障"三大战略""五个扎实推进"为着力点,全力助力经济繁荣、民族团结、环境优美、人民富裕目标实现。

作者简介 刘敏,宁夏回族自治区党委政法委综治协调室副主任。

全区政法综治战线坚持统筹政治安全与公共安全，强化核心警卫与社会治安双战场，全面做好重大活动安保工作，特别是圆满完成自治区成立60周年庆祝活动安保维稳任务。60大庆安保维稳期间，共制定完善各领域安保维稳方案140余个，建成省级卡口固定检查站12个、机场车站电子闸机46个，启动环宁环银检查站28个，检查车辆9.6万余辆，开展实战演练18次，核查在宁关注人员信息7605人次，侦办涉恐线索30余条，抓获涉疆在逃人员25人，实现了"四个防止""三个确保"的工作目标，受到中央、公安部和自治区党委、政府的充分肯定。全国两会期间，统筹协调公安、信访等部门组成督查组，对各市、县（市、区）安保维稳工作进行督查，交办影响社会稳定突出矛盾问题和重点信访事项，全力做好安保维稳工作。

（二）加强顶层设计，推进社会治安综合治理工作科学化、法治化

坚持把总揽全局、统筹协调、督促指导等领导作用体现落实到加强社会治理各项工作顶层设计上，针对社会治安综合治理工作出现的新情况、新问题，研究制定了《关于2018年加强社会治安综合治理推进平安宁夏建设的实施意见》，提出了七个方面28项重点工作，为2018年全区平安建设工作指明了方向，提供了遵循。组织召开2018年全区政法综治信访维稳工作会议，对平安宁夏建设作出全面安排部署。对2013—2017年度全区社会治安综合治理先进集体（66个）和先进工作者（109名）予以表彰，总结经验，树立典型，进一步增强各地各部门开展平安建设的信心和决心。持续开展基层平安单位创建、治安重点地区和突出问题整治、公众安全感调查、企事业单位履行社会责任评价等日常活动，在全区上下形成了争先进位、比学赶超的浓厚氛围。加强涉法涉诉信访工作规范化建设，建立律师参与化解信访工作机制，开展信访积案化解专项整治行动，不断完善矛盾纠纷多元化解机制。

（三）坚持问题导向，加强重点领域突出问题专项整治

坚持专项治理与系统治理、综合治理、依法治理、源头治理相结合，突出问题导向，确定一批重点问题进行专项整治，并建立完善持续深化的长效机制，有力推动了社会治安形势持续好转。

强力推进"扫黑恶、反邪教、打涉众、大收戒、攻侵财、缉枪爆、净网络"七大战役,切实加强命案防控,严厉打击以"两抢一盗"、传销、电信网络诈骗、非法集资等涉众型经济犯罪为重点的违法犯罪活动,有效挤压了违法犯罪空间,命案发案数、进京非正常上访数、群体性事件发生数、重大安全事故数等4项约束性指标大幅下降。稳步推进禁毒示范创建,层层压实"八个责任机制"、全面实施"双百工程",社区戒毒康复执行率达到99%以上,新增吸毒人员增速处于历史最低水平,实现了毒情形势的历史性拐点。建成区市两级反电信诈骗中心,查处非法集资案件28起,挽回损失1.4亿元,"两抢一盗"等侵财类案件同比下降14.5%,人民群众财产权益得到有力保护。积极协调争取财政建设资金150万元,采取政府购买方式,推动建成自治区邮政业安全中心,加强寄递行业安全监管。学习推广上海市打击"套路贷"工作经验,自治区高级人民法院、检察院、公安厅联合出台宁夏打击"套路贷"办法。自治区公安厅、商务厅、交通运输厅等9部门联合制定印发《关于宁夏回族自治区物流行业安全生产监管工作方案》,明确"实名登记、验视、审查登记、执法检查"四项制度和操作流程,发布禁运物品指导目录和举报奖励办法,全流程建立健全物流安全管理制度。继续推动校园及周边社会治安综合治理,自治区综治办联合自治区公安厅、教育厅印发《2018年全区中小学幼儿园"护校安园"专项工作方案》,切实加强校园安全隐患预防管控和处置。联合公安、卫计、民政等9部门印发《加强严重肇事肇祸等严重精神障碍患者救治管理工作的实施意见》,进一步明确各地各部门工作职责,建立筛查随访机制,明确信息共享要求,健全救治救助和管理工作机制,全面提升宁夏肇事肇祸等严重精神障碍患者救治管理工作水平。

(四)加强源头治理,持续推进矛盾纠纷排查化解工作

进一步完善矛盾纠纷排查化解工作机制,坚持每月召开矛盾纠纷排查调处会议,分析形势,通报情况,交办重点矛盾纠纷。2018年1—11月,全区共排查矛盾纠纷65133件,化解60520件,化解率92.9%;交办重点矛盾纠纷127件,化解63件,化解率49.6%。继续推进矛盾纠纷排查化解信息系统连通应用,目前,全区240个乡镇(街道)全部连通,部分县

（区）连通至村（社区），压实了基层组织排查化解"两个责任"，实现了矛盾纠纷网上可查询、可追溯、可督办。开展"坚持发展'枫桥经验'实现矛盾不上交"试点工作，试点以来，全区共化解各类矛盾纠纷28318件，同比上升11.5%，实现了全区信访总量和集体访、进京访、越级访、民商事案件数量"五降"。织密人民调解"四张网"，全区新增人民调解组织320个，人民调解"四张网"建设入选中央政法委"政法战线改革之星"80个典型经验。组织召开全区坚持发展"枫桥经验"总结大会，总结推广典型经验做法，推动"枫桥经验"在宁夏落地生根、开花结果。自治区党委政法委会同自治区司法厅起草了《关于坚持发展"枫桥经验"进一步加强人民调解工作努力实现矛盾不上交的指导意见》，提请自治区党委办公厅、政府办公厅印发实施。

（五）注重机制创新，夯实社会治理基层基础工作

坚持抓基层、打基础，大力推动理念、制度、机制和方法创新。按照《关于整合基层乡镇（街道）综治信访维稳等工作资源的指导意见》要求，组织专项调研组，对乡镇（街道）综治中心建设运行情况进行调研，面对面指导，指出存在问题，提出工作要求。积极推行村民代表会议制度，不断完善村民自治功能，健全村级治理结构，社区服务事项责任清单、社区"大党委"建设、网格员管理制度建设不断完善。整合乡镇（街道）综治、信访、维稳等资源力量，全面推进综治中心建设。"以房管人"服务模式、法官村官双助理联动机制、"一村（社区）一警"社区警务建设、社区戒毒康复人员"四色"管理制度、农村土地流转纠纷化解机制、"互联网+微警务"工作模式、农村"电话平安联防"机制等典型经验在全区推广。自治区综治办对全区各地22个突出治安问题进行挂牌整治，各市、县（市、区）分别对辖区重点问题进行挂牌整治，形成了横向到边、纵向到底的整治格局。按照"全域覆盖、全网共享、全时可用、全程可控"的目标，以银川、吴忠两市列入2016年全国"雪亮工程"示范城市为契机，加快建设自治区级应用平台，目前银川市、吴忠市"雪亮工程"项目建设已基本完成，正在补点建设和深化应用中，石嘴山市已完成"雪亮工程"项目投资2480万元，中卫市已完成"雪亮工程"一期工程总量的85%，固原市将"雪亮工程"建设项目作为智慧固原的一期项目,已完成软件开发工作量的80%。

(六)严格考核问责,推动综合治理领导责任制落实

认真贯彻中央办公厅、国务院办公厅《健全落实社会治安综合治理领导责任制规定》,把加强社会治安综合治理、深化平安建设、维护社会稳定纳入各级党委、政府经济社会发展规划,列入效能目标管理考核和各级领导干部政绩考核内容。制定印发《2018年市、县(市、区)平安建设(效能目标管理)考核实施方案》和《2018年市、县(市、区)社会治安综合治理工作考核办法》,进一步明确了考核内容、评分标准、奖惩措施,将影响全区社会稳定的命案、进京非正常上访、群体性事件和安全事故作为约束性指标进行管理,每月进行通报。对突破平安建设约束性指标和年度考评排名末位的县(市、区),取消平安县(市、区)命名资格,实行重点管理。对发生重大问题的地区,除依法对负有管理责任的责任主体进行问责外,按照"属地管理"原则,还应对基层各级各类组织和人员的失职行为进行问责,强化综治领导责任制的落实。组织对各市、县(市、区)2017年平安建设工作进行考核,对兴庆区等19个"平安县(市、区)"予以命名,责令考核排名末位的西夏区等3个县(区)作出书面检查,并将考核结果记入自治区效能考核成绩,为落实综治责任制提供保障。

(七)深入开展扫黑除恶专项斗争,提升人民群众安全感

全区各地各部门深入学习贯彻落实习近平总书记关于扫黑除恶专项斗争的重要指示精神,高度重视、高位推动,扎实推进扫黑除恶专项斗争深入开展。自治区党委政法委(扫黑办)充分发挥牵头抓总、统筹协调作用,认真做好政策指导,健全完善工作机制,出台了线索排查、重大案件会商、挂牌督办、领导责任落实等7项制度,研究制定了《宁夏回族自治区扫黑除恶专项斗争领导小组工作规则》《宁夏回族自治区深入推进扫黑除恶专项斗争重点工作任务分工方案》《宁夏回族自治区纪检监察机关和公安机关扫黑除恶专项斗争协作配合办法》等9个规范性文件,先后组织召开8次会议,将市、县(市、区)和各有关部门扫黑除恶专项斗争纳入年度平安建设考核体系,强化措施,压实责任。全区各级政法机关聚焦11类黑恶势力打击重点,不断完善侦查、起诉、审判、执行各阶段联动机制,联合出台了《宁夏回族自治区高级法院、检察院、公安厅关于涉黑涉恶案件会商工作办法》等规范性文件，为进一步强化政法机关协作配合，提升黑恶案件办理质效提供了重要依据和制度保障。在全国扫黑除恶专项斗争推进会上，宁夏建立健全扫黑除恶各项工作机制和法院建立专业合议法庭的做法受到了表扬。武汉会议后，自治区扫黑除恶专项斗争领导小组将"破网打伞"作为专项斗争下一阶段主攻方向，自治区扫黑办积极协调推动纪委监委与政法机关深化协作配合，健全惩治涉黑恶腐败和打击"保护伞"工作机制，"破网打伞"工作取得突破性进展。截至2018年11月底，全区共摸排涉黑涉恶线索2809条，打掉涉黑社会性质组织3个，涉恶势力团伙49个，共刑拘犯罪嫌疑人525人，破获各类涉黑涉恶刑事案件312起，收缴枪支2支，查封冻结扣押涉案资产9225.6万元，查处黑恶势力"保护伞"案件4起。同时，深入开展打击黄赌毒、拐骗抢及传销等违法犯罪和治安问题专项治理活动。2018年1—11月，全区命案发生数、刑事案件和八类主要刑事案件立案数同比分别下降22.06%、5.8%和13.63%，黄赌毒等警情大幅下降，社会治安形势持续稳定向好，人民群众安全感明显增强。

二、宁夏社会治安综合治理面临的形势与问题

总体上，全区社会大局平稳可控，但面对日益复杂的国际形势和新时代我国社会主要矛盾新变化，社会治安综合治理工作面临着诸多挑战，也存在一些不平衡不充分的问题，主要表现如下。

一是一些党政组织和干部法治思维及依法办事的能力还有待进一步提高，"重政绩、轻法治，重结果、轻程序，重权力、轻群众"的现象依然存在。

二是综治信访维稳等工作资源齐抓共管、联合作战的体制机制不健全；联防联动联治的整体战斗力尚未真正形成，预测预警预防机制有待进一步创新。

三是综治信访维稳队伍自身建设还有待进一步加强，统筹协调、驾驭复杂局面的能力亟待提高，不会为、不想为、不敢为的现象依然存在；社会治安综合治理领导责任制落实力度还有待进一步加大，各地各部门落实

综治责任及推进平安建设的积极性、主动性和创造性有待进一步提高。

四是综治维稳信息化智能化水平较低，信息化与业务工作融合有待进一步加强，综治工作与现代科技应用融合还不够，信息互联互通、资源共享程度较低，运用大数据、智能化推进工作的整体水平还不高，信息大整合、大共享的整体效应尚未形成。

三、宁夏社会治安综合治理发展建议

（一）推进平安建设各项任务落实

紧紧围绕全区社会治安综合治理工作总体思路，以解决影响社会稳定的突出问题为突破口，采取实用管用的措施办法，促进重点领域风险隐患得到有效整治。重点抓好金融、道路交通和寄递物流、安全生产、社会治安、电信网络等重点领域风险隐患专项治理，建立健全"大防控"体系，着力提升"大安全"防范能力。以重点人群服务管理为载体，加强流动人口服务管理、特定利益群体服务稳控、严重精神障碍患者服务管理，加强戒毒人员、社区服刑人员、刑满释放人员等特殊人群服务管理，不断完善"大服务"网络。以夯实基层基础为支撑，推进综治中心规范化建设，深入开展基层平安创建活动，深化社区网格化服务管理，积极推进共建共治共享，构建"大综治"联动格局。

（二）防范各类风险，多元化解矛盾纠纷

进一步压实矛盾纠纷排查和化解"两个"责任，推进矛盾纠纷排查化解工作制度化、常态化和规范化。推动创新城乡基层社会治理新模式，构建社会矛盾风险综合防控新体系，预防和化解重点领域矛盾纠纷，健全完善"大调解"机制，切实把问题化解在基层、解决在萌芽状态。继续深化矛盾纠纷排查化解信息系统联网应用，建立健全纵向贯通区、市、县、乡、村五级，横向连通各职能部门的矛盾纠纷排查化解网上工作机制。贯彻落实纪念毛泽东同志批示学习推广"枫桥经验"55周年暨习近平总书记指示坚持发展"枫桥经验"15周年大会精神，构建自治、法治、德治"三治融合"的基层社会治理体系。

(三) 整合乡镇（街道）综治信访维稳资源

深入贯彻落实自治区《关于整合乡镇（街道）综治信访维稳工作资源的指导意见》（宁党办〔2017〕14 号）精神，按照综治中心、综治数据、网格化服务管理等国家标准要求，进一步规范乡镇（街道）综治中心软硬件建设，加快推进基层综治信访维稳资源力量联动整合，建立完善预警研判、受理分流、工作联动、管理考核等协作联动机制，有效发挥基层综治信访维稳等工作资源联动联防联治的实战功能。全面提升城乡社区网格化服务管理水平，创新社区工作者队伍管理机制，实现民情联系无遗漏、社区服务无缝隙、社区管理无盲点。

(四) 进一步深化综治信息化建设

大力实施"互联网+社会治安综合治理"模式，推广应用覆盖区、市、县、乡、村五级和各综治成员单位的"9+X 模式"综治信息系统，积极推进宁夏综治网和综治大数据建设，升级完善综治信息综合应用平台，推广应用流动人口、重点人群、矛盾纠纷、重点地区、护路护线、校园及周边综合治理等信息系统，实现综治工作网络化、智能化，强化对社会治安风险的预测预警预防。加大"雪亮工程"建设力度，积极协调自治区有关部门对自治区"雪亮工程"平台建设项目进行审批立项，加快建设推进步伐；全面完成银川市、吴忠市"雪亮工程"全国示范城市年度建设任务。加快推进石嘴山市、固原市、中卫市"雪亮工程"全国重点支持城市年度建设任务，将宁夏建成全国首个实现公共安全视频监控联网共享的省区。

(五) 健全落实综治领导责任制

认真落实中央办公厅、国务院办公厅《健全落实社会治安综合治理领导责任制规定》，按照"属地管理、分级负责"的要求，结合本地实际，研究制定社会治安综合治理规划目标、重点任务和推进措施，确保各项目标任务有效落实。加大表彰奖励和惩戒力度，充分调动各地各部门开展平安创建的主动性和积极性，建立健全激励奖励和问责追究相结合的综治领导责任考核体系。继续实施社会治安综合治理"领导约谈""重点管理""一票否决"等追究措施，倒逼综治领导责任制的有效落实。

(六) 推进扫黑除恶专项斗争向纵深开展

贯彻落实中央和自治区党委关于开展扫黑除恶专项斗争各项决策部署，特别是全国扫黑除恶专项斗争推进会精神，进一步提高政治站位，以强烈的政治责任感、历史使命感、工作紧迫感，切实担负起促一方发展、保一方平安的重大政治责任。

一是继续完善机制，着力深化涉黑涉恶腐败问题及"保护伞"线索摸排核查，不断加强对涉黑涉恶腐败问题线索核查的统筹协调，建立完善统一受理、分类核查、相关成员单位共同负责的线索核查机制，决不让一条有价值的线索"石沉大海"。

二是继续深化打击，进一步做好"啃硬骨头"的工作准备，不间断地持续发力，始终保持对黑恶势力的严打高压态势，着力攻克一批新的黑恶势力犯罪团伙。同时，借鉴其他省区经验，通过创新完善侦查手段，进一步铲除黑恶势力关系网络、摧毁黑恶势力经济基础，决不给黑恶势力死灰复燃的机会。

三是深挖彻查"保护伞"，将其作为下一步专项斗争的主攻方向和衡量专项斗争成效的重要标准，进一步落实"两个一律"的要求，把扫黑除恶与反腐败和基层"拍蝇"结合起来，推动落实"一案三查"和公检法"三长"签字背书制度，做到对背后"保护伞""关系网"没有查清的不放过、对背后腐败问题没有查清的不放过、对失职渎职问题没有查清的不放过，确保扫黑除恶与打击"保护伞"同步进行、同频共振。

2018年宁夏法治队伍建设工作发展报告

戴文杰

2018年以来，全区政法战线在自治区党委、政府的坚强领导下，坚持以习近平新时代中国特色社会主义思想为指导，紧密围绕自治区党委中心工作，以深入贯彻落实党中央《关于新形势下加强政法队伍建设的意见》、自治区党委《关于新形势下加强政法队伍建设的实施意见》为统揽，以推进司法体制改革和政法改革为抓手，着力抓好长效机制建设和突出问题整改，努力打造信念过硬、政治过硬、责任过硬、能力过硬、作风过硬法治队伍，全区政法干警的政治素质、履职能力明显提升，纪律作风、精神风貌明显转变，法治队伍建设水平进一步提升。

一、宁夏法治队伍建设成效

（一）持续强化思想政治建设

坚持以思想政治建设统领政法工作，教育引导政法干警忠诚党的事业、践行党的宗旨、牢记党的使命，自觉坚定政治立场，明确政治方向。

1. 以开展政治轮训为抓手，加强党的创新理论学习教育

自治区党委政法委自觉提高政治站位，牢固树立"四个意识"，坚定"四个自信"，组织深入学习习近平新时代中国特色社会主义思想和党的十

作者简介　戴文杰，宁夏回族自治区党委政法委政治部副主任科员。

九大、自治区第十二次党代会精神，举办全区政法领导干部学习贯彻习近平新时代中国特色社会主义思想培训班和党的十九大精神轮训班，教育引导广大干警坚持学深悟透、学用结合，强化对党的理论认同和思想认同，用党的创新理论指导执法办案业务。下发《关于开展学习贯彻习近平新时代中国特色社会主义思想大学习大研讨大培训活动的通知》，要求在政法系统迅速掀起大学习、大研讨、大培训热潮，用习近平新时代中国特色社会主义思想武装头脑、指导实践、推进工作。举办了4期政法大讲堂，分专题学习习近平新时代中国特色社会主义思想，逐步将学习培训活动引向深入。各级政法机关周密部署，精心谋划，坚持理论结合实际，先后举办各类培训班130多个，轮训干警1.8万余人次，采取专题研讨会、集中学习班、"大宣讲"等形式学习宣传习近平新时代中国特色社会主义思想，教育引导干警自觉服从服务工作大局，坚决维护习近平总书记的核心地位，切实使习近平新时代中国特色社会主义思想成为推动全区政法工作的强大动力。

2. 以贯彻重大决策部署为主线，推进政法重点工作

自治区党委政法委按照把方向、谋大局、定政策、促改革要求，支持政法机关依法履职，积极研究重大问题，中央、自治区重大部署、重要会议后，及时组织传达学习，研究制定贯彻意见，安排部署推进，强化督查落实，确保党中央、自治区党委重大方针政策不折不扣贯彻落实。围绕自治区"三大战略""五个扎实推进"，让法治成为宁夏未来发展核心竞争力的重要标志等重大战略部署，自觉将政法工作融入自治区党委、政府工作大局，统筹推进自治区60大庆维稳安保、扫黑除恶专项斗争、司法体制改革和政法口机构改革、法治队伍建设、基本解决执行难等各项工作。宁夏司法体制改革工作经验在中央政法委《政法动态》刊发。自治区高级人民法院被最高人民法院确定为全国5家解决执行难"样板法院"之一。

3. 以落实重大事项请示报告为重点，全面加强党的绝对领导

各政法部门坚持党对政法工作的绝对、全面领导，按照自治区党委《关于贯彻落实〈政法机关党组织向党委请示报告重大事项规定〉的通知》要求，坚持重要工作、重大事项、重要问题及时全面向党委、政法委请示汇报，自觉坚持党的领导。自治区党委政法委对重大工作事项和问题加强

研究论证，加大协调解决力度，统筹推进工作，破解难题。加大督查巡查力度，定期通报迟报、漏报、瞒报等问题，依规依纪严肃问责，推动了党管政法原则的有效落实，保证了政法工作正确的政治方向。

4.以推进党建带队建为着力点，全面夯实工作基础

各级政法机关压实党组（党委）书记、机关党委书记、党支部书记责任，制定完善组织生活会、支部主题党日、民主评议党员、"三会一课"等制度，严肃党内政治生活，坚决落实全面从严治党要求，推动以党建带队建促业务。中卫市人民检察院坚持以党建带队建，定期为党员过"政治生日"，赠送入党纪念卡，不断强化党性教育，推动队伍建设和检察业务工作发展。自治区公安厅制定《关于加强和改进机关党建工作的意见》，引领干警清纯作风、积极工作，围绕五个要素列明四个清单，推动党建项目落实，党建、队建、业务工作全面提升，形成了相互融合、相互促进的良好局面。

5.以整改中央巡视反馈意见为核心，着力破解突出问题

自治区党委政法委牢固树立巡视反馈问题不落实是对党不忠诚的理念，根据自治区党委关于《中央第八巡视组巡视宁夏反馈意见整改落实工作方案》，研究制订相关实施方案，成立巡视整改工作领导小组，负责对巡视整改落实工作的组织实施和督促指导，确保巡视问题整改落实到位。各政法部门党组（党委）高度重视、精心部署，认真梳理问题清单，详细制定措施办法，明确责任主体和时间节点，狠抓落实，政治建设、组织建设、纪律作风建设不断强化，落实巡视整改实现了常态化、长效化。

（二）稳步推进政法能力建设

坚持把政法业务能力建设置于基础性、先导性的位置来抓，努力提升法治队伍的职业素养和专业水平。

1.强化业务素养锻炼，确保干警本领高强

坚持开展正规化分类培训，健全经常性培训机制，注重教育培训的规范化、系统化，提高针对性和实效性。自治区党委政法委通过政法大讲堂平台，围绕宪法修改、总体国家安全观、民族宗教思想等热点，邀请中央、自治区专家教授作专题解读，促进政法干部提高法律知识和法律思维，提

升政法工作能力。自治区高级人民法院出台《抓基层夯基础强技能司法能力提升工程建设意见》，运用案例教学、现场教学、问题研讨、庭审观摩等方式，开展优秀裁判文书评比、书记员技能"大比武"等活动，传授办案经验，使司法人员提升了办案技巧，提升了执法办案、辩法析理、舆情引导和信息化运用等能力。公安系统举办30多个业务培训班，轮训干警8000余人次，帮助干警改善了知识结构，提高了思维层次，为正确履职提供了依据和底气。自治区国家安全厅将业务技能培训作为年度八项重点任务之一，突出主攻主责、实战实训和业务急需，区分综合技能、业务专题、实战模拟演练和外出跟班学习四个版块设置培训课程，自办培训班19期，轮训2223人次，多种培训方式共同发力，进一步提升了国安干警的综合素质、履职能力和实战水平。

2.加大人才工作力度，确保队伍建设专业化提升

政法系统牢固树立"人才是推动政法工作创新发展的第一资源和第一要素"理念，以中央《关于新形势下加强政法队伍建设的意见》和自治区党委《关于新形势下加强政法队伍建设的实施意见》为指引，强化法治人才队伍建设的制度化和长效性，逐一梳理、破解"瓶颈"和"短板"问题，全面提升法治队伍建设水平。自治区人民检察院修订的《宁夏检察机关人才队伍建设中长期规划（2012—2020年）》和《宁夏青年检察人才育才工程实施方案（试行）》，对人才培养6项长效机制和4项常态化工作任务跟踪抓落实，充分发挥培训管理部门的指导性和业务部门的主动性，激励支持全区广大检察人员立足岗位成才，促进各领域各类人才竞相涌现。自治区司法厅加大年轻后备干部培养力度，选拔正处级后备干部28名、副处级后备干部44名、优秀年轻干部32名，形成科学合理、衔接有序的人才队伍梯次，优化了队伍结构，激发了队伍活力和工作热情。

3.创新落实工作方式，确保各项政策落实到位

自治区党委政法委根据党中央、自治区党委关于新形势下加强政法队伍建设的各项部署，分别制订分工方案，作为加强政法队伍建设的重要指引，全面推进落实。研究制订《关于深化新时代司法体制改革的意见》，对标中央改革要求，聚焦6个方面提出24项改革任务，明确改革要求和责任

部门，经全面深改委审议通过，由自治区党委办公厅印发。各政法部门研究出台实施意见，坚持"挂图作战"，排出时间表、划定路线图，盯紧各项改革政策督查落实，扫清改革瓶颈障碍，提高了执行力。

（三）全面加强纪律作风建设

坚持持之以恒正风肃纪，以强化纪律作风建设为根本，激发队伍活力，提高执法办案质效，提升执法司法公信力。

1. 切实履行好全面从严治警主体责任

坚持把从严治警真正融入政法工作中，细化压实主体责任，做到守土有责、守土尽责。自治区党委政法委持续强化政法干警违纪违法问题通报，2018年一至三季度通报案件90起135人，严格执纪问责，倒逼法治队伍纪律作风持续向好。自治区高级人民法院召开纪律作风建设和党风廉政建设工作会议，制定实施意见和责任清单，加强审务督察、明察暗访、专项整治、司法巡查力度，严肃查处作风不实、纪律不严、违反中央八项规定精神等行为，促进纪律作风持续改善。自治区司法厅坚持把纪律和规矩挺在前面，以"零容忍"态度坚决处理干警违纪违法行为，真正使法规和制度成为带电高压线，成为干警规范履职的镜子。2018年，约谈、提醒谈话下级班子成员20人次，处置问题线索48件，给予党政纪处分14人。加强日常管理、计分考核、减刑假释、保外就医等执法环节的监督检查，确保权力在阳光下依法公正进行。

2. 组织开展政法机关最差服务型窗口验收

自治区党委政法委根据五市党委政法委提请的"最差"服务型窗口单位验收报告，从自治区政法部门和媒体单位抽调人员组成验收组，坚持问题导向，统一标准，分片实施，对2016年确定的26家最差政法机关服务型窗口单位进行验收，全部予以摘牌，通报全区并在媒体上公布。通过最差服务型窗口单位评定及验收，倒逼政法机关服务型窗口整改问题、补齐短板，改善硬件设施、优化服务内容、严格工作纪律、改善工作作风，全面提升服务质量。

3. 完善从严治警惩防体系

各级政法机关强化党风廉政制度建设，完善工作通气会、例会报告、领导干部外出报备审批和重要会议活动请假、"三重一大"事项集体决策等制度，建立干警廉政建设谈话制度，紧盯腐败易发多发风险点，全面防控执法办案、行政管理、干部选任和建设资金使用等方面廉政风险，扎牢制度笼子，强化源头预防。自治区法官检察官惩戒委员会完善惩戒制度，修改完善惩戒章程，明确了惩戒规则、情形、程序和方式，提请自治区党委办公厅印发执行，促进公正廉洁执法，打造风清气正的政治生态。自治区司法厅坚持挺纪在前，把工作重点落在贯彻中央八项规定精神和密切关注"四风"新动向上，强化制度刚性约束和督察检查，上半年组织开展警务督察1009次，发现问题648件，下发督察通报151期，督察整改问题621件，以严的措施、实的成效促进纪律持续从严，作风持续好转。

（四）着力突出正规化专业化职业化建设

坚持司法体制改革与政法口机构改革深度融合，以全面深化改革提升法治队伍正规化、专业化、职业化水平。

1. 严格落实政法干警分类管理

根据司法体制改革要求，积极推进司法人员分类管理，严格把控法官检察官、司法辅助人员、司法行政人员数量比例，进一步分类定岗，明确职责。自治区法官检察官遴选委员会研究出台《法官检察官遴选面试工作规则》《法官检察官交流任职员额确认办法》，规范了法官检察官遴选程序和标准。严格按照法官检察官入额条件、标准和程序等要求，运用模拟案例分析方式进行面试，从160名拟入额人选中公开遴选法官78名、检察官44名。全区现有法官1090名、检察官620名，分别占法院、检察院政法专项编的35.8%和36.8%，符合中央规定不超过39%的比例要求。出台《法官检察官员额退出办法》，形成与办案能力、办案绩效、责任担当相衔接的员额退出机制。截至目前，全区共有100名法官、60名检察官退出员额。自治区公安厅、司法厅深入推进警察职务序列套改，成立人民警察职务序列套改工作领导小组，制订人民警察职务套改方案，明确执法勤务警员、警务技术职务套改范围、职数设置，提升了政法干部管理的科学化、正规化水平。

2. 优化专业办案团队建设

自治区高级人民法院、人民检察院以审（检）务需求为导向，以法官检察官为核心，组建多种类型的专业化办案团队，法院系统组建审判团队322个，检察系统根据办案情况随时组建调整办案团队。理顺各类司法人员关系，赋予法官检察官对司法辅助人员的任务分配权、工作监督权、考核建议权，减少了管理层级，提升了办案协作性、效能性与战斗力。深化聘用制书记员管理制度改革，根据法官检察官、书记员1:1的配置要求，招录聘用制书记员1112人，全部在一线辅助办案，有效解决了书记员短缺、办案团队无法构建、运转不畅等难题，办案效率大幅提升。法院诉讼案件审理时间同比缩短6.5天，检察机关一审公诉案件办理期限同比缩短7.29天。吴忠市两级法院前三季度一审案件发改率为0.55%，在全区最低，案件质量持续领跑，改革经验在《人民法院报》头版进行推广。

3. 充分发挥绩效考评的杠杆作用

健全工作绩效考核机制，以干警执法档案为基础，完善绩效奖金分配办法，坚持注重实绩、拉开档次，注重将考核结果作为晋职晋级的依据，激发大家干事创业的积极性。自治区人民检察院研究制定检察官、检察辅助人员绩效考评办法、绩效考核奖金分配暂行办法、司法档案管理办法，合理确定考评周期，科学设计考核指标，依据办案质效、考核结果兑现绩效奖金，推进考核量化到岗、细化到人，压实责任，有效激发了干警的办案热情。

4. 强化政法职业保障

坚持从优待警，积极争取党委、政府等相关部门支持，从制度机制、职业保障、抚恤待遇等方面统筹推进，落实从优待警政策，解除干警依法履职的后顾之忧。自治区公安厅出台《表彰奖励工作实施办法》《英烈和因公牺牲伤残民警子女教育优待实施细则》，加强对暴力袭警、诽谤造谣等违法犯罪行为的打击力度，办理维权案件89件，旗帜鲜明为干警依法履职和合法权益提供保障。按现有民警数1:1~1:1.5核定辅警员额，现有辅警7665名，聘用禁毒专干1324人，落实经费渠道、薪酬福利、职业保障、执勤装备等要求，有效缓解了工作压力。基层一些政法机关落实干警婚丧嫁娶、家庭矛盾、生病住院、家庭困难、家庭重大变故"五必访"制度，把关爱落实到实际行动中，让广大干警感受到了组织关怀，强化了归属感。

(五) 坚持抓好政法文化建设

发挥政法文化的整合、凝聚、激励功能，组织创建政法文化阵地，开展政法文化活动，树立先进典型，激发了干警的工作热情。

1. 扎实开展社会主义核心价值观教育

积极引导政法干警学习、践行社会主义核心价值观，使"忠诚、为民、公正、廉洁"成为政法干警的价值追求和自觉行动。自治区高级人民法院定期举办"法官论坛"，引领全体干警争做"让党放心、让人民满意、让法律增辉"的好法官，发挥了文化在引领风尚、释放能量、凝聚共识、推动发展方面的作用。自治区国家安全厅紧抓干警核心价值观教育，分两批组织99名党员干警赴延安进行党性锻炼和隐蔽战线革命传统教育，传承了红色基因，坚定了政治立场。

2. 举办各具特色的主题文化活动

自治区党委政法委、人民检察院定期组织开展读书交流、演讲比赛、知识竞赛等文化活动，营造了积极向上的文化氛围。自治区高级人民法院研究出台加强法院文化建设的意见，通过开展法官集体宣誓、任职宣誓、颁发法院工作三十年荣誉奖章、建设法院文化长廊等，提升了法官自我价值认可，增强了职业荣誉感。自治区公安厅以"荣耀与你同在·不忘光辉历程"为主题，策划组织宁夏60年公安杰出人物网络推荐评选活动，充分展示自治区成立60年来广大民警对党忠诚、服务人民、执法公正、纪律严明的良好形象。自治区司法厅开展党史大讲堂、升国旗、重温入警誓词等活动，有效发挥了政治文化的引领作用。

二、宁夏政法队伍建设工作中存在的问题

当前，面对国内外复杂严峻的形势，宁夏法治队伍建设还存在许多不适应的地方。

(一) 队伍结构不合理，招人难、留人难问题突出

基层一些政法机关队伍年龄结构出现断层。如红寺堡区人民检察院35

岁以下干警占全院总编制数的77%。一些基层政法单位工作环境和条件较差，缺乏吸引人才的竞争力，个别基层政法机关招录报名人数较少，甚至"无人问津"，专业化、高层次、复合型人才严重不足。

（二）司法体制改革工作机制不健全制约法治队伍建设

随着司法体制改革工作深入推进，新型司法权力运行监管、员额动态管理、政法干部交流等成为新的难题，改革过程中不系统、不配套问题日益凸显，制约了法治队伍的长远发展。

（三）法治队伍综合素质与新形势新要求还不适应

一些干警司法观念陈旧，专业知识水平较低，在运用大数据、信息化破解工作难题等方面，与形势发展不同步、不协调、不适应。

（四）"案多人少"矛盾仍未得到有效缓解

近年来，全区各级法院受理案件数同比增幅一般在10%—20%，2018年以来受理案件同比增幅近36%，前三季度受理案件数已超过上年全年受理案件总数，"案多人少"矛盾突出。干警的办案压力加大，超负荷工作、长期加班现象普遍，脑力、体力透支，严重损害干警身心健康。

（五）政法干警违纪违法问题依然突出

随着政法机关正风肃纪、惩治腐败力度加大，全区查处违纪违法干警数量逐年上升，自2015年至2017年分别为87人、107人、114人，2018年前三季度为135人，基层一线干警违纪违法问题高发多发，全区政法系统反腐败斗争形势依然严峻。

三、提升宁夏政法队伍建设水平的对策建议

全区政法系统应按照"政治过硬、本领高强"的要求，全面加强新时代法治队伍建设。一是开展习近平新时代中国特色社会主义思想大学习、大研讨、大培训活动，引导政法干警提高政治站位，筑牢绝对忠诚的思想基础，确保党对政法工作的绝对领导。二是深入贯彻落实《关于深化新时代司法体制改革的意见》，深化司法体制综合配套改革，全面落实司法责任制，提升法治队伍的正规化专业化职业化水平。三是召开法治队伍建设推进会，结合落实自治区党委《关于新形势下加强政法队伍建设的实施意

见》，明确法治队伍建设新思路，制定新举措，全面提升法治队伍建设水平。四是研究制定党委政法委政治督察、纪律作风督查巡查工作办法，明确督察主体、范围、程序、形式等内容，确保法治队伍严守政治纪律和政治规矩，持续正风肃纪，促进法治队伍建设规范化、制度化、常态化。

2018年宁夏律师业发展报告

王晓兵　胡雅娟

2018年，宁夏律师行业深入贯彻习近平新时代中国特色社会主义思想和党的十九大精神，在服务经济社会、加强自身建设、保障律师执业权利等方面取得了突出成绩，为宁夏经济社会发展做出了卓有成效的贡献。

一、宁夏律师业发展状况

（一）基本情况

2018年，宁夏律师队伍稳步发展，律师行业整体素质不断提升，为建设法治宁夏注入了新的活力。

1. 律师事务所发展情况分析

截至2018年11月30日，宁夏共有律师事务所147家，相比2017年增长了10.5%，其中合伙所104家，国资所6家，个人所37家；银川市75家，石嘴山市20家，吴忠市22家，固原市18家，中卫市12家（见图1）。全区共有公职律师办公室及单位65家、公司律师单位12家。

作者简介　王晓兵，宁夏天器律师事务所主任；胡雅娟，宁夏律师协会副秘书长。

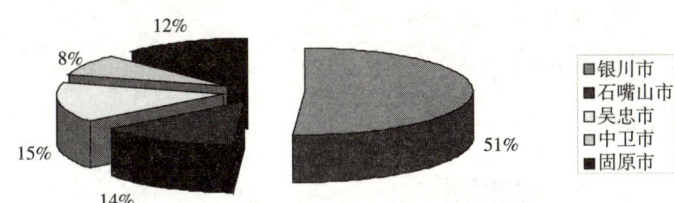

图1 律师事务所地区分布情况

2. 律师发展情况分析

截至2018年11月底,全区共有律师2797人,其中社会执业律师2429人,法律援助律师112人,公职律师220人,公司律师36人。按照2017年末全区常住人口681.79万人来计算,每万人律师拥有量为4.1名,高于全国每万人律师拥有量2.17人,总量饱和。

性别构成上,男性律师1567人,女性律师1230人(其中社会执业女性律师1073人),女性律师占律师总数的43.98%,男性律师占比略高。

地域分布上,银川市1806人,石嘴山市180人,吴忠市164人,中卫市146人,固原市133人(见图2)。银川市每万人社会律师拥有量为8.12名(以2017年末银川市总人口222.54万人计),高于全区平均水平近2倍。

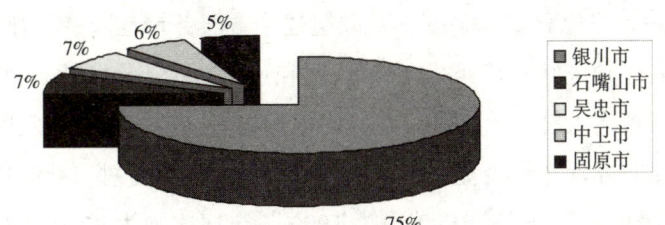

图2 律师地区分布情况

2018年,宁夏新申请律师执业人员352人,其中银川市268人,固原市17人,吴忠市20人,石嘴山市21人,中卫市19人,法律援助律师7人(见图3)。新申请律师执业人员数量比上年增长5.6%。

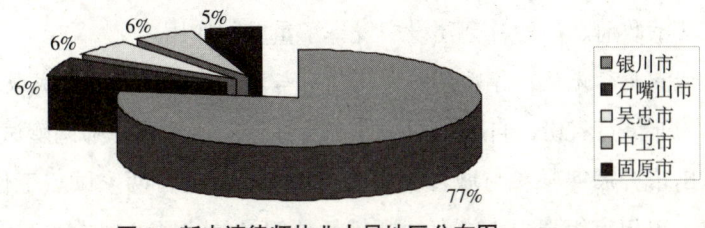

图3 新申请律师执业人员地区分布图

3. 律师业务发展情况分析

截至 2018 年 10 月底，共受理案件 19046 件，其中，诉讼业务 17449 件，非诉业务 1597 件（见图 4）。

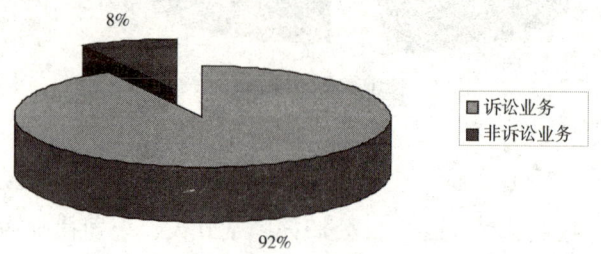

图 4　代理案件业务类型分布图

（二）律师业职能作用发挥情况

1. 推动律师担任党委政府及村居法律顾问，引导律师服务经济社会发展

2018 年，宁夏律师共担任法律顾问 2284 家，公益法律服务 6259 件，12 名律师入选自治区党委法律服务专家库。按照自治区政府办公厅出台的、由自治区司法厅起草的《关于开展一村（社区）一法律顾问工作的实施意见》以及《宁夏回族自治区司法厅开展一村（社区）一法律顾问工作方案》中的相关配套规章制度，采取组建公益服务精准脱贫法律服务团，指派千余名律师进驻"12348"中国法网和"12348"宁夏法网，将基层法律服务工作者纳入村（社区）法律顾问工作中等措施，使贴近实际、特色鲜明的法律服务延伸至最基层，深入群众。目前，宁夏村（社区）法律顾问覆盖率为 100%，微信群覆盖率为 100%。全区律师为 2780 个社区（村居）提供法律顾问服务，为广大百姓提供法律咨询，制定修改完善村规民约，化解矛盾纠纷，服务保障民生，积极参与公共法律服务实体平台、热线平台、网络平台"三大平台"建设使用和服务。宁夏各级司法行政机关积极推进法律顾问制度和公职律师、公司律师制度的贯彻落实，法律顾问律师在法治政府、法治社会建设中发挥了重要的作用。

2. 试点先行先试，律师调解和律师参与城管执法试点工作成效明显

作为非试点省份，自治区司法厅确定在银川市开展律师调解试点工作，在石嘴山市开展律师参与城管执法试点工作。目前，两家试点工作取得初步成效。银川市组建由 135 名律师担任调解员的律师调解中心，充分发挥

律师在预防和化解矛盾纠纷中的专业优势、职业优势和实践优势，引导当事人走调解途径，通过律师调解节约司法资源和诉讼成本，促进律师调解与法院司法审判工作衔接，实现了律师调解中心、调解室与法院之间调解案件的在线移交工作，让律师调解制度成为社会治理的有益补充，助力法治宁夏建设。目前，律师参与法院进行调解，并取得成效的案件近80件。石嘴山市在制订工作方案的基础上，采取"驻队律师"模式，为城管执法大队提供法律意见10余条，随队参与处置疑难复杂城市管理执法事项5件，参与处理诉讼案件4件，审查修改合同1份，开展专题普法培训1次。

3. 积极参与经济社会建设，夯实和谐社会法治基础

一是推进律师参与"三大战略"实施。出台《关于充分发挥律师专业优势服务"三大战略"促进法治宁夏建设的工作意见》，以党的十九大和自治区第十二次党代会精神为指引，坚决落实国务院关于"三大攻坚战"的决策部署，坚持党的领导、坚持服务大局、坚持统筹推进，主动服务创新发展、主动服务生态保护、主动服务脱贫攻坚、主动服务开放发展，找准宁夏律师行业参与和服务保障"三大战略"的切入点和着力点，精准施策，综合发力，精准服务自治区创新驱动、脱贫富民、生态立区"三大战略"，明确律师行业全力服务保障"三大战略"顺利实施的16项重点工作措施，全力促进法治宁夏建设。二是推进律师参与涉法涉诉信访工作。推荐24家律师事务所为破产人管理律师事务所，建立律师名册、知识产权人才库、涉外法律服务机构和涉外法律服务人才库，服务经济建设。

4. 服务民营企业有新举措

贯彻落实中央、自治区关于做好服务民营企业有关要求，自治区司法厅召开服务民营企业专题工作座谈会，下发了《关于开展全区民营企业法治体检专项活动的通知》，制定"五个一"举措，服务民营企业。一是开展一次免费法治体检，在全区律师行业组织开展律师服务民营企业法治体检专项公益服务活动。二是成立一个专项活动工作组，加强指导督促，全方位展开宣传，有效解决活动开展中存在的问题和困难。三是明确"一对一"开展服务，司法行政机关和律师协会组织符合条件的专业律师成立服务团队，深入重点民营企业"一对一"提供法治体检服务，党员律师带头，围

绕政策宣讲解读、法治环境保障、企业治理结构、风险防范化解等方面，深入了解民营企业生产经营和依法治理情况，加强对民营企业经营法律风险的预警预测预防。四是完成一个法治体检报告，专项活动结束前，律师服务团队将结合民营企业决策经营中的法律风险、薄弱环节，提出加强民营企业法治建设、维护合法权益的意见建议，形成法治体检报告，反馈至民营企业。五是形成一份工作意见建议。司法行政机关和律师协会对活动中发现的涉及法律修改、政策调整及需要有关部门解决的问题，提出工作意见和建议，并及时向有关方面反映，真正做到将法律保护关口进一步前移，促进民营企业依法决策、依法经营、依法管理、依法维权，为民营企业构筑"防火墙"。

5. 切实履行律师参政议政职能

2018年，宁夏共有2名律师当选自治区人大代表，比2017年增长200%；有7名律师当选自治区政协委员，比2017年增长75%。广大律师在担任人大代表、政协委员期间，紧紧围绕全区改革发展大局，广泛收集社情民意，提出一大批优秀议案、提案和建议，涉及经济发展、行政管理、社会公共事务等各个领域，为经济社会发展积极出谋划策贡献力量。北京大成（银川）律师事务所参与起草了《宁夏回族自治区大气污染防治条例（草案）》等政策法规。

（三）律师管理工作改革与完善情况

1. 突出政治引领，律师行业党建工作取得新突破

宁夏司法行政机关、律师协会积极推进律师行业党建工作，助力律师行业发展走在前列。一是实现党的组织和工作全覆盖。组建了自治区及地市两级律师行业党委，率先在全国实现了省级以下律师行业党委全覆盖。行业党委自成立以来，采取合理配置律师行业党委班子、建立健全行业党委各项制度、举办党建工作培训班、争取专项经费15万元用于党建工作示范点建设、行业党委书记带队开展党建工作专题调研、举办党的十九大专题学习班、开展全区律师行业警示教育整顿活动、与自治区党委组织部联合召开全区律师行业党的建设工作座谈会等一系列举措，坚持政治引领、党建先行，抓根本、抓关键，以党建促队伍建设，使宁夏律师队伍始终置

于党的全面领导之下。截至2018年10月底，全区律师行业中有中共党员643名（包括实习律师和行政人员），其中专职律师中有中共党员578名，占全区律师总数的20.7%。律师事务所共建立党支部84家，其中独立党支部69家，联合党支部15家，为无党员律师事务所选派党建联络员、指导员19人，全区律师事务所实现了组织全覆盖和工作全覆盖。1个律师事务所党支部、4名党员律师被评为全国律师行业先进党组织和优秀党员。2018年年底前，将通过开展专项活动，实现律师行业党组织和党的工作覆盖100%、律师协会和律师事务所章程修改100%、律师事务所党组织和党员信息登记核查100%的目标。二是加强律师行业党员后备力量的培养教育。选派20名律师行业入党积极分子参加自治区非公经济组织和社会组织工委举办的入党积极分子培训班，进一步加强律师行业党员后备力量的培养教育。多方争取律师专项培训经费，举办律师事务所党支部书记培训班，为党员律师提供一个学习、思考和实践的平台。三是摸清党员律师底数。各市行业党委对所辖律师事务所党组织、党员律师身份状况集中排查，对已经建立党组织的，按照"一所一册""一人一册"要求建立基本情况登记册，做到"四个准确、一个完整"，即党员律师数量准确、党员入党时间准确、党员组织关系准确、党员档案存放准确，基层党组织台账完整。

2.强化管理工作，提升律师法律服务能力

一是做好特定时期专项法律服务。指派律师到自治区综治信访维稳联动服务中心值班，参与自治区党委政法委组建的涉法涉诉信访工作组，与自治区信访局联合下发《宁夏律师参与信访工作实施办法（试行）》，充分发挥律师在化解社会矛盾、维护社会稳定方面的作用。二是加强律师事务所规范化建设。在全区开展律师事务所观摩评查活动，加强律师行业管理，做到评查有标准、模式有创新、活动有内容、考评有成效，推动全区律师事务所规范化、专业化建设，健全案件质量监督管理机制，推进对律师事务所和律师管理常态化、规范化建设。组织区内外考察调研，召开律师事务所管理暨业务创新交流会，引导律所规范化执业；不断完善服务方式和拓展交流领域，建立健全律师奖惩机制。三是加强律师行业管理。争取专项经费100万元，在律师行业举办分层次、重内容，形式新、实效强的培训班，注重为宁夏律师行业培养专业人才。四是强化律师行业诚信建设，适时在相关网站公布律师违纪处罚事项，并指导律师协会、各级司法行政机关对违规违纪律师进行行政处罚（行业处分）。从形势政策、政治纪律、办案策略等方面引导律师行业严格按照司法部有关要求，办理扫黑除恶、涉军停偿、涉邪教等特殊案件。在全区律师行业开展"大排查、大调研、大学习、大整治"警示教育整顿活动，建立健全律师队伍建设的长效机制，加强以诚信建设为重点的律师作风建设。开展全区优秀律师事务所、优秀律师等评选表彰活动；开展《宁夏律师》杂志复刊、《宁夏律师优秀案例选编》出版等工作。五是开展全区律师行业先进典型表彰。宁夏律师协会历时3个月，通过申报、初审、考核、评审、公示等程序，本着公开公平公正的原则，在全区律师行业评选出一批"行业认可、社会认可"的先进典型。全区律师行业先进典型表彰颁奖大会在宁夏广播电视台演播大厅举行。颁奖大会上对全区21家优秀律师事务所、34名"执业三十周年贡献奖"老律师、35名优秀律师、30名优秀青年律师、20名优秀公益律师进行了表彰。一台由律师主创主演的颁奖大会，通过短片、现场采访、视频实况、记者口述等形式，讲述了律师、律师事务所先进事迹，向社会各界展示了宁夏律师行业贯彻落实习近平新时代中国特色社会主义思想，充分发挥律师职能优势，在各方面取得的佳绩，营造出宁夏律师行业提高政治站位、服务法治宁夏、弘扬行业正气、树立先进典型的良好氛围。

3. 科学规划，瞄准前沿，加强行业教育引导

注重发挥行业教育培训的重要作用，争取政府律师专项经费并列入财政预算，科学合理制订律师教育培训计划，加大律师的教育引导培训力度，2018年共开展各类培训10次，参训1700余人。一是创新方法，注重实效。采取"走出去"战略，委托浙江大学举办"全区律师公证党建培训班"，在北京大学举办高级管理人才培训班。举办iCourt合伙人私董会，为提升宁夏律师事务所的团队建设思维、律师的执业水平，运用互联网与技术的力量提高整体法律服务质量，实现变革时代的律所创新与突破提供了新思路。二是区分专业，拓宽视野。举办全区刑事辩护工作会议，重点提升律师刑辩专业技能，举办"公共法律服务体系建设与律师业发展"高峰

论坛、《房地产项目投资收并购及开发运营法律实务》视频培训，每个系列课程由点到面、由浅入深，循序渐进，不同的模式、不同的内容给律师带来新鲜感，增强了律师参培动力。三是层次分明，效果显著。举办律师事务所主任、青年律师、女律师培训班及新申请律师执业人员岗前集中培训班，有针对性地开展培训教育，提高不同类别律师的综合能力，提升行业整体素质。

(四) 律师执业保障工作开展情况

良好的律师执业环境是律师顺利开展工作的基础。2018年，自治区各级司法行政机关和律师协会大力推进完善律师执业保障，畅通律师维权渠道，全面强化律师业服务与保障工作。推行律师职业保险，转化律师责任风险。随着我国法治建设的日益完善，公民法律素养和索赔意识逐步增强，律师在执业中存在着较大的赔付责任风险。为了提升宁夏律师的职业风险意识，推行律师职业责任风险转化工作，经宁夏律师协会九届十次常务理事会研究决定，鼓励并协助全区各律师事务所购买律师职业责任保险，采取律师事务所自愿购买，宁夏律师协会补助的形式进行。

二、宁夏律师行业发展存在的问题

(一) 律所服务民营企业发展的办法还不够多

2018年11月1日，习近平总书记在民营企业座谈会上指出："支持民营企业发展，是党中央的一贯方针，这一点丝毫不会动摇。"总书记还强调："在我国经济发展进程中，我们要不断为民营经济营造更好发展环境，帮助民营经济解决发展中的困难，支持民营企业改革发展。"讲话发表后，中央政法委、"两高"、公安部、司法部等国家机关均出台相关政策意见，要求各行业要贯彻落实习总书记的讲话精神，切实为保护民营企业履职尽责，保障国民经济又好又快发展。就宁夏而言，自治区党委、政府就落实总书记的讲话精神进行了一系列政策部署，但在律师如何服务民营企业、律师事务所如何与民营企业进行服务对接等方面并没有可行性指导，律师或律师事务所与民营企业的关系还是停留在律师把民营企业作为业务对象进行开拓，民营企业也只是根据业务上是否需要律师把关来决定接纳律师的程度。而此种关系显然与充分保护民营企业利益,保障民营经济发展的要求不相适应,构建新型律师与民营企业关系迫在眉睫。

(二) 服务"一带一路"建设律师人才亟待进一步增加

自 2013 年"一带一路"倡议提出至今,其发展势头锐不可当,我国许多地区及世界许多国家都已经从理念落实到了实际行动,有些地方经济效益已经显现。作为"一带一路"建设的重要节点,宁夏必然会有越来越多的企业走出国门,经济发展必然伴随法律问题,但全区涉外法律人才缺口仍然很大。据统计,宁夏懂外语的律师相对较少,能够掌握或处理涉外法律事务的律师更是匮乏,此局面虽作为问题多次提出,但依然没能提出行之有效的解决对策。

(三) 年轻律师业务能力有待进一步加强

律师行业存在着"二八法则"的规律,全区 35 岁以下年轻律师占比高,且少案源、缺经验、关系弱,导致这一部分律师在职业过程中很难顾及自身业务素质的提高,大部分精力均放在业务的承揽上,对于案件做精、做细钻研不够,日积月累形成不好的职业习惯,发展基础不牢固,后续发展受到自身因素的钳制,在一定程度上对年轻律师的发展存在阻碍,律师健康持续发展的后劲不足。

三、宁夏律师业发展的意见建议

(一) 创新律师服务民营经济的方法和路径

在全社会吹响服务民营经济号角的大环境下,在中央要求构建新型亲清政商关系的总要求下,探索律师与民营企业的新型关系也尤为重要。律师行业协会、司法行政部门要加强引导和监督建立新型律师服务民营经济的方法和路径,从总体上、宏观上为律师与民营企业对接提供政策指导和落实步骤。各律师事务所要鼓励律师发挥主观能动性,从切实维护民营企业利益的角度出发,主动与民营企业联系,将经济收入放在次要地位。通过各级工商联组织,各类行业协会等平台主动走进民营企业,与民营企业家座谈,与民营企业职工谈心,切实了解民营企业的法律需求,制订可行的方案,为民营企业的成长提供有效帮助。

(二) 进一步加强涉外律师专业人才的储备和培养

加强合作，搭建与各个国家和地区律师沟通学习的合作平台，提升律师处理国际经济事务的能力。要推进"一带一路"倡议法律服务的交流合作，促进服务"一带一路"法律人才的经验和知识交流；组织专业律师团队组团到发达省份考察，赴国外学习，深入跟进和学习涉外项目的寻找、甄别、风险的识别和评估，提供商务项目的对接服务、项目可行性研究，为项目的判断和决策提供依据，促进签约、落地，协助办理项目所在国的审批手续，为企业提供深入的、多元化的服务；做好本土律师人才培养和储备，挖掘和教育培养一批具备良好素质的涉外律师人才，为本土对外贸易提供不竭的律师人才资源。要做好风险评估，组织律师团队对"一带一路"沿线国家和地区的安全状况、政局走向、法律特点和金融状况进行风险评估，将评估结果与企业对接，加强对外派人员的应知应会知识培训，做好安全保护措施的预案，以应对可能发生的各类问题。要开展已有的法律和规则培训。遴选专业律师人才，对已经形成的WTO原则、国际商会原则、纽约公约、巴黎公约及多边的和双边的协议规则，进行专门培训，加强专业人才的知识储备。要建立跨国的综合法律服务机构。"一带一路"沿线国家和地区有不同的法律生态、风土人情、法律体系和规定，社会治理能力差别很大。项目落地的时候，法律问题很多，律师尽职调查的任务也很重。如项目实施的技术标准、融资需求担保、保险等，都将是合同订立的内容，也是项目成功的保障。因此，订立一个好的合同，需要中国律师与国外同行成立由律师、咨询师、会计师、评估师、银行投资专家、保险专业人士参与的综合服务机构，建立联合服务机制，为项目和企业服务。

(三) 支持和引导年轻律师发展

律师协会要支持和引导年轻律师参政议政，提升年轻律师职业素养，优化年轻律师成长环境，增加年轻律师参与各类培训、表彰的比例，不断拓展年轻律师成长空间。鼓励年轻律师注重知识储备，扎实办好每一个案子，不断拓展自己的案源。要对律师营销技巧进行培训，鼓励年轻律师学习和掌握互联网时代下的新型推广理念，利用专业标签，获得客户认同，共享实务经验，形成专业权威，借助团队优势，打造服务品牌，最终通过有型化、标准化的法律服务产品赢得市场。对于刚步入律师行业、收入没有保障的律师，组织和人社部门可设置一些公益性岗位，为他们提供实践和成长的平台，增强他们从事律师职业的信心。对于那些乐于奉献、甘于清贫的优秀年轻律师，应给予大力表彰，发挥他们的模范作用，为他们在律师行业长期发展创造更多的机会。

2018年宁夏法学研究工作发展报告
——以宁夏法学会为视角

马 蓉

2018年，宁夏法学研究工作以习近平新时代中国特色社会主义思想为指导，紧紧围绕贯彻落实党的十九大精神和自治区第十二次党代会确定的目标任务，秉承"繁荣法学研究，推进依法治区"宗旨，顺势而为，在推进全面依法治区中发挥好"思想库、智囊团"作用。

一、强化政治引领，坚持法学研究正确的政治方向

（一）统一思想，坚定政治自信

2018年，贯彻落实好习近平新时代中国特色社会主义思想及党的十九大、自治区第十二次党代会精神，首要任务就是加强政治建设，引领广大法学法律工作者听党话跟党走，使广大法学法律工作者牢固树立"四个意识"，坚定"四个自信"，践行"两个维护"，自觉在思想上政治上行动上同党中央保持高度一致。深入开展法学法律界十九大精神大学习大讨论活动。纵向到基层法学会，横向到所属研究会，层层学习宣传落实十九大精神，兴起法学会系统学习十九大精神的热潮。开辟《宁夏法学》十九大学习专栏，刊登政法部门领导和专家学者学习十九大精神的体会文章，增强"带头学"实效。用习近平新时代中国特色社会主义思想作为行动指南，用贯

作者简介　马蓉，宁夏回族自治区法学会研究部部长。

穿其中的法治思想凝聚法学法律界共识，指导法学研究工作。

召开全区法学法律界宪法修正案座谈会和研讨会，组织法学法律工作者认真学习领会宪法修改的重点内容及其重大历史意义，统一思想认识，提高政治站位，坚决拥护修宪，坚决贯彻实施宪法，带头尊崇宪法、维护宪法权威，自觉抵制不良法学思潮的侵蚀，做忠诚的中国特色社会主义法治建设的捍卫者、宣传者和推动者。

（二）加强阵地建设，发挥政治功能

以研究会功能性党支部建设为依托，加强所属研究会党的建设，强化研究会政治思想工作，凸显研究会的政治功能。指导研究会党建和业务工作相结合，履行好两项政治职能。一是抓好政治学习。深刻领会习近平总书记关于"旗帜鲜明讲政治"的重要指示精神，及时学习传达好党的最新决策部署，努力提高全区法学法律工作者的政治理论素养、政治敏锐性和政治鉴别力。二是把好政治方向关。对研究会组织的研讨会、承担的课题研究、发表的论文加强政治方向审核，确保法学研究的马克思主义立场和社会主义方向。

落实意识形态责任制，守好阵地。出台《法学研究意识形态工作责任制实施意见》，明确主体，压实责任，进一步规范法学学术成果的评审，加强网络舆情的研判，加强对研究会年会、课题、论坛、刊物等舆论阵地的管理，及时纠正不当言论，批驳错误观点，掌握意识形态主动权和话语权，传播正能量，下好先手棋，打好主动仗。

二、多载体发挥合力，服务法治实践

（一）以课题研究为依托，发挥理论支持作用

2018年，自治区法学会法学研究课题立项33项，结项29项，其中包括20个一般课题、6个青年课题和3个委托课题。《司法改革背景下的检察机关办案组织建设研究——以基层院办案组织与内设机构同步改革为实证》等6个课题被评为优秀课题，《监察体制改革中的预防职能化研究》等17个课题被评为良好等次，《宁夏公安监所整合创新研究》等6个课题被评为合格等次。2018年课题以实务部门的实证研究为主，29项课题中法治实践部门承担的有 19 项，占 65%。总体来看，课题研究立足宁夏实际，聚焦法治宁夏建设中亟待解决的热点难点问题，努力开展前瞻性、应用型研究，力争为法治宁夏建设提供重要参考和有益借鉴，虽然 2018 年课题的学术不端检测更严，评审要求更高，但与往年相比，课题立项、结项数量不减，质量明显提升。

2018 年课题研究内容主要集中在以下几个方面。

一是解读党的十九大精神，宣传实施宪法修正案。《习近平总书记关于全面依法治国重要论述相关问题研究》运用政治学和法理学观点深刻论述和解读了习近平总书记关于全面依法治国新理念、新思想、新战略，对"全面依法治国是习近平新时代中国特色社会主义思想的一条红线；全面依法治国是习近平新时代中国特色社会主义思想的基本方面；全面依法治国是习近平新时代中国特色社会主义思想的关键要素"做了深刻的理论阐释。《监察体制改革中的预防职能化研究》提出完善国家立法，由全国人大常委会以"决定"的形式制定预防职务违法和职务犯罪的基本法律，制定《中华人民共和国预防腐败（职务违法和职务犯罪）法》等专门性法律；对现行的《中华人民共和国刑事诉讼法》《中华人民共和国监察法》进行修改，尽快出台《中华人民共和国监察官法》；制定对公共机构、公共事务、公务行为和公务人员的基本规范法。

二是加强地方立法，推动制度创新。《宁夏农村土地"三权分置"的实证研究》认为，应以地方立法对分置的三种权利各自在权能内容、权利处置等方面的程序、边界、法律效果以及相应的责任等予以明确，调整既有农业产业政策，重构土地承包权人和土地经营权人之间的利益分配关系。构建土地经营权流转抵押的风险防范机制。强化对相关利益群体的保护和对土地经营权市场的监管力度。《宁夏贯彻实施反家庭暴力法的现状及对策研究》建议加强地方立法和人大、政协监督，落实反家庭暴力工作联动机制，加大预防和制止家庭暴力工作社会组织的培育。

三是推进社会治理创新，促进各领域依法治理。《宁夏南部山区建档立卡户法治素养调查与研究》提出降低法律援助门槛，把建档立卡贫困户纳入法律援助服务对象范围，扩大救助事项范围，简化手续，打通贫困户与法律援助的最后一公里。《农村黑恶势力如何"打早打小"》提出建立成员单位扫黑除恶联动网和"三治合一"的农村综合治理体系。《检察视域下的涉众型经济犯罪及其治理研究》提出在宏观层面完善刑法规范体系，大力培养高素质的金融检察专业人才。加强金融信贷市场监督与引导，落实全方位的预警监测机制，构建犯罪信息数据库统一监管相关线索，构建涉众型经济案件社会风险评估机制，推动落实深层次的多机关工作协作关系。《"一带一路"倡议下宁夏律师涉外法律服务的困境及出路》提出司法行政机关、律师协会应助力打造涉外法律服务网络，对律师进行专门行业培训。《宁夏监狱精神障碍患者服刑人员矫正现状及处遇对策》提出强化救助协同机制，建立全区精神卫生防治体系，成立由政法委牵头、卫生计生、民政、公安、人社、残联、司法、财政等部门共同参加的肇事肇祸严重精神障碍患者救治管理工作领导小组，健全和完善精神障碍预防、治疗、康复工作体系和救助服务网络。《关于我区法律顾问制度建立及实施情况的调研报告》提出要建立政府法律顾问保障制度，优化顾问律师的执业环境，着重为法律顾问提供"三信"，保障其"三权"。

四是提高司法效率，推进司法体制配套改革。行政公益诉讼是检察机关关注热点。《行政公益诉讼在宁夏的实践及效能研究》以整体推进行政公益诉讼工作为目的开展研究。《行政公益诉讼诉前程序实证研究》则以提高检察监督的效果为目的，以行政公益诉讼中的一个关键环节为切入点展开研究，两者统一于完善行政公益诉讼制度机制。《刑事公诉案件繁简分流工作的调查与思考》，提出树立"大繁简、大分流"的理念，加强顶层制度设计，构建立体、动态、分层的多元化的刑事公诉案件繁简分流工作机制，综合运用"网上办案""人工智能""大数据""远程视频讯问、开庭"等现代科技手段，构建新型繁简分流工作流程和通道。《司法改革背景下的检察机关办案组织建设研究》建议修改《人民检察院组织法》提出规范各级检察院内设机构的设置条件、设置规模、设置名称及设置规格，明确独任检察官办案组或检察官办案组等新兴办案组织形式以及检察官、主任检察官的法律地位。《"两法衔接"工作调查报告——以银川市为视角》认为应结合银川实际，借鉴珠海市的经验，制定《银川市行政执法与刑事司法衔接工作条例》，对"两法衔接"的案件范围、移送标准及程序、司法机关与行政执法机关的权限和职责、检察机关的地位和法律监督权的内容等进行详细规定。《我区基层法院审判大数据分析运用及司法应对研究》认为要让大数据思维驱动法律运用，深度运用大数据技术服务司法行业，借助第三方科技公司的开发运维能力，形成"法院+第三方"的团队模型。

（二）立足"双百"法治宣讲平台，学习宣传宪法

"百名法学家百场报告会"是由中央组织部、宣传部、政法委、教育部、司法部、中国法学会共同发起的大型普法宣传活动，由自治区法学会具体负责组织协调。宁夏"双百"自2006年启动以来，已经累计举办了40余场，直接受众达3万人，先后4次进入自治区党委中心组学习会，在传播法治理论最新成果、弘扬法治理念方面发挥了重要作用。

2018年，宁夏"双百"活动承担着一项重要的政治任务，就是围绕"习近平总书记关于全面依法治国新理念新思想新战略"重大主题，以学习宣传宪法修正案为重点内容，宣传党的十九大精神，科学解读十九大精神内涵。年初，自治区法学会下发《2018年宁夏"百名法学家百场报告会"法治宣讲活动实施方案》，结合宁夏实际，对"双百"活动作出总体安排部署，积极组织协调落实，邀请国内和区内著名法学专家授课。

3月29日，首场报告会进入自治区党委理论中心组。中国法学会副会长、中国社科院学部委员李林作了题为"认真贯彻实施宪法、自觉维护宪法权威"的专题报告。自治区领导石泰峰、咸辉、崔波等在职副省级以上领导参加学习会。自治区党委、人大、政府、政协秘书长及区直各部门（单位）、中央驻宁各单位（企业）、各大型国有企业主要负责同志200多人参加学习会，各市县（区）及宁东管委会设分会场，通过电视电话会议形式听取了报告。首场报告会开局良好，拉开了全区"双百"宣讲的序幕，自治区残联等区直机关以及市县（区）党委理论中心组专场讲座陆续举办，"双百"宣讲在宁夏全面铺开，掀起了学习宪法的热潮，2018年全年宣讲达18场次，宣讲直接受众近万人。

（三）法学研究下基层，服务党委政府工作大局

法学研究下基层常态化活动于2014年创建，是自治区法学会打造的工

作载体，根据实际情况每年确定不同的活动主题，常立常新。活动旨在通过法学专家下基层，了解法律在基层运行的真实情况，掌握实践对法学研究的真实需求，发现基层法治实践中的真实问题，找准问题聚焦，从法治角度提出解决办法，将调查研究、中心工作和决策需要紧密结合起来，把理论务虚成果转化成服务党委、政府的实实在在的意见建议。

2018年，法学研究下基层活动的主题是"创新社会治理 服务大调解"，是完成2018年全区政法工作会议既定任务的一个有效载体。活动自3月12日启动，先后开展了五市法学会书面调研、专家组下基层实地调研、以课题为载体理论攻关、难点问题对策研究、理论和实务界座谈交流等一系列阶段性工作。在活动中由宁夏大学政法学院朱爱农教授牵头的专家调研组多次到市县（市区）交通事故纠纷调解委员会、物业纠纷调解委员会、乡镇街道调解组织、司法所、派出法庭以及移民区调解委员会开展实证调研。在广泛调研的基础上，10月18日在银川市金凤区举办了2018年法学研究下基层暨"创新社会治理 服务大调解"观摩座谈活动，实地观摩金凤区丰登镇司法所、金凤区交通事故纠纷调解委员会、金凤区公共法律服务中心，并在观摩现场召开专题座谈会，全面总结活动开展情况，集中研究全区矛盾纠纷排查化解中的突出问题，为党委、政府提供对策建议。

与以往相比，2018年法学研究下基层活动注重服务法治实践，主题更加集中鲜明；活动贯穿全年，更加深入持久；坚持问题导向，调查研究更加细致精准，因而活动取得的成效较往年更为明显。专家学者和县（市区）司法局局长、乡镇司法所所长、人民调解员、法庭庭长、律师等从理论和实务不同的角度分析问题，在广泛讨论的基础上进行再集中，工作比较扎实，因此提出的意见建议实事求是，针对性强，活动形成的调研成果《宁夏大调解工作的考察与思考》得到了自治区有关领导的批示肯定。

（四）搭建桥梁，展示和推动成果转化

参加全国性和区域性法治论坛是对外展示和检验宁夏法学研究成果的一个有效途径。2018年，自治区法学会加大组织工作力度，广泛发动市县法学会、专业研究会等有关部门积极撰文参会。组织参加了"第六届董必武青年法学成果奖评选、第十三届中国法学青年论坛、第十三届中国西部法治论坛、第五届中国民族区域法治论坛等全国性和区域性法治论坛，共征集论文157篇。

2018年，在全国性高端论坛上，宁夏个人成果获得的唯一奖项是银川市西夏区人民法院李莉的《我国工伤超期申请救济法律问题研究》，获第十三届中国法学家论坛优秀奖。自治区法学会2018年分别在第十三届中国法学家论坛和第十三届中国法学青年论坛上获得优秀组织奖，成绩较为突出。在区域性论坛上，宁夏作者获奖的比率相对较高。在第十三届中国西部法治论坛上有4篇论文获奖，其中，中卫市沙坡头区人民检察院张庚撰写的《刑事案件未成年被害人权益保护问题研究获二等奖。在第五届中国民族区域法治论坛上有11篇论文获奖，宁夏社会科学院张东祥的《我国少数民族传统文化保护立法研究》获一等奖。总体来看，宁夏法学成果在全国性论坛中的竞争力较弱，成果数量不少但精品不多，实务部门参与的积极性高于高校研究机构，高校研究机构参与此类论坛的热情递减，与全国性的高端论坛获奖难而部分高校对区域性论坛成果权威性认可度不高有直接关系。

在积极推动成果展示基础上，法学会努力克服瓶颈促进成果转化。"就地转化，推动工作"成为应用对策研究的转化新思路，课题《习近平总书记关于全面依法治国重要论述相关问题研究》被列为自治区党校专题教学课程，成为干部培训的必修课。调研报告《宁夏大调解工作的考察与思考》得到自治区领导批示，要求与自治区司法厅"枫桥经验试点"和宁夏警官职业学院的"人民调解专业学科发展"结合起来，推动矛盾纠纷大调解工作。课题《宁夏南部山区建档立卡户法治素养调查与研究》得到中卫市委领导批示，市依法治区领导小组下发《关于开展"建档立卡户法治素养提升"宣传活动的通知》，要求将普法纳入精准扶贫项目，印制《建档立卡户法治素养提升宣传手册》，举办"建档立卡户法治素养提升"启动宣传活动，入村入队为贫困户普法。

在促进专家学者意见转化为资政决策参考方面，2018年法学会继续创造条件，推荐选派智库专家参加党委、政府和实践部门举办的论证会、座谈会、调研会等，建言献策，争取话语权。如，组织专家学者为自治区人大常委会法制工作委员会就修改《中华人民共和国人民陪审员法》提出意见，为自治区党委政法委出台《关于进一步加强矛盾纠纷"大调解"工作指导意见》《坚持和发展"枫桥经验" 深化人民调解工作意见》提出修改建议。委派宁夏大学滕明荣教授、朱爱农教授参加自治区党委组织的中国政法大学调研组座谈会，专家们提出的关于"党政合署办公亟待解决问题的意见以及宁夏司法体制改革实践中的问题与对策"得到了调研组的高度重视。

三、对进一步推进宁夏法学研究的思考

（一）政治属性是法学研究的生命线

法学是治国理政的学问，具有鲜明的政治属性，坚持正确的政治方向是法学研究的根基。2018年对于法学研究而言，意义非凡。党在法治建设领域的指导思想、路线方针、目标任务都更加清晰，对从事法学研究的法学法律工作者的定位也很明确，即中国特色社会主义道路的践行者、中国特色社会主义法治理论的发展者、新时代法治中国建设的推动者和高素质法治人才的培养者，这就在政治大局的高度对法学研究的政治属性以及法学法律工作者的政治责任和使命担当作了进一步的要求。法学会是党领导下组织开展法学研究的人民团体、群众团体、学术团体和政法战线的重要组成部分，把好法学研究的政治方向关是首要任务，做好对法学法律工作者的思想政治引领始终是贯穿法学会工作的"一条红线"。2018年，法学会无论是加强研究会的党建、加强学术评审的政治审核以及加强法学意识形态管理等，目的就是通过具象化工作载体和措施将法学研究的政治属性落到实处。研究会是法学研究的主阵地，全区主要的法学资源基本上集中在十个研究会，加强研究会的政治建设是防止出现法学研究倚重学术性而虚化、弱化政治性现象的一个有效的工作切入点。

（二）法学研究必须服务法治实践

围绕中心服务大局始终是法学研究的主业。2018年，宁夏法学研究服务法治实践作用的有效发挥是与依法治区的全面推进、各领域依法治理的现实需求分不开的。一方面，自治区党委、政府在出台法规、政策等顶层设计时要进行法治评估论证；另一方面，基层社会治理需要通过一定渠道

推动制度创新解决实际问题，各领域依法治理的要求使得运用法治思维分析和解决问题逐步成为一种工作方式，这些都为法学研究参与法治实践提供了机遇，使得法学研究有了更多的"用武之地"，法学研究必须回应社会实践需要提供理论服务，解决法治建设难题。订单式、问题导向式的研究，要求法学研究必须到实践中、基层中去调查研究掌握实际情况，运用专业智慧和理性思维对法治建设的各个环节进行冷静思考、客观分析，及时发现问题，向有关部门提出意见和建议，于是法学研究"接地气"就水到渠成。在参与法治实践过程中法学研究自身也得到了发展，价值得以更好地实现，客观上推动了宁夏法学研究由务虚向务实转变。

（三）法治宣传教育是法学研究的重要内容

法学研究与法治宣传密不可分。法学研究在推动理论创新过程中，必然会潜移默化地产生营造法治氛围、发展法治文化的效果，在一定意义上宣传始终寓于研究之中，相伴而生。但是法学研究所发挥的宣传作用与一般意义上的普法有所区别，主要体现在相对特定的宣讲主体、对象和内容上。例如"双百"载体，定位很明确，就是高端法治宣讲平台，主讲人都是法学理论涵养深厚的法学专家，眼界宽，站位高，作为宣讲人能从理论政策的角度追本溯源，因而更多地表现在讲道理而不仅止于传授知识，这种宣讲更容易入脑入心，使受众信服。"双百"宣讲对象一般特定为领导干部及政法系统干部等社会管理者，目的就是从"关键少数"和执法司法者这个源头抓起，通过提高他们运用法治思维和法治方式的能力，促使他们依法正确行使权力，从而提高依法执政、依法服务、依法治理的水平。"双百"宣讲内容政治性、理论性、针对性都更强，一定意义上就是为领导干部提高法治素养，更好履行推进法治建设第一责任人职责"量身定制"。再例如"法学研究下基层"载体，通过专家下基层调研，与实践部门互动交流，将先进的法治理念和丰富的法学理论知识与基层干部在实践中积累的解决实际问题的经验和工作方法结合起来，在理论与实践的反复磨合结合融合过程中，达到宣传引导的效果，可以说，在提高基层领导干部法治思维和法治方式能力方面，"法学研究下基层"与"双百"作为法学研究载体都起到了润物无声的宣传教化作用，异曲同工。

(四) 法学研究不能脱离调查研究

调查研究是实证研究的方法之一，近几年来，随着法学应用对策研究的兴起，调查研究作为"基本功"成为规定动作。用事实、数据说话是实证研究的一个主要特点。随着法学专家担任党委、政府法律顾问、立法咨询委员，高校专家到法治实践部门挂职等，更多社会责任的担当促使法学专家走出书斋课堂走进基层和实践，在实践中发现问题、汲取营养，同时也为他们开展调查研究提供了便利条件。实践部门立足本职以解决问题为目的的实证研究也主要建立在业务工作经验和资料的基础上。例如《司法改革背景下的检察机关办案组织建设研究》以基层院办案组织与内设机构同步改革为实证，《行政公益诉讼诉前程序实证研究》以宁夏检察机关办理的诉前程序案件为例，等等。这些都需要以对实际工作进行调查研究作为支撑，所以调查研究成为法学研究的一个法宝，调查研究热俨然形成，与此同时，由于问题倒逼，克服了以往走马观花、蜻蜓点水应景式调研，调查研究越做越细、越做越深、越做越实。

(五) 2019年宁夏法学研究展望

1. 带好队伍，作学习宣传贯彻习近平总书记关于全面依法治国新理念、新思想、新战略的表率

习近平总书记在中央全面依法治国委员会第一次会议上的讲话系统阐明了全面依法治国的新理念新思想新战略，对推进全面依法治国作出了总体部署，是指导新时代法治中国建设的纲领性文献，对法学研究事业的发展具有强有力的推动和促进作用，是法学研究必须遵循的行动准则。习近平总书记在讲话中提出的"十个坚持""七个方面"的重点任务，使法治中国建设的路径更为清晰、任务更加明确。在此语境下，宁夏法学研究要做好未来的规划和发展，首要任务就是结合贯彻党的十八届四中全会通过的《中共中央关于全面推进依法治国若干重大问题的决定》和十九大对全面依法治国提出的新要求，结合自治区第十二次党代会确定的目标任务，准确理解和把握习近平总书记关于全面依法治国的新理念新思想新战略的精神实质和深刻内涵，以此引领宁夏法学研究走好自己的路，做好自己的事，发挥应有的作用，更加符合新时代新形势的要求。

2. 提升能力，发挥好"七个独特作用"

中央政法委秘书长、中央全面依法治国委员会办公室副主任陈一新在参加 2018 年中国法学会举办的第十三届中国法学家论坛时指出，新的历史起点上，各级法学会要在新时代法治中国建设中充分发挥思想政治引领"定盘星"作用、法学研究创新"领路人"作用、全面依法治国"智囊团"作用、高层次法治人才"孵化器"作用、法治宣传教育"强阵地"作用、服务群众"大平台"作用、对外法学法律交流"主渠道"作用等"七个独特作用"。自治区党委常委、政法委书记、法学会会长张韵声在自治区法学会第八届理事会上要求全区法学会系统结合工作实际，切实把这"七个独特作用"贯彻好落实好。"七个独特作用"从不同的角度将法学会的职能作用作了一个全面概括，这七个方面实际上也是法学研究自身所蕴含的功用，是法学研究发挥作用的进一步明细化，是法学研究解放思想、拓展领域的必然要求。"七个独特作用"的核心就是做好服务，就是对标对表中央和自治区党委、政府决策部署，在发挥法治的引领、规范、保障作用中做好理论支持，例如当前要加强促进和保障民营经济健康发展的法治研究，服务经济发展大局，加强宗教依法管理的研究，服务民族地区社会稳定，等等，这"七个独特作用"发挥好了，将会有效地激发法学研究的潜能，使法学研究焕发新的活力，在新时代发挥更大的贡献力和影响力。

3. 整合资源，加强对法治实践的经验总结和理论提升

应用对策研究是实践先于制度的探索，制度建设在实践探索中逐步跟进，随之推动理论不断深化和发展。宁夏法学研究中应用对策研究成果丰硕，发展态势良好，有相当一部分研究涉入深、成果务实管用。但缺乏建立在点的研究基础上的宏观经验总结，深入探索发现规律性东西，进行理论归纳总结的研究少。点上研究深入细致有利于迅速及时地解决问题，但是往往精细化强而系统性不足，容易出现研究的碎片化。应用对策研究致力于解决问题，更需要在解决问题之后总结经验，这样才能有效促进应用对策研究与基础理论研究"接轨"，提升应用对策研究的理论深度，为进一步开展前瞻性理论研究打好基础。2018 年，自治区人大承担的委托课题《宁夏人大地方立法》对宁夏地方立法发展历程、主要成就、经验启示的概

括分析很到位，总结的"坚持党的领导、坚持以人为本、坚持从实际出发注重突出地方特色、以提高立法质量为重点"等立法经验对进一步推进地方立法有重要的指导价值。课题《行政公益诉讼在宁夏的实践及效能研究》来源于宁夏检察机关公益诉讼工作实践，形成理论成果后进一步指导公益诉讼办案实践，为全区检察机关开展公益诉讼工作发挥了重要的指导作用，据此上报的《关于全区检察机关开展提起公益诉讼工作情况的报告》得到自治区领导批示，这都是很好的范例，这也应当是宁夏法学应用对策研究必不可少的一个环节。

4. 优化机制，促进多出成果、出好成果

应当以制度机制建设入手，为繁荣宁夏法学研究创造有利环境、营造良好氛围。要为法学学术研究的健康发展提供一个良好的预期，把握好"管"和"放"的度，以中央和自治区宣传思想工作会议精神和哲学社会科学研究的有关管理规定为依据，制定完善法学研究学术管理相关制度规定，划定学术规范底线，规范不端学术行为，遏制学术腐败。与此同时，应探索建立激励机制，鼓励理论创新、学术争鸣，开辟路径，对学术成果和法学人才进行权威认定。在自治区层面，如果能争取开展专门针对法学研究优秀人才和成果的常态化权威性评选，应该更能有力助推整个社会对法学研究工作的关注度，会更加有效地调动法学研究的积极性，对于繁荣法学研究无疑是厚植土壤的一个利好举措。

专题篇
ZHUANTI PIAN

宁夏实施创新驱动战略的法治保障研究

李保平

自治区十二次党代会报告提出大力实施创新驱动战略，不但明确了创新在宁夏经济社会发展中的重要地位，也指明了推动宁夏经济社会建设的动力机制，对指导宁夏加快发展、科学发展具有重要意义。

一、宁夏实施创新驱动战略的具体举措

自治区十二次党代会后，全区上下齐抓共管，出台并实施了一大批改革举措，大力实施创新驱动战略，取得了较为明显的成绩。

（一）人力资源发展战略

人才是创新的核心要素，没有创新型人才，一切创新都无从谈起。甚至有人认为创新驱动就是人才驱动。人才是创新的基础要素，创新从根本上说是人的创造性活动。创新依赖于人的知识、技能和自然禀赋，是人的创造性的具体体现。由于创新活动反映了人类在面临改造自然过程中智识的差异性，因此，创新又具有一定的排他性和稀缺性，不是任何一个人都具有创新能力与素质。因此，创新人才对于实施创新驱动战略而言就有了非常重要的意义。由于历史原因和区位劣势，创新人才不足是宁夏实施创新驱动战略的短板。为吸引大量人才来宁发展创业，2018年年初，宁夏回

作者简介 李保平，宁夏社科院社会学法学研究所所长、研究员。

族自治区党委出台了《关于实施人才强区工程,助推创新驱动发展战略的意见》,明确了针对各类人才的优惠政策,被认为是宁夏有史以来"含金量"最高的人才政策。作为人才新政的配套政策,宁夏又出台了《宁夏回族自治区高层次人才优厚待遇实施办法》,首次将高层次人才分为5类,为认定的高层次人才发放宁夏回族自治区高层次人才证,各类人才凭证享受优厚待遇和服务。与此同时,宁夏各市(县、区)也在各自职责范围内制定了引才计划。比如固原市,作为宁夏南部重镇,在人才需求方面更加迫切。为吸引人才,制定出台了《贯彻宁夏回族自治区创新驱动战略建设西部地区绿色发展示范市实施方案》,内容共有30条,与自治区《关于推进创新驱动战略的实施意见》30条基本对应。中卫市印发了《中卫市关于深化人才发展体制机制改革,促进人才与经济社会协调发展的若干意见》等文件,组织开展青年高层次人才延揽计划和高层次人才工程选拔推荐工作,启动首届"中卫工匠"评选活动,各类人才项目顺利推进。石嘴山市制定了《石嘴山市关于推进创新驱动战略的实施方案的责任分工》,将自治区确定的123项工作任务整合成113项任务,并分解到34个牵头部门落实任务,明确责任,共同推进。吴忠市制定出台了《吴忠市引进和培养人才激励办法》《吴忠市"百千万产业人才培养工程"实施方案》和《吴忠市七大产业人才高地建设总体方案及七个人才建设子方案》,实行灵活的人才管理机制,多管齐下,建立人才奖励保障机制。银川市先后制定出台了《创新驱动战略银川三年行动计划》《银川市创新驱动战略三年行动计划2018年重点任务分工方案》,组建宁夏科技创新与高层次创新创业人才担保基金子基金,为科技人才参与产业发展搭建桥梁和纽带。

(二)科技研发投入激励战略

为贯彻实施创新驱动战略,2017年以来,宁夏加大了研发投入的力度,R&D投入强度达到1.13%,超额完成年初预定的1.02的目标任务。2017年全年全社会研发经费投入达到38.94亿,比2016年增长30.1%,增速比上年提高12.6个百分点,比全国11.6的平均增速高18.5个百分点。其中政府研发经费投入11.05亿元,比上年增长75.4%,增幅提高60.2个百分点。在自治区各项政策带动下,各市县科技研发投入都有了较为明显的增长。2017年，银川市R&D经费支出25.1亿元，环比增长30%，比全国11.6%的平均增速高18.7个百分点，占全区研发投入的64.5%，全社会R&D强度达到1.39%，较上年增长0.2个百分点。石嘴山市规模以上有研发活动的企业达到58家，R&D投入达到5.69亿元，增长24.6%，R&D投入强度达到1.06%，较上年提高0.17个百分点，增幅均创历史最好水平。石嘴山市还组建了6000万科技创新担保基金，20个科技成果转化项目贷款融资1.97亿元，获得科技金融补贴378万元。吴忠市2017年R&D投入为4.45亿元，增速为45.4%，增速位居五市第一，研发经费投入强度达到0.88%。中卫市2017年R&D经费投入3.14亿元，投入强度0.84%，比2016年提高0.18个百分点，增速达到40%，增幅位居全区五市第二，财政R&D投入为1638.3万元，比上年增长293%，增幅位居五市第一。2017年，固原市落实财政资金科技研发投入1010万元，2018年为1359万元。2018年固原市本级财政落实创新驱动战略建设西部地区绿色发展示范市资金共21204万元，为历年来最高。

（三）创新平台建设服务战略

创新平台是实施创新驱动战略的重要载体。企业是创新的主体，打造以企业为主体的创新平台是创新驱动的重要途径。随着政府加大对科技型企业的科研支持，企业的创新主体地位进一步夯实。截至2018年6月，银川市有各类科技型企业349家，其中新增高科技技术企业10家、自治区小巨人企业9家、自治区科技型中小企业70家，银川市高新技术企业达到67家，自治区科技小巨人企业达到9家，科技型中小企业达到273家，分别占到全区的70%、40%和50%以上。石嘴山市规模以上有研发活动的企业达到58家，入库国家科技型中小企业25家，获批科技小巨人企业2家，初步形成科技型小微企业——科技型中小企业、科技型小巨人企业——高新技术企业梯次培育机制。截至2018年8月，石嘴山拥有国家高新技术企业20家，其中2017年新增8家，有自治区级以上企业技术中心13家。吴忠市围绕"中国制造2025"示范城市创建，推动装备制造、现代纺织、能源化工等产业向智能化、绿色化发展。吴忠仪表、勤昌轴承、壹加壹农牧等4家企业被认定为国家级高新技术企业。其中，吴忠仪表还被工信部评为服务型创造"双创"平台。中卫市是宁夏大数据云计算科技创新中心。目前,全市共有国家高新技术企业4家,自治区科技小巨人企业2家,自治区科技型中小企业47家,自治区技术创新中心、自治区工程技术研究中心、自治区企业技术中心、院士工作站、博士后工作站等各类创新平台44个。科研机构和研发中心是重要的创新平台,截至2018年8月,银川市共有研发机构53家,各类创新平台144家,其中,国家和自治区级重点实验室20家、工程技术研究中心30家,自治区技术创新中心74家,自治区产业技术协同创新中心3家,自治区临床医学研究中心6家,星创天地11家,众创空间32家(国家级众创空间备案6家,自治区级众创空间12家,市级3家)。石嘴山市、吴忠市和中卫市,也根据实际情况,对接企业和项目,形成了多个研发中心等创新平台。创新平台的建设,极大促进了科技创新的发展,2018年1—6月,银川市累计有效发明专利1597件,同比增长24.3%,万人有效发明专利拥有量为7.18件,同比增长1.28件。除企业和科研机构外,创新园区也是宁夏实施创新驱动战略的重要载体,科技创新园区以其完善的配套服务、优惠的政策和先进的管理理念,为企业和机构创新创造优质的服务。银川市着力打造的丝路经济园,首期入园企业25家,意向投资182亿元,2017年12月,中关村创新创业科技园区落户银川,甲骨文、联想等著名企业入驻。吴忠市已经编制完成《吴忠高新技术产业开发区产业发展规划(2017—2020)》,启动金积工业园区创建自治区级高新技术产业园工作,其他市区创新创业园区建设正在整合原有工业园区的基础上抓紧布局建设。

(四)服务型政府建设提升战略

近年来,宁夏进一步深化科技创新"放管服"改革,取得了显著的成绩。一是深化科技项目管理改革。围绕科技创新项目构建"不见面,马上办"的服务模式,科技项目实现全网申报、受理、评审,无需项目单位人员来回跑。充分尊重科技研发规律,推行科技计划项目常年常态化申报、随审随批、随批随拨。二是搭建科技创新公共服务平台。银川市建设科技服务中心,配套上线"银川市科技创新公共服务平台"(银科创),为企业与科研机构、高等院校、科研人员搭建信息流。自治区和银川市共建的宁夏技术交易市场已经正式投入运营，打造线上线下科技成果转移平台，完善科技成果市场化、产业化运行机制。三是创新科技服务基层工作机制。银川市按照"包区分户，责任到人"的原则，把全市近两年有研发活动的130家规模以上工业企业分配给科技系统干部包干到人开展面对面服务，打通服务科技创新"最后一公里"。吴忠市发展科技特派员990名，成为服务企业和农民的重要力量。同时，吴忠市通过政府产业引导基金，每年以股权投资形式直投3000万元，市财政每年配套2000万元，共同设立吴忠市"中国制造2025"产业基金，为企业科技研发提供资金奖励。

（五）创新发展环境塑造战略

长期以来，在自治区党委政府的坚强领导下，宁夏各族人民紧密团结在以习近平同志为核心的党中央周围，牢固树立"四个意识"，坚定"四个自信"，社会长期保持和谐稳定，形成了民族团结、宗教和顺的大好局面。党的十八大以来，宁夏党委政府坚决贯彻执行党中央的重大改革举措，在科学立法、行政审批制度改革、司法体制改革、法治政府建设、法治社会建设等方面进行了一系列改革，推动了国家治理体系与治理能力的现代化，极大释放了市场和社会的活力，为宁夏经济社会发展创造了优质的环境。2017年，自治区人大常委会共审议和通过法规19件，其中制定4件，修订6件，修正7件，废止2件，批准设区的市地方性法规10件，立法引领改革发展作用明显。在法治政府建设方面，不断深化行政审批制度改革，在项目投资核准、资质资格许可等重点领域加大简政放权力度，与国务院取消行政审批事项相衔接，再次取消中央指定地方实施行政许可事项39项、行政审批中介服务事项25项。公布工商登记前置改后置项目共181项，审批事项减少75%。全面启动"多证合一"登记注册制度改革，发放执照超过1万份。2017年4月，自治区工商局等10部门联合下发《关于落实全国统一"多证合一"改革的通知》，在前期已经实现"三十三证合一"的基础上，将国家层面整合的证照事项全部纳入自治区"多证合一"改革范畴，同时将工程造价咨询企业设立分支机构备案、物业服务企业及其分支机构备案等11项涉及企业、个体工商户、农民专业合作社的证照事项整合到营业执照上，实行"四十四证合一"。建成投资项目在线审批监管平台，全面实现非涉密投资项目审批监管"一网全覆盖"，为市场主体提供高质量的快捷服务。司法改革稳步推进，特别是司法责任制配套改革取得较大进展，案件审理水平不断提升，案件执行工作得到社会广泛认可，让老赖无处遁形的社会氛围正在形成。2017年1—11月，宁夏法院共受理各类执行案件65608件，执结率为71.68%，维护了当事人的合法权益，也维护了公平正义的司法环境，树立了司法权威。法治文化建设是法治国家建设的基础性工程，是法治社会建设的灵魂，培育法治信仰、法治意识，形成守法诚信传统，是法治文化建设的重要内容。2017年，根据法治社会建设的需要，宁夏及时出台了《关于进一步加强社会主义法治文化建设的实施意见》，为法治文化建设提供了规范保障。诚信既是一种美德，也是社会赖以存在和发展的重要资源。十八届四中全会通过的《中共中央关于全面推进依法治国若干重大问题的决定》指出，要加强社会诚信建设，健全公民和组织守法信用记录，完善守法诚信褒奖机制和违法失信行为惩戒机制，使遵法守法成为全体人民共同追求和自觉行动。为推进社会诚信体系建设，宁夏回族自治区政府办公厅印发《关于加快推进个人诚信体系建设的实施意见》，要求宁夏建立各行业个人信用记录机制，积极推动个人信用信息产品在社会经济活动中的应用，建立健全个人信用奖惩联动机制，加大个人守信激励和失信惩戒力度，为经济社会发展提供优质的环境。

二、宁夏实施创新驱动战略的制约因素

作为内陆欠发达地区，虽然宁夏在自治区成立60年特别是改革开放40年来，经济社会发展取得显著成绩，但由于受区位劣势、经济落后和人口规模等因素影响，宁夏在实施创新驱动战略方面还存在许多短板，面临各种制约因素。

（一）经济发展相对落后导致科研人才短缺，研究水平普遍偏低

宁夏是经济欠发达地区，经济总量小，人口规模小，经济发展"依重依能"现象较为突出，对外贸易规模小，服务业发展质量不高，现代服务业发展缓慢，经济转型面临的压力大。宁夏除银川平原较为发达

外，中部干旱带和宁夏南部山区都是国家级贫困地区，贫困人口覆盖面广，脱贫任务繁重。从历史上看，宁夏从秦汉开始就一直是一个人口输入型地区，新中国成立后，国家抽调大量人力物力发展宁夏，在宁夏聚集了一大批国家重点建设项目，汇聚了大量各类人才，使得宁夏经济社会发展取得巨大飞跃，面貌焕然一新。改革开放以来，宁夏虽然与全国一样发展迅速，但不可否认，与东部发达地区相比，经济发展差距不是在缩小，而是在进一步扩大。这种发展不足导致的一个后果就是人才外流情况严重。宁夏人才规模本来就小，"孔雀东南飞"的现象进一步加深了宁夏人才的结构短缺和总量不足。虽然自治区党委政府采取多种措施提高人才待遇，但人才外流的态势仍然没有得到根本改变。创新人才少，研究水平低是制约宁夏创新驱动的重要因素。不管是自然科学还是社会科学领域，宁夏都缺乏在国内有一定影响的学者专家，追随式研究是宁夏科技创新的常态，原创性研究还存在明显不足，与国内发达地区相比，科研水平的差距有进一步拉大的趋势。科研水平极大制约宁夏经济社会发展质量，是造成宁夏创新驱动不足的重要原因。因此，培养造就一批规模适中、结构优化、布局合理、素质优良的人才队伍，是宁夏实施创新驱动战略的必要前提。

（二）创新资本聚集效应不明显，政府科研投入有限，民间科研投入积极性不高，科研成果转化率低

随着时代的发展变化和信息化时代的到来，创新的复杂性明显增加，使得创新已经从原来重要依赖个人禀赋向团队化、平台化、产业化发展，创新对资本的需求日益明显，资本不仅决定着创新的效益，也决定着创新的方向，成为创新必不可少的要素。改革开放40年来，我国科技研发投入逐年增加，特别是党的十八大以来，科技研发投入明显加速，有力推动了科技创新和创新型国家建设。以2016年为例，全国及各地区研究与试验发展（R&D）经费情况地区R&D经费（亿元）和R&D经费投入强度（%）较之以前增加明显。具体数据如表1所示。

表1　2016年全国及各地区研究与试验发展（R&D）经费情况

地区	R&D经费（亿元）	R&D经费投入强度(%)
全国	15676.7	2.11
北京	1484.6	5.96
天津	537.3	3.00
河北	383.4	1.20
山西	132.6	1.03
内蒙古	147.5	0.79
辽宁	372.7	1.69
吉林	139.7	0.94
黑龙江	152.5	0.99
上海	1049.3	3.82
江苏	2026.9	2.66
浙江	1130.6	2.43
安徽	475.1	1.97
福建	454.3	1.59
江西	207.3	1.13
山东	1566.1	2.34
河南	494.2	1.23
湖北	600.0	1.86
湖南	468.8	1.50
广东	2035.1	2.56
广西	117.7	0.65
海南	21.7	0.54
重庆	302.2	1.72
四川	561.4	1.72
贵州	73.4	0.63
云南	132.8	0.89
西藏	2.2	0.19
陕西	419.6	2.19
甘肃	87.0	1.22
青海	14.0	0.54
宁夏	29.9	0.95
新疆	56.6	0.59

从表1可以看出，2016年，全国共投入研究与试验发展（R&D）经费15676.7亿元，比上年增加1506.9亿元，增长10.6%，增速较上年提高1.7

个百分点；研究与试验发展（R&D）经费投入强度（与国内生产总值之比）为2.11%，比上年提高0.05个百分点。按研究与试验发展（R&D）人员（全时工作量）计算的人均经费为40.4万元，比上年增加2.7万元。分地区看，研究与试验发展（R&D）经费投入超过千亿元的省（市）有6个，分别为广东（占13%）、江苏（占12.9%）、山东（占10%）、北京（占9.5%）、浙江（占7.2%）和上海（占6.7%）。研究与试验发展（R&D）经费投入强度超过全国平均水平的省（市）有8个，分别为北京、上海、天津、江苏、广东、浙江、山东和陕西。2016年，全国企业、政府属研究机构、高等学校经费支出所占比重分别为77.5%、14.4%和6.8%。从以上数字可以看出，宁夏研发投入排位全国倒数第二位，明显处于劣势。

2017年，宁夏加大科技研发投入，银川市R&D经费支出25.1亿元，环比增长30%，比全国11.6%的平均增幅高18.4个百分点，占全区的64.5%。R&D经费投入强度达到1.39%，为全区最高（全区平均强度为0.88%）。石嘴山市2017年全社会R&D投入强度为1.06%，吴忠市2017年R&D经费投入强度达到0.88%，中卫市2017年全年R&D经费投入强度达到0.84%，与全国平均水平仍然有较大差距。从我们调研了解的情况看，企业科研投入积极性不高，特别是中小型企业，由于投入产出不成比例，企业不愿意把钱花在科技研发上，科技投入主要依靠政府财政投入，全社会科研投入与全国相比明显偏低。就科研主体来说，企业、研究机构对科技创新的需求存在差异，加之不同的评价标准也制约了科技研发成果的转化和运用，企业创新以效益为目的，研究机构、高等院校创新主要以学术为目的，企业和研发机构没有形成科研合力，科研成果不能有效转化为现实生产力，导致科研成果虚置现象严重，科研成果转化率低，影响了科技投入的绩效。

（三）科技研发行政主导力量大，企业作为创新主体作用发挥不足，高校、科研机构科技创新存在体制机制障碍

企业是创新的主体，也是创新的最大受益者，理应成为创新的积极推动者和实施者。但从实际情况看，在创新驱动推动上，政府积极性高，而企业观望态度明显，希望政府加大创新补贴力度，对如何创新缺乏战略规划，整个社会对创新驱动还没有形成发展共识，"上热、中温、下冷"现象突出。由于在政府与市场关系上的历史原因，企业对政府存在较为明显的发展依赖，在创新发展上也是如此。企业对创新资金补贴的需求往往比创新本身更为迫切，这本就是一个耐人寻味的现象。企业、科研院所、高等学校是我国科技创新的主体，但创新资源的分配和使用却掌握在政府手中，政府在分配和管理科技资金的过程中形成了一整套较为复杂的管理体系和机制，一些管理措施明显违背科研规律，成为影响科技研发的桎梏，但由于历史惯性的作用，这些管理制度仍然发挥着作用。党的十八大以来，党中央、国务院针对科研管理体制机制不适应科研发展的问题多次出台文件，要求建立符合科研规律的管理体制和机制。2015年，党中央、国务院就出台了《深化科技体制改革实施方案》，2016年又连续出台了《关于深化中央财政科技计划（专项、基金等）管理改革的方案》《关于进一步完善中央财政科研项目资金管理等政策的若干意见》《关于实行以增加知识价值为导向分配政策的若干意见》《关于分类推进人才评价机制改革的指导意见》《关于深化科技奖励制度改革方案》等。但由于种种原因，这些中央的文件精神未能很好地落地，影响了科研人员创新发展的积极性。

（四）法治软环境建设存在短板，创新发展环境亟待加强

出于研究的需要，人们一般将经济、社会分离，并习惯于在封闭的领域各自开展研究。实际上，正如美国著名学者弗朗西斯·福山所言：经济立于社会生活中，若要理解经济，则必须要了解现代社会如何进行自我组织这一更为宏观的问题，二者不可分离。不同的社会自我组织形式对经济发展的作用有巨大差异，并由此形成不同的经济发展路径。改革开放以来，我们建立了社会主义市场经济体制，特别是党的十八大以来，法治国家建设目标日渐明晰，法治国家建设步伐日渐加快，法治已经成为与社会主义市场经济最优配置的社会自我组织形态。正因为如此，十八届四中全会通过的决定指出，全面推进依法治国，总目标是建设中国特色社会主义法治体系，建设社会主义法治国家。所以，要实施创新驱动战略，表面上看是一个技术问题和经济问题，实际上也是一个社会问题和治理问题。只有建设法治国家，才能为创新提供优质的发展环境，才能推进创新不断发展。任何把创新驱动与法治建设割裂的认识都是片面的。从当今世界各国创新实践看,凡是法治国家,它们对人类社会的创新贡献就越多,反之,法治不彰,甚至无法维持正常的生产生活秩序,创新基本无从谈起。改革开放以来,特别是党的十八大以来,宁夏法治建设取得了显著发展,在科学立法、法治政府建设、司法改革、法治社会建设方面成效显著。但我们也要清醒地认识到,宁夏法治建设还存在一些不足和短板,与创新发展要求相比还存在较大差距。主要表现为:全社会法治意识和法治理念还有赖于进一步加强,权利意识与义务观念不匹配的现象还比较突出,产权保护特别是知识产权保护还存在盲区,司法审判的公正性有待进一步提高,整个社会的守法意识、诚信意识不强,社会治理还存在不少短板。这些都是影响创新驱动战略实施的重要社会因素。

三、实施创新驱动战略法治保障的路径选择

自治区十二次党代会报告指出,让创新成为未来宁夏发展的核心竞争力,让法治成为未来宁夏发展核心竞争力的重要标志。法治宁夏建设不但要为创新驱动战略保驾护航,其本身就是创新驱动战略的重要组成部分和优先发展方向。

(一)加强对私有产权的保护,让有恒产者有恒心

现代制度经济学认为,产权制度是市场经济的基石,没有完整的产权保护,特别是对私有财产的同等保护,发展市场经济只能是缘木求鱼。十九大报告指出,必须坚持和完善我国社会主义基本经济制度和分配制度,毫不动摇巩固和发展公有制经济,毫不动摇鼓励、支持、引导非公有制经济,使市场在资源配置中起决定性作用,更好发挥政府作用。同时,十九大报告也指出,经济体制改革必须以完善产权制度要素市场化配置为重点,实现产权有效激励。在2018年政府工作报告中,李克强总理再次提出产权保护问题,重申产权制度是市场经济的基石,要求切实做好产权保护特别是对私有产权的保护工作,提高全社会投身创新创业的积极性。实施更加严格的产权保护,特别是私有产权的保护,是宁夏经济发展的稳定器,也是经济发展的助推器。

（二）加强知识产权保护，维护创新者的合法权益

保护知识产权是国际社会的普遍要求，也是我国承担的一项重要国际义务。近年来，随着创新型国家建设，我国各种发明专利数量增长明显，已经成为创新大国，保护知识产权，鼓励创新已经刻不容缓。虽然我国发明专利居世界前列，但客观地说，我们还不是创新强国，发明创造虽然数量较多，但质量不高，特别是原发性创新还比较少，鼓励创新的社会氛围还没有形成。就宁夏而言，虽然吴忠市被确定为全区唯一的国家知识产权试点城市，荣获国家知识产权局全国专利系统先进集体荣誉称号，但也毋庸讳言，宁夏的知识产权保护还存在许多不足，人们对知识产权保护的意识还不强，相关法律制度落实还存在盲区，知识产权专业人员匮乏，专业化程度低。加强知识产权保护，是推进宁夏创新发展需要重点加强的领域。

（三）加强法治政府建设，着力打造服务型政府，让市场在创新发展中发挥决定性作用

让市场在资源配置中起决定性作用，更好发挥政府作用。这是十九大报告对政府与市场关系的经典阐述。其中的关键是如何理解更好发挥政府的作用。如果政府的权力没有边界，更好发挥政府的作用势必会造成市场作用的"非决定性"或政府作用的"决定性"。只有建设法治政府，才有可能实现市场作用的决定性与政府作用的更好发挥之间的兼容。这也是为什么从党的十五大以来，特别是党的十八届三中、四中全会确立法治国家建设目标的重要原因。法治政府建设是法治国家建设的重要内容，实现由管制型政府向服务型政府的职能转变，是更好发挥政府作用的重要环节。党的十八大以来，宁夏围绕放管服改革做了大量的工作，有些工作还走在全国前列，为经济发展注入强劲动力，但同时我们也应看到，政府作用的好坏，特别是政府的越位与缺位，不仅仅是政府减少了多少行政审批事项或提供了多少服务，最终成效要由市场说了算，市场的活力和市场主体的评价是判断法治政府建设成效的重要尺度。近年来，宁夏行政复议案件、行政诉讼案件、涉法涉诉信访案件居高不下，从一个侧面反映了法治政府建设还存在许多问题，加大法治政府建设力度特别是加强对相关法律制度的实施，是宁夏实施创新驱动战略的重要方向。

（四）进一步深化司法改革，加强司法公信力建设，为创新发展提供公平、高效的司法保障

在市场经济发展中，生产要素需要不断流动，利益纠纷不可避免。司法被誉为社会正义的最后一道防线。在现实生活中，许多社会生活问题最后都会演化为司法问题。因此，以解决社会矛盾和纠纷为职责的司法就显得尤为重要。在市场经济中，人的自由和权利需要法治保障，合同的签署和履行需要诚信的社会环境，合同纠纷的解决需要公正和权威的司法，所以，在现代社会，司法日渐弱化传统的政治定位，已经深度介入社会生活，成为维护生产生活秩序的重要力量。宁夏作为全国第二批司法改革试点省份，已经完成了以司法责任制为中心的新一轮司法改革所确定的任务和目标，改革的红利日益显现，人民群众对司法的满意度日渐提高。目前，宁夏法院正在推进以完善司法责任制配套改革为主要目标的改革任务。我们相信，随着司法改革的深入，宁夏司法机关一定会为实施创新驱动战略提供优质司法保障。

（五）以法治宁夏建设为契机，通过法治文化建设，营造敬业守法、诚实守信的社会环境

良好的法治环境不可能一蹴而就，需要长期的培养和教育。一个社会在长期发展过程中所形成的法治文化，对法治建设具有深远的影响。我国是一个长期具有人治传统的国家，家长制、一言堂、关系伦理等都对中国法治文化产生了深远影响。培育和养成法治文化传统，要靠宣传教育，更重要的是要通过制度建设，为法治文化的形成提供保障。就法治文化的养成而言，我们不能就文化谈文化，不能只围绕宣传教育做文章，事实上，市场经济制度、民主政治制度、理性文化建设是法治文化形成不可缺少的条件，只有建立起规范的市场经济制度、民主政治制度、理性文化制度，法治文化才能得到现实的涵养并持续发展。与此同时，法治文化的形成又为法治国家建设提供充裕的社会资本和文化资源，使法治国家建设持续推进并良性发展。在法治宁夏建设中，法治文化建设不可缺位。坚持和完善中国特色社会主义市场经济制度和中国特色社会主义民主政治制度，坚持中国特色社会主义理性文化的指导，是打造宁夏法治文化的必由之路。

（六）推进社会治理创新，超前谋划，统筹解决创新驱动发展带来的一系列社会问题

实施创新驱动战略是解决宁夏经济社会发展的总钥匙，也是一项复杂的系统工程，必须要集中全区之力，打好创新驱动攻坚战。但同时我们也要看到，创新是一项有着较强"外部性"的工作，在产生巨大正能量的同时，也有明显的"副作用"，需要社会付出一定的代价。创新不但意味着一种新事物的产生，也意味着一些旧事物的死亡，造成熊彼特所谓的"创造性毁灭"。新技术的发明运用极大地解放了生产力，但也造成工人失业、行业消失、信息依赖等社会问题。人工智能把人从艰苦危险的工作环境下解放出来，但也同时剥夺了工人劳动的机会。在信息时代，电子商务的产生在方便人们购物的同时，对传统商业而言则构成一种所谓"文明的屠杀"，导致传统商业盈利模式的衰败，信息化对人的素质提出较高要求，也进一步加大了收入之间的差距，由此产生了许多社会问题。所以，在大力推进创新驱动战略的同时，一定要看到它具有积极的作用和消极作用，当"铁锈地带"工厂关闭时，有人就会遭受痛苦；当新的创新企业开业时，有人就会受益，而"几乎所有发达国家都会发生这种创造性破坏"。所以，作为政府，要未雨绸缪，做好创新社会治理工作，特别是社会保障、劳动保护、就业创业等与民生关系密切的领域，更要提前谋划，做好做实相关工作，为创新发展提供稳定的社会环境，使经济转型与社会转型稳步推进，相互促进，协同发展。

参考文献

[1]〔美〕小约瑟夫·S.奈,菲利普·D.泽利科,戴维·C.人们为什么不信任政府[M].朱芳芳,译.北京:商务印书馆,2015.

宁夏法院破产审判工作研究

董 军 高卫国

党的十九大报告提出要贯彻新发展理念，建设现代化经济体系，服务和保障供给侧结构性改革。自治区第十二次党代会强调要以供给侧结构性改革为主线，着力推进产业转型发展。2017年12月25日，周强院长在全国法院破产审判工作会议上要求切实增强做好破产审判工作的自觉性和主动性，建设适应现代化经济体系的破产审判工作机制。宁夏法院系统围绕服务供给侧结构性改革和经济转型发展，加强企业破产案件审理工作，努力以法治思维和法治方式解决市场出清问题，推进法院破产审判工作市场化、法治化、专业化。

一、宁夏法院破产审判基本情况及主要特点

（一）宁夏法院受理破产案件情况

截至2018年9月14日，全区法院共受理各类破产案件73件，其中旧存40件，2018年新收33件；已审结26件，未结47件，结案率为35.62%。

作者简介 董军，宁夏回族自治区高级人民法院民二庭庭长；高卫国，银川市中级人民法院民二庭副庭长。

1. 受理破产案件的类型

(1) 破产清算案件共 34 件，其中银川市中级人民法院 11 件，石嘴山市中级人民法院 6 件，沙坡头区人民法院 3 件，贺兰县人民法院、永宁县人民法院、平罗县人民法院、盐池县人民法院、中宁县人民法院各 2 件，吴忠市中级人民法院、同心县人民法院、惠农区人民法院、海原县人民法院各 1 件。(2) 破产重整案件 8 件，其中银川市中级人民法院 5 件，石嘴山市中级人民法院、平罗县人民法院及盐池县人民法院各 1 件。(3) 破产申请审查案件 27 件，其中银川市中级人民法院 20 件，吴忠市中级人民法院、盐池县人民法院、中卫市中级人民法院各 2 件，彭阳县人民法院 1 件。(4) 破产上诉案件共 4 件，均为宁夏高级人民法院受理，均是破产申请审查上诉的二审案件。

2. 历年受理情况

宁夏法院 2017 年受理破产案件 67 件（旧存 33 件、新收 34 件），2016 年受理破产案件 34 件（旧存 25 件、新收 9 件），2015 年受理破产案件 25 件（旧存 20 件、新收 5 件），2014 年受理破产案件 20 件（旧存 19 件、新收 1 件）。近 5 年，每年新收破产案件数量均不大，但自 2017 年以来，收案数量增长明显。

3. 案件分布区域情况

银川市中级人民法院及其下辖法院共受理破产案件 40 件（旧存 21 件、新收 19 件），占全区破产案件总数的 54.74%；石嘴山市中级人民法院及其下辖法院共受理破产案件 11 件（旧存 10 件、新收 1 件），占全区破产案件总数的 15.07%；吴忠市中级人民法院及其下辖法院共受理破产案件 9 件（旧存 4 件、新收 5 件），占全区破产案件总数的 12.33%；中卫市中级人民法院及其下辖法院共受理破产案件 8 件（旧存 4 件、新收 5 件），占全区破产案件总数的 10.96%；固原市中级人民法院及其下辖法院受理破产案件 1 件，占全区破产案件总数的 1.37%。

从案件分布区域情况看，受经济发展水平、地方产业结构等因素影响，五市法院受理破产案件的数量区域不平衡的情况比较明显。银川市两级法院受理案件数量超过了全区法院总量的一半，破产案件的债务人资产总额、涉债权总额、债权人数、职工人数等情况也相比其他地区案件更具规模、更为复杂。

4. 已审结案件情况

2018年全区法院审结2件破产清算案件；审结20件破产申请审查案件；审结破产申请审查上诉案件4件。破产清算案件、破产重整案件是进入破产程序的案件，破产申请审查及破产申请审查上诉案件是进入破产程序之前的案件，因此，进入破产程序审结的案件很少，结案率仅为5%。

5. 未结案件相关情况

破产案件未审结47件。从破产企业的性质看，破产企业性质属于有限责任公司的41件，股份有限公司的6件；涉及国有企业的9件，上市公司的2件。从审理周期看，10年以上未审结案件3件，5—10年未审结案件9件，1—5年未审结案件14件，一年内未审结案件21件。长期未结破产案件目前审理工作仍然繁重。

(二) 破产案件审理呈现的特点

一是债务人申请破产由"冷"变"热"，债权人将逐步成为破产案件的重要启动者。以往债权人更倾向于抢先申请执行，以获得尽可能多的利益，申请企业破产很难成为债权人的首选。但近年来，债权人申请企业破产的案件数量逐步增加，在破产案件中的占比逐步加重。

二是破产主体类型更趋多样，民营企业破产案件数量持续增长。2010年之前，全区法院受理的破产案件多为国有企业破产案件，2013年银川中级人民法院受理民营企业破产案件以来，民营企业破产案件数量逐年增长。破产企业主体的多样性、经营方式的多样化以及企业之间相互投资的关联性，给法院和清算组确定破产财产的范围以及破产财产的评估、变现带来了新的课题。

三是已受理破产案件，债务人僵尸企业特征明显，案件法律关系复杂，审理清算周期长。如银川中级人民法院受理的一起破产案件，是经营几十年的老企业，破产清算中资产的清理、评估，债权、债务的调查、确认等工作难度大，涉及债权人、债务人之间的各类合同关系，与工商、税务、劳动、建设、土地、卫生等行政管理部门之间的管理关系相对复杂。

四是破产案件的审理体现着法院司法行为与政府行政管理的密切联系。法院审理破产案件离不开党委、政府的支持和配合。破产案件中,破产企业重整中需要政府的政策支持,破产职工的医保社会保险、职工的上访信访问题等也需要政府及有关部门的支持与参与。只有法院和政府相互配合,才能形成合力,淘汰落后产能,促进产业结构调整。

二、宁夏法院破产案件审判中存在的问题

(一)破产案件启动难

1. 破产企业对破产制度的功能认识不足

宁夏属于经济发展落后地区,破产文化缺乏土壤,破产法律知识宣传不足,多数债务人没有认识到破产重整、和解等程序对挽救危困企业的积极作用。有的企业主"谈破色变",宁愿"跑路"也不愿破产,甚至千方百计阻挠企业破产。有的企业法定代表人极力反对企业破产,多次上访、举报管理人、法院、政府相关部门,甚至用威胁法官及亲属人身安全的方式阻挠破产。

2. 债权人对破产制度的功能认识不足

有的债权人宁愿在执行程序中耗时耗力,甚至在执行程序终结后选择等待也不愿申请债务人破产。还有的因最终受偿的债权微乎其微,而不愿意申请债务人破产。

3. 破产企业矛盾繁杂

近两年受理的案件大多是经营多年的民营企业,既有经营不善的问题,也有历史遗留问题。如有的企业职工债权人不仅要求债务人支付其工资等,还要求法院解决企业改制过程中遗留的身份置换金问题。

(二)破产审判规范化程度不高

1. 缺乏专业化的审判队伍

目前,全区没有成立专门的破产审判庭或者破产合议庭,缺乏专业化的法官队伍。许多办案法官是在承办大量民商事案件的基础上,兼职办理破产案件。如银川中级人民法院法官人均办案近200件,同时还要承担相应破产案件的审理。

2. 缺乏专业化的审判法官

破产法与许多部门法有交叉，理论性极强，与经济社会发展理论相关。破产案件审理中，有大量的事务和复杂的关系需要协调和梳理，工作点多面广、专业性强，审理破产案件具有开庭与开会相交织、办案与办事相结合的特点，要求法官需具备良好的专业素质，丰富的社会经验和极强的协调能力。

3. 尚未建立科学的破产案件绩效评价机制

破产案件绩效评价机制不足以客观反映审判工作实绩，没有考虑到破产案件的特殊性，不能科学合理地反映法官的实际工作量，挫伤法官受理破产案件的积极性。

（三）府院联动机制不完善

1. 部分政府部门缺乏破产法思维

有的政府部门认为法院是应对破产企业所有问题的主力，但有些问题法院无法一力解决，当法院需要政府部门配合支持时会出现消极推诿情形。如在审理一起公司破产重整案件中，在案件受理前相关政府部门向法院发函，要求法院尽快受理案件；案件受理后，相关政府部门却不配合法院共同推进破产重整程序。

2. 府院联动机制尚未建立

破产案件的审判涉及人社、工商、税务、土地、房产等相关部门，全区尚没有形成能够协调政府部门的府院联动机制，法院与政府部门之间仅处在个案与个别单位的简单沟通阶段。对于无产可破案件，缺乏专项破产基金制度的支持。

（四）破产管理人制度不健全

1. 管理人自身能力不足

管理人的业务能力与司法实践中的需求存在较大差距，一些破产管理人不能独立承担管理破产企业的责任，需要法院"手把手"地指导、督促，甚至部分替代管理人的工作。

2. 管理人选任、管理制度不科学

全区法院采用随机摇号的方式指定管理人，因管理人对那些资产较多的破产企业，往往会激烈竞争，但对无产可破的企业，则避而远之。即使通过摇号方式选定管理人，由于无利可图，管理人的工作积极性也不高。全区尚未建立破产管理人培训、考核、管理机制和考评办法，对于怠于履职的管理人尚没有处罚机制。

（五）破产财产处置难

1. 破产企业的设备资产大多陈旧老化，利用价值不大，变现困难

同心县人民法院审理的一起破产案件，因无人购买拍卖财产，财产折旧快，已成了一堆废铜烂铁，案件久拖不决。

2. 管理人处置资产的观念陈旧、方式落后

管理人缺乏对破产企业所涉市场的敏锐判断，不能及时寻找到潜在购买人，对地区产业政策、招商引资政策了解甚少等情况均影响企业财产的变现。

（六）职工安置维稳难

1. 破产企业欠薪时间长，金额大，职工诉请高

如银川市中级人民法院受理的一起破产清算案，欠职工工资、社保3000余万元，案件受理前，企业职工多次在西夏区、银川市两级政府上访，为此西夏区政府专门成立了维稳小组。案件受理后，职工聚集100人左右先后三次到法院上访。

2. 破产企业职工因自身原因无法在社会上立足，生存问题难以解决

有的职工因年龄、技能等问题无法找到新的工作，后续生活无法保障。如在一起公司破产清算案件中，有30多名尘肺病职工完全丧失劳动能力，失去经济来源。

（七）破产案件法律适用难度大

1. 关联企业的识别难度大

由于法律规定不甚明确或者对破产法的理解不同，在实践中引发了许多争议。如关联企业的破产问题，如何识别关联企业、破产过程中如何区别关联企业的资产等问题，尚存在不同判断标准。如在银川中级人民法院受理的一起破产清算案中，因两家单位资产混同，无法进行界定，严重影响了案件的审理。

2. 别除权的行使问题

抵押权人的债权优先于职工债权，但在抵押权人实现权利后，企业变现资产所剩无几，导致职工债权无法实现，不利于职工的安置，也无法解决职工的后续生活，严重影响社会稳定。法院既要依法审理破产案件，也要考虑社会影响。

（八）破产费用无出处

1. 审计、评估费用无着落，影响破产案件的宣告工作

依法出具审理、评估报告是能否宣告企业破产的前提之一。然而，绝大多数破产企业的债务状况非常差，没有资金支付审理评估费用，破产案件启动费用无着落，影响破产案件的顺利推进。如在银川中级人民法院受理的一起公司破产案中，因无法交纳审计、评估费用，中介机构拒不出具审计、评估报告。也有的破产企业不配合审计、评估工作，致使审计、评估工作期限较长。

2. 管理人垫资破产费用影响管理人的积极性

管理人接管企业就要发生费用，破产案件往往因没有破产费用无法推进。如吴忠市中级人民法院2018年受理的一起执行转破产案件中，因没有破产费用，只能先让管理人垫付，严重影响管理人的积极性。

（九）执行移送破产审查工作尚缺乏机制、措施保障

执行案件移送破产审查工作是破产审判工作的重要组成部分，是破解基本解决"执行难"的制度性保证。目前，从全区法院反映的情况看，这一制度的实施不太理想。既有执行局的同志不愿意主动移转的原因，也有破产庭的同志不愿意接受的原因，这是对执行转破产工作的意义认识不足的表现，是本位主义的反映，都未能着眼大局，未能按照《最高人民法院关于执行案件移送破产审查若干问题的指导意见》要求，全面推进符合破产条件的企业依法转入破产审查。2017年12月14日，银川市中级人民法院经审判委员会会议研究通过了《银川市中级人民法院关于执行案件移送破产审查工作流程的暂行办法（试行）》，而其他法院均未出台执行案件移送破产审查的相关制度办法。

三、推进宁夏破产审判工作的对策和建议

(一) 着力解决破产程序启动难问题,确保困境企业通过破产程序实现救治及退出

1. 要严格执行最高人民法院关于破产立案规章制度,规范破产立案程序

最高人民法院 2016 年下发了《最高人民法院关于依法开展破产案件审理积极稳妥推进破产企业救治和清算工作的通知》《最高人民法院关于破产案件立案受理有关问题的通知》,规范了破产案件立案审查流程和规则,明确规定自 2016 年 8 月 1 日起对当事人提出的破产申请,采取立案登记制。

2. 要大力推动执行案件移送破产审查工作,全力推动执行案件移送破产

2017 年 1 月 20 日,最高人民法院下发了《最高人民法院关于执行案件移送破产审查若干问题的指导意见》,全国法院以此为契机,积极启动执行案件移送破产审查工作。如广东省在 2017 年下半年通过破产审判消化掉 43000 多件执行案件,其中深圳市消化掉 10000 多件,成绩十分喜人。

3. 要严格落实破产企业识别机制

在破产案件审查过程中,要坚持以市场化和国家产业政策为导向,充分发挥破产重整和破产和解制度的功能,对于陷入困境的企业,能够救治的应尽量挽救,把人民法院办成"生病企业"的医院,对不具救治价值或救治无望的企业应果断通过破产清算实现市场出清,防止债务风险累积引发社会风险。

(二) 加强破产审判专业化建设

加强破产审判专业化建设,是抓好破产审判工作的关键环节,没有破产审判工作的专业化,破产审判工作要取得实质性进展是不可能的。

1. 要加快培养一批掌握破产专业知识的审判人员

宁夏 2010 年之前受理的破产案件数量不多,掌握破产审判知识和具有破产审判经验的法官较少,没有形成新老法官的带动效应。应多派破产案件的审判人员赴最高人民法院或其他机构举办的学习班学习,掌握破产审判知识和破产审判先进经验。

2. 要设立清算和破产审判庭

2016年6月21日，最高人民法院正式下发《最高人民法院关于在中级人民法院设立清算和破产审判庭的工作方案》，要求在2016年年底前至少在省会市的中级人民法院设立清算和破产审判庭。最高人民法院的基本思路就是要建立专业化机构和专业化队伍，目前已经成立97个专业化的清算与破产审判庭，其中高级法院3个，中级法院63个，基础法院31家。银川市中级人民法院受理的案件数占全区案件总数的54.74%，首先应在银川市中级人民法院设立清算与破产审判庭或合议庭，培养专业化的审判力量，推动全区破产审判工作上一个新台阶。

(三) 完善全区破产管理人制度

管理人能力和职能的发挥，直接影响破产审判工作的质量和效率。要高度重视管理人在破产审判工作中的重要作用。确保管理人充分发挥推进协商、专业判断、资源整合等方面的功能作用，为改善企业经营、促进技术创新、优化产业结构提供有力制度保障。

一是要拓宽管理人的种类，扩大管理人来源，确保更多优秀机构和人员加入管理人队伍。充分发挥和提升管理人在企业病因诊断、资源整合等方面的重要作用。在重大复杂破产案件中，建议引进具有丰富破产管理经验的外地管理人，与全区管理人共同组成联合管理人，既能积极推进破产案件的审理工作，又能促进全区管理人破产管理水平的提升。

二是要推动建立管理人协会，规范对管理人的管理，提升管理人的业务水平。以管理人协会的名义出台管理人规章制度，规范管理人的指导、发展、淘汰、培训制度，解决管理人能力不足和履职不畅的问题。

三是要建立破产管理人薪酬保障制度。通过采取财政拨付、管理人报酬提留等方式建立破产案件援助基金，既解决破产案件中管理人报酬不足的问题，又能解除破产案件经费不足的问题。

(四) 成立破产案件府院联动办公室

加强企业破产案件审理工作，对于推动全产业结构转型升级、营造良好营商环境具有重要意义，是法院服务供给侧结构性改革的重要手段。破产审判工作离不开党委的正确领导和政府的大力支持，必须建立政府与法院相互协同的"府院联动办公室",担负起相应的工作职责。

一是要统筹协调破产、清算相关工作,切实担负起实施破产制度、平等保护各方权利的责任。对破产中普遍存在的难题,比如重整企业的税收优惠、信用修复等问题,均要通过府院联动办公室才能协调解决。

二是要协调解决破产中职工安置和权益保障,减少上访信访事件,聚多方力量消除维稳压力,以支持法院和破产管理人依法履职。

三是要对可能引发金融风险、影响社会稳定的破产案件依法评估,制定预案,稳步推进。对存在相互担保、连环担保或非法集资关系的企业破产,应当采取有效措施,避免引发区域性风险和群体性事件。

四是综合运用执法、司法等措施,严厉打击隐匿财产、违法转移财产、逃废债务等违法犯罪行为,严厉追究有关人员法律责任。银川市中级人民法院已经建议银川市人民政府成立由市长担任组长的府院联动办公室,办公室设在银川市中级人民法院。

(五) 促使地方政府建立破产费用保障制度

宁夏破产案件审理中遇到的无产可破案件和破产企业无力支付审计、评估费用的情况,严重影响破产案件的审理和管理人的积极性。协调政府建立破产费用保障制度,对于推动全区破产审判工作意义重大。银川市中级人民法院已经建议银川市人民政府设立破产案件援助基金,基金来源为财政拨款和从管理人报酬中提取一定的份额,实行单独核算,专户管理,财政监督。破产案件援助基金由府院联动办公室管理并由其制定《破产案件援助基金管理和使用办法》。基金的用途:一是为有产可破但没有启动资金的破产企业垫付部分破产费用,该费用可以在后续的破产审理中即时追收;二是为无产可破案件援助部分破产费用,具体的援助项目由《援助基金管理和使用办法》规定。

(六) 最大程度释放破产重整的制度价值,将人民法院办成"生病企业"的医院,极力挽救危困企业

在破产重整中,法院一定要成为"生病企业"的医院,一定要依靠党委和政府,督促破产管理人,找准病因,辨症施治,治好生病企业的病,让其真正能够重返市场经济的舞台。

一是要认真对待企业的重整申请。在受理阶段要依照法定标准受理重整案件，确保企业重整的质量。在审理阶段要有比较明确的重整思路，在重整中必须坚持债务整理与营业整合相统一，确保重整后的企业不仅能化解债务负担，而且能恢复盈利能力，实现新的发展。

二是要高度重视运用重整培育新动能，推动传统产业优化升级。要通过破产重整制度，给具有转型升级潜力的困境企业一定的喘息时间，积极引进战略投资人，带动企业走出困境，为全区经济社会发展贡献力量。

三是要慎重对待重整计划的批准。对于债权人会议，各表决组均需通过重整计划草案，在按照企业破产法第八十六条的规定进行审查时，不能流于形式或不加审查而径行批准。上级法院要加强对重整计划批准的指导，对于经审查符合强制批准条件的，也要敢于批准，不能让重整陷入僵局。

（七）加强破产审判信息化建设

最高人民法院在2017年开通了"全国企业破产重整案件信息网"及相应的法官工作平台、破产管理人工作平台，形成了"一网两平台"格局。

一是要通过上述平台的应用，提高企业破产审判工作规范化的程度。要通过信息平台将全区法院破产审判工作全程公开、步步留痕，监督规范各方行为，避免拖延处置企业破产事务，提高破产效率。

二是要通过上述平台的应用，提高破产重整工作的效率。信息网要进一步公布破产企业的相关信息，让投资人能够更加方便、快捷地了解破产企业的相关信息，解决破产企业和投资人之间信息不畅通、信息不对称的问题，最大限度地促使资本、技术、管理、土地、劳动力等生产要素在全国范围内自由流动和有效配置。

三是要通过上述平台的应用，提高破产财产变现的能力。财产不能及时变现，财产价值不能最大化变现，债权人、职工等各方当事人均不满意。通过信息化竞争方式，实现破产财产公开、公平、公正处置，既能防止腐败，又能维护各方当事人的合法权益。

宁夏反恐怖等级防范标准化体系建设初探

吴 刚

坚持总体国家安全观，是新时代坚持和发展中国特色社会主义的基本方略之一，为公安系统全面地定位和把握国家安全问题，进一步完善国家安全制度体系，加强国家安全能力建设，具有十分重要的指导意义。当前，反恐怖工作形势严峻，各种可预见和难以预见的涉恐因素明显增多，作为公安机关，必须积极探索和研究反恐怖标准化体系建设这一新课题，制定反恐怖工作通用工作标准，加快推动宁夏反恐怖"铁桶工程"建设，开创宁夏反恐怖工作新局面。

一、等级防范标准体系化建设的概念和总体目标

反恐怖等级防范标准化体系建设是反恐怖"铁桶工程"的重要建设内容，是遏制恐怖犯罪和严重刑事犯罪等的重要手段，也是确保宁夏"三个不发生"的根本保证。

运用当前科技化手段，通过综合反恐怖技术防范与危机管理相融合，使重要目标单位人防、物防、技防经科学系统化设置后，达到防范工作的高标准化，形成既完善又行之有效的防范措施，从而获得最佳防范状态和安全效果；同时以此标准进一步规范和促进防范工作更加制度化、经常化

作者简介 吴刚，宁夏回族自治区公安厅经济犯罪侦查总队主任科员。

和长效化，实现能够主动预防、及时控制、稳妥应对的效果；为重点目标单位防范和预防恐怖犯罪、暴恐袭击、严重刑事犯罪、治安管控和消防体系整体建设标准提供建设依据和保障。

建立并完善重要目标单位反恐怖防范工作体系，做到组织机构健全、工作责任明晰、防范措施到位，预案装备完备，防范和应对恐怖突发事件的能力和水平能够显著提升。可以说，加强反恐怖等级防范标准化体系建设有利于提高反恐怖防范工作有序化开展、规范化执行，对当前和今后宁夏反恐怖工作升级建设具有十分重要的意义。

二、宁夏建立反恐怖等级防范标准的重要性和必要性

十九大报告中指出，增强忧患意识，做到居安思危，是全面依法治国必须始终坚持的一个重大原则。《中华人民共和国反恐怖主义法》（以下简称《反恐怖法》）也明确规定："研究和构建反恐怖防范标准体系，是反恐怖防范工作的重要基础性工作，既是管理创新，也包含技术创新。"因此反恐怖防范工作应本着"宜未雨绸缪，勿临渴掘井"的原则，在反恐怖安全防范工作中实施标准化建设，可以实现超前预防机制，减少或降低涉恐等事件或犯罪案件发生的频率；同时按照防范标准进行督导检查，做实防范工作，提前适应不断变化的复杂形势，确保一旦发生暴恐等事件能够做到处事不乱，有效应对。

（一）应形势任务所迫

1. 地理位置因素

宁夏境内交通发达，陆运和铁路贯穿全区，航空出入境人员吞吐量不断加大，高铁等重要交通项目正在兴建当中，一些重要民生工程和经济设施都在区内设有中转站点，容易成为恐怖袭击的目标。同时因便利的交通条件，极有可能成为恐怖分子实施恐怖犯罪的预备出发地、中转站或渗透、出逃的通道。

2. 民族宗教因素

宁夏属全国五个民族区域自治地方之一，是民族宗教较敏感地区，一些信教群体受极端思想遗毒和内部复杂性等影响纷争不断。由于区外反恐

怖的外溢效应，一些宗教极端分子、民族分裂分子、暴力恐怖分子在宁夏境内搭窝建点、招募成员、发展组织，为其在区内进行宗教渗透、非法宣（传）教等活动创造有利环境。

3. 经济发展因素

宁夏属内陆经济欠发达地区，受经济发展不均衡和收入差距拉大等潜在因素的影响，以及经济犯罪方式手段不断翻新，民众的法律意识和防范意识却薄弱或预防不到位，引来新型经济犯罪向宁夏流入蔓延。因经济问题引发极端个人恐怖犯罪的可能性随之增多，社会矛盾突出成为滋生恐怖犯罪的一个重要方面。

4. 社会矛盾因素

通过近年来发生的一些典型案件来看，部分少数个体在某些利益因素的刺激下容易将负面情绪转嫁为对党、政府和社会制度的不满，一些具有极端思想的个人就有可能仿效恐怖分子实施暴力恐怖活动，以表达自己的仇恨和愤怒。如近年来发生的多起砍杀幼儿，伤害公、检、法系统工作人员和医生等事件屡见不鲜，在银川发生的马永平纵火案就是一个典型的案例。虽然目前宁夏社会大局整体稳定，安全环境和治安形势也相对平稳，但因所处地理环境、民族宗教等因素，加之一些新生犯罪形态所导致的涉众涉稳等事件频发不断，致使各种不安定、不确定因素持续增多，并与涉恐等问题相互叠加交织，进而引发暴恐怖事件的威胁依然存在，总体安全环境依然面临严峻挑战。

(二) 顺应时代发展要求

美国自 2001 年"9.11"事件发生后，才深刻警醒反恐怖防范工作重要性；英国在 2005 年发生的伦敦地铁恐怖爆炸袭击后才痛定思痛，大力主张要高标准建立严格的防范措施等，但事件已经发生，灾害损失已经造成。按照总体国家安全观重要思想概论，要跟随当前信息化时代发展要求。反恐怖防范标准化建设是适应当前新时代下公安工作立体化、数字化的新理念和新要求。恐怖分子使用各种暴力恐怖袭击或破坏手段震慑人心、威胁政府是一直以来的观念和主张。标准化体系建设以不变应万变的自信心，从容应对反恐怖斗争面临的新形势、新特征和恐怖组织不断创新的恐怖观念和手段。近年来，涉恐分子或个人极端犯罪分子在犯罪方式和手段上有所更新，意图通过破坏交通、网络或城市重要目标造成重大危害，达到或实现其险恶目的。可以预见，未来在通讯网络、公共设施、能引起社会重大恐慌的目标等将可能成为涉恐分子袭击或破坏的首选目标，所以在新时代发展要求下，加快推进反恐怖防范标准化建设是当务之急。

（三）事关平安建设长远

维护社会持久安定是最大的风险防控，做好维护社会稳定工作，必须把反恐怖防控摆在首位。反恐怖重点目标防范标准体系化建设是以平安宁夏建设为指引，也是贯彻落实国家反恐办总体防范工作部署的具体行动，是积极应对当前日趋严峻的反恐怖斗争形势，规范反恐怖防范工作，提升重点行业、重要目标、重要部位防范应急能力的重要举措，也是一项夯实基础、利在长远的重要工作部署，更是目标单位安全生产、实现持续发展的重要保障。通过制定反恐怖安全防范工作标准，可以使宁夏境内各重点要害单位树立防范理念，按照属地负责、归口管理，突出重点、分级管理，立足长远，科学防范的原则，以严格的防范措施最大限度地避免人民生命财产损失。

三、当前反恐怖防范工作面临的主要问题

（一）认识模糊或不到位

当前，一些重点防范单位只注重生产经营，对反恐怖防范工作不够重视，缺乏危机意识，致使防范工作薄弱，总认为"无恐可反"的思想普遍存在，这与当前反恐怖斗争形势极不相适应。近年来，因国际反恐怖形势趋于严峻复杂，无论是国外还是国内，都注重加强建立严格的反恐怖防范标准体系。从现实情况看，能够引起社会重大恐慌的目标越来越成为恐怖分子首选，由于这类目标防范难度大，且一旦袭击成功就能造成巨大的社会混乱，因此重要目标单位受到恐怖袭击的概率会增大。必须加大这方面的研究和预防工作，不断提高工作格局，层层压实工作责任和措施，做到未雨绸缪，才能防患于未然。

（二）责任不明确或不落实

《反恐怖法》自颁布以来，一些目标单位法规意识淡薄，因没有建立统一防范标准，检查考核标准不够规范，随意性较大。同时对一些重点防范单位定位不准，与一般防范单位不做区别，致使罗列的重点单位较多，重点不能成为重点，非重点却成为重点，层次等级不清，抓不住重点要害。另外，公安机关一直承担着反恐怖主要工作，公安反恐怖部门"一身二任"，既是反恐怖工作领导小组的办事机构，又是公安机关内设的反恐怖机构，责任与任务一肩挑。但反恐怖防范工作不能只靠公安机关来完成，反恐怖各成员单位、相关部门在各级党委政府统一领导下，都应各负其责、各尽所能，通力合作，才能把工作扎实做好。同时，反恐怖防范工作迫切需要加强领导，加强宣传，统一思想、建章立制、细化标准、强化督导、积极探索，建立健全防范工作的长效机制。

（三）安检工作不深入或不专业

反恐怖防范工作是一项细致性的工作，具有一定的专业性，只有既熟悉指挥作战、装备技术等专业，又掌握公安侦查业务等知识，才能够在防范检查或应急处置中查找出薄弱环节和问题所在，做到心中有数和有的放矢。当前，防范检查工作浮于表面，不能切中要害，与此密切相关。如：一些监管部门对民用机场实施反恐怖防范工作检查时，检查重点只针对旅客安检口，其他要害部位基本不做检查和督导，使防范检查不具系统性、严谨性，形同过场。要认识到，安检口只是机场防范重点中的一个重点部位，机场防范部位分地面和空中，就地面而言，主要防范部位就有多个，如：机场指挥塔台（指挥调控通讯中枢）、配电系统（电力中枢）、机场跑道信号指示灯、停机坪、油料库等都是机场反恐怖防范的重点要害，如果督导检查不能切中要害，防范工作就达不到立体化防范效果，所以督导检查工作的不深入或不细致是直接导致防范工作薄弱的重要因素。

四、建立等级防范标准化的具体措施

根据《反恐怖法》规定："重要目标单位应当设置或确定承担与反恐怖防范任务相适应的反恐怖防范工作机构，配备专门人员，并将反恐怖防范的机构设置和人员配备情况报属地反恐办备案。"重要目标反恐怖防范工作要建立适应涉恐突发事件的处置应急预案和工作方案，包括防范工作制度，反恐怖防范标准（人防、技防、物防设施规范）等。显而易见，机制要素越加完善才能切实杜绝重点目标单位内防范隐患和问题。

（一）基本类别

1. 重要目标

主要包括：水、电、气供应系统和相关联的生产传输站点；网络、通讯传输系统；党委、政府机关；广播电台、电视台、宣传媒体；银行金融数据中心、金库；宗教场所；由武警内卫部门担负守卫、守护任务的重要目标单位等。

2. 重要设施

主要包括：城市标志性建筑物；核心工业基地（区）；重要交通、水利枢纽；生化毒物等生产厂站；陆空交通运输工具和场站；学校、医院等。

3. 重点区域

主要包括：人员密集区域；繁华商业网点；重大活动人员聚焦区；其他人员相对集中密集的场所等。

4. 重点人员

主要包括：国家政要、当地党政军政要；当地宗教、民族界知名人士；其他社会知名人士等。

（二）分类分层级管理

宁夏列入反恐怖重点防范目标单位现有200多个，依据《反恐怖法》的有关条款，按照划分科学、层次清晰、重点突出的要求，对反恐进行区域等级划分。根据防范重点和必要性制定目标防范标准，主要按照目标单位可能遭受恐怖袭击的方式，制定相对应的预警处置机制和应对处置流程，并以科技化物防技防做支撑，制定建立科学专业的防范工作体系。反恐怖防范标准必须是重点目标单位安全防范的最高标准，依此防范标准可规范和提高重点目标单位防范恐怖袭击或防范治安、消防、刑事犯罪的整体防范水平，同时使防范工作更具基础性、机制化、标准化。通过制定反恐怖防范标准，明确重点目标、重点部位的人力防范、技术防范、实物防范要求,实现反恐怖资源的科学配置和对反恐怖重要区域的重点防范,进而提高反恐怖防范能力和应急处置的整体水平。

1. 分区定级

可以根据目标单位防范的重要性,划分确定一、二、三类重要防范目标单位,建立完善的等级防范标准机制,实行分类分层级防控和监管机制。(1) 三类目标(一般防范区)。按照行政区域安全状况和恐怖袭击的目的性划分,人员密集量相对较低,人口在30万人以下,或城市功能体系中居于相对次要的地位,民族、宗教等关注度较低,或者自身的防护能力就非常强等,发动袭击的可能性较低的区域。如:欠发达的县级城市、较繁荣的乡镇等。(2) 二类目标(中等防范区)。人员较为密集且担负较为重要的交通枢纽、城市功能较强,人口达到30万人以上,一旦受到攻击,容易造成重大人员伤亡并引起群众恐慌,可能危及社会安全、秩序和稳定的区域,并且是恐怖组织潜在的或有吸引力的袭击目标的区域,归类为中等级防范区。(3) 一类目标(高等防范区)。在中等防范区划分的基础上,人员流动量大、密集度高、具有自治区(省)级军事、政治、文化等级中心等,破坏的危害性较大,作为安全等级中的高等级的核心区域。如:人口达到100万以上或首府城市等,具有人员高流量、商业高密度等特点。

2. 责任区划

如表1所示。

表1 重要目标分层级管理责任区划表

类别	等级	统管部门	主责单位	备注
一类目标单位	高等防范区	自治区(省)级反恐办	政府相关监管部门落实监管责任;防范目标单位为主体责任;公安反恐怖部门按照《反恐怖法》负责监察督导。	遵照国家反恐办总体部署和要求,分片区系统化管理,对下实行业务指导和督导,按行政职责逐级落实属地监管责任。
二类目标单位	中等防范区	市(地)级反恐办		
三类目标单位	一般防范区	县(区)级反恐办		

(三) 注重研究恐怖犯罪手段和袭击方式

恐怖犯罪或袭击具有策划周密、事发突然、行动隐蔽、过程迅速、方式多样、手段残忍等特点,对重点目标的袭击方式一般分为武装袭击、化装袭击、隐蔽偷袭等方式。如：针对机场指挥塔台（指挥调度通讯中枢），涉恐分子可以采用：强行攻入、化装突入、爆炸、毒化物导入、车撞、纵火等袭击手段，达到占领控制或造成破坏的目的。因此，要根据防范目标单位要害部位遭受恐怖的可能性，不断研究袭击方式和手段，为有效预防和完善机制提供可靠依据。

（四）结合情报建立重要目标单位预警机制

情报信息是反恐怖防范工作的重要支撑。当前，运用大数据信息化手段采集信息已成为重要途径，但是还要在涉恐情报信息的整合和研判上下功夫，及时发现内幕性情报信息，实现情报与行动及时联动，这是做好防范工作的关键。反恐怖部门应当加强对涉恐组织和涉恐分子的社会背景、组织机构、人员构成、宗教信仰等的调查和研究，密切关注涉恐犯罪的新动向，根据各种恐怖袭击的可能性、危险性、紧迫性划分危险等级，明确防范目标，及时向相关重要目标单位发送预警信息，加强预防措施，尽全力将大部分暴恐活动遏制在萌芽状态。

（五）建立防范标准化体系的基本要素

反恐怖防范标准体系主要包括：人防、物防、技防标准化配备，监测预警、处置救援等。制定标准应简明扼要，突出主题，能够直观呈现防范工作所需数据信息，在处置工作时能够明晰责任和任务。

1. 建立防范工作责任体系

政府监管部门要发挥行政职能优势，督促重要目标单位成立反恐怖防范工作领导小组，确定主要负责人为第一责任人，负责落实反恐怖防范工作责任制。反恐怖部门要加强监督检查，严格考核奖惩措施，形成各司其职、各负其责、奖罚分明的行业内部反恐怖防范责任体系。以民用机场为例：在人防方面，应以驻机场武警、机场公安派出单位、机场内部安保人员等为主要力量，会同机场联勤单位，各司其职，协同作战，这三支力量也是目标单位安全保卫工作的"常备军"和"战斗队"；在技防方面，要通过引用最新科技安防系统，建立围界红外线报警系统、门卫、门禁管理系统、视频监控系统、消防系统、电子巡防系统、治安动态监控网络等安防系统，系统要不断完善和升级更新；在物防方面，要按照标准要求，配置防爆毯、防爆围栏、阻车钉、空气呼吸器、消防服、防刺服等相应的安防物品,必要时要配备与任务相应的警用警卫装备。

2. 建立应急预警机制

应对暴恐袭击需要启动紧急应对措施,防范和控制事态发展。要建立防范状态与之相对应的等级响应机制。主要根据本行业、本单位特点,建立预警机制,包含响应等级和响应时限,规范应急处置,为应对可能遭受的恐怖袭击方式或现实危害,制定、完善反恐怖防范应急处置预案。

3. 建立长效管理机制

根据工作实际,对各层次的标准进行扩展和调整,细化反恐怖安全防范措施,使"标准"更加合理、实用,更加具有可操作性。要及时优化措施方案和人员安排,进一步加强门卫和保安日常监管措施,采取日常巡查、重点抽查和随机暗访等措施明察暗访,并加强监控与现场联动配合。要加强重要时节的安全管理,制定反恐怖预案时可将各种可能发生的情况预想全面,积极组织反恐怖应急演练和适应性的训练,并结合本单位实际,每年按季度组织反恐怖应急演练、演习,不断提高协调联动、应急处置能力,最终形成制度机制,以制度为牵引,使防范工作向纵深发展。(如表2所示)

表2 某机场重点要害部位反恐怖防范标准配制表

机场指挥塔台反恐怖标准配备表(人力防范防配备表)							
预警等级	防范状态	响应等级	转换时限	防范措施	警卫人数	武器及装备	器材设备
红色预警	紧急状态	一级响应	30分钟	三级转一级为50分钟	落实二、三级防范要求,增加特殊性人防、物防和技防措施	5人	警用手枪2支、网枪2支、手持台3部、警棍4支、手铐2副	防毒面具5副、防爆毯
橙色预警	戒备状态	二级响应	40分钟	落实三级防范要求,增加附加性人防、物防和技防措施	4人	网枪2支、手持台2部、警棍4支、手铐2副、防毒面具5副	防毒面具4副、防爆毯
蓝色预警	日常状态	三级响应		基本性人防、物防和技术防措施	2人	网枪2支、手持台2部、警棍4支、手铐2副	防爆毯

4. 严格落实硬件配备标准

在落实物防标准配备上，要由责任区防范工作统管部门牵头组织政府监管部门对所管辖的重点目标单位的人防、技防、物防方案进行审核，必要时要按标准进行强制要求，帮助完善制度方案，引导技防、物防达到标准化建设要求。建立统一的物防标准，要清楚明晰、具体，精确到物防产品的型号和使用年限等，防止一些重要目标单位在硬件配备上以次充好，降低防范工作的效果。（如表3所示）

表3　物防技防建设标准配备表

某市公交车站(点)、停车场(库)物防技防标准化配置表				
序号	项目		安装区域（覆盖范围）	配置要求
1	视频安防监控系统	摄像机	车站乘客候车区域	必配
2			车站的调度室	选配
3			枢纽车站的换乘区域	选配
4			专用停车场(库)的出入口	必配
5			专用停车场(库)制高点	必配
6		记录装置	车站或安防中心控制室	必配
7		控制、显示装置	车站或安防中心控制室	必配
8		控制、记录与显示装置	专用停车场(库)安防中心控制室	必配
9	入侵报警系统	入侵探测器	专用停车场(库)周界	必配
10		入侵探测器、声光告警器	专用停车场(库)内重要部位	必配
11		紧急报警装置	车站的调度室	选配
12			专用停车场(库)内重要部位	必配
13			安防中心控制室	必配
14		防盗报警控制器	安防中心控制室	必配
15		终端图形显示装置	专用停车场(库)安防中心控制室	必配
16		电子巡查系统	专用停车场(库)	选配
17	实体防护	防盗安全门	专用停车场(库)内重要部位	必配
18			安防中心控制室	必配
19		钢栅栏窗	专用停车场(库)内重要部位	必配

（六）做好等级防范体系化建设的具体做法和步骤

1. 先行试点

各级反恐办是推进本地反恐怖防范工作的组织和实施部门。要会同政府相关监管部门先期组织开展对宁夏重要目标单位调查摸底工作，对涉及的重要目标单位进行梳理筛选，摸清分布范围和底数。对分类分级问题要会同政府监管部门共同进行研究确定管控等级，同时要明确管控要求，落实管控责任。要先行试点，以先进试点样板做引路，达到示范效果，区、市、县各级都要有针对性地选择2—3个重要目标单位，做出样板，待样板完全成熟可行后，再推广全区试行。与此同时，反恐怖部门要牵头召开动员会议，发动成员单位积极参与试点工作，监管部门要牵头，重点目标单位要组织专人专班，制定试点工作机制等，反恐怖部门在适当时机要给予专业指导。重要目标单位防范试点工作，区、市、县各级都应有侧重点。如：银川要侧重于人员密集区域，石嘴山要侧重危暴类重点单位，吴忠要侧重于重要宗教场所；固原要侧重于重要交通枢纽，中卫要侧重于重要防范目标等，分类层级开展试点工作，要制订工作计划和任务表，设定完成时限等，分阶段召开推进会等，加快进度建设防范标准化体系建设。

2. 考核验收

试点工作在规定时间内落实完成后，要逐级进行考核验收。防范标准建设在人防方面，要达到领导组织体系健全、人员配齐到位、教育管理到位、制度落实到位、保密工作深入；在物防方面，要达到建筑物、屏障、设备、器材、系统等硬件设施齐全，性能良好，运转正常；在技防方面，要建立以电子信息设备为主体的技术防范体系、网络，功能全面，反应灵敏，运转有效，还应制订应对预案。工作中要细之又细，要结合实际，反复推演，考核验收中要严格把关，做到方案不实际不放过，与实战不贴近不放过。

3. 建立信息库

要建立相应的应用软件或电子信息库，将重要目标单位的防范标准分级分类别进行录入并不断完善。要对目标地理位置信息、设计结构图、实景图、要害部位信息、主要通道、安保制度、责任人、安防设施设备、周边警力等信息收录完整，有变动或更改要随时补录和更新。电子信息库可以在应对处置时为决策层提供决策依据。

4. 按标准落实经常性演练或拉动

根据城市反恐怖重要目标安全防范工作的需要，对重要目标单位的安保力量和员工进行有针对性的专业训练，使之具有识别、防范恐怖分子和防范恐怖袭击的能力。重要目标单位每年应不少于两次反恐怖演练或适应性训练，在敏感时节应加强演练。通过演练磨合机制、促进协同，使参加人员熟练掌握处置应对的方式和方法，在遇有类似情况时，能够反应迅速、处置稳妥，确保重要目标安全。

5. 强化督导检查

防范标准制定后，要严格按照防范标准落实督导检查工作。要定期或者不定期组织有关成员单位和监管部门对反恐怖工作进行现场督导检查，同时要将检查结果定期通报，问题要定期整改，对一些违反《反恐怖法》的重要目标单位，要严格执法，以促进反恐怖防范工作的不断深入。要将每年对重要目标单位检查考核的结果纳入省、市、县综治维稳管理考核内容，进而推动各监管部门重视反恐怖工作。重要目标单位的防范意识和能力得到明显提升，社会安全稳定环境才有得到切实保障，反恐怖防范工作也才能取得不断进步。

6. 形成长效机制

反恐怖防范工作是一项长期性工作，要紧紧围绕反恐怖建设的总目标，不断创新思维和方法，形成完善的长效机制，各级反恐怖办、政府监管部门和重点目标单位要以标准化建设为契机，立足长远、统筹谋划，进一步完善反恐怖防范工作责任机制，以机制推进工作落实，持续抓好常态和非常态情况下反恐怖防范工作。同时要摒弃"公安一肩挑"的传统思维模式，进一步明确责任主体，层层压实监管职责，充分调动行业内部的主动性和积极性，把防范工作推向深入。要在加强反恐怖专业化培训上下足功夫，切实提高防范水平和应对处置能力，同时要加大对公众防恐怖宣传教育的普及力度，增强全社会的防恐怖意识，做到在反恐怖长效机制上持续发力，逐步形成反恐怖斗争和社会长治久安的强大合力，努力构筑起捍卫国家安全和社会稳定的铜墙铁壁。

"一带一路"视域下宁夏培养涉外法律人才路径探析

张 炜

  党的十九大报告指出,要推动形成全面开放新格局,坚持对外开放基本国策和发展更高层次的开放型经济。作为全国首个内陆开放型经济试验区,宁夏主动融入和服务国家发展战略,积极参与"一带一路"建设,不断探索内陆开放新路径。

  2018年是"一带一路"倡议提出5周年。自倡议提出以来,宁夏主动承担国家"向西开放"使命,构建立足宁夏、辐射全球的网上丝绸之路"宁夏枢纽"。2017年6月,石泰峰书记在自治区第十二次党代会上指出,全面推进"一带一路"建设为宁夏发展带来了新的历史性机遇,要坚持深化改革开放,不断增强发展的动力和活力。2018年10月,咸辉主席在自治区推进"一带一路"暨宁夏内陆开放型经济试验区领导小组会上强调,要坚定不移扩大对内对外开放,用好内陆开放型经济试验区的"金字品牌",打造丝绸之路经济带支点。

  当前,"一带一路"建设对宁夏涉外法律人才的培养提出了层次更高、数量更多的紧迫要求。教育部、中央政法委联合发布了《关于实施卓越法律人才教育培养计划的若干意见》(以下简称《意见》),重视挖掘和培养卓越涉外法律人才。加强涉外法律人才的培养对宁夏经济转型升级、扩大

作者简介 张炜,宁夏社会科学院期刊中心研究实习员。

对内对外开放具有重要的推动作用。

一、大力培养涉外卓越法律人才是宁夏参与丝绸之路经济带建设的重要条件

根据《意见》规定，涉外卓越法律人才是指具备国际化视野、通晓国际规则、能够处理国际法律实务的国际化复合型人才。具体来说，涉外卓越法律人才应一方面，通晓国际规则，熟悉运用国内法与国际法规则处理涉外法律事务；另一方面，需要具备较高的外语水平，能够掌握一门或多门外语，在涉外法律事务中进行有效调解和谈判。简言之，涉外法律人才应是精通外语，明晰法律的国际化应用型人才。

在我国建设"一带一路"的背景下，构建国际法治秩序的中国话语体系，探索切实可行的卓越涉外法律人才的培养机制，是当前面临的重要任务之一。基于此，《意见》中提出："把培养涉外法律人才作为培养应用型、复合型法律职业人才的突破口。适应世界多极化、经济全球化深入发展和国家对外开放的需要，培养一批具有国际视野、通晓国际规则，能够参与国际法律事务和维护国家利益的涉外法律人才。"宁夏处在"一带一路"建设中颇为关键的地位，研究如何培养涉外卓越法律人才成为新形势下宁夏推动对内对外开放的应有之义，是充分融入"一带一路"建设的必然要求，也是宁夏适应国际社会发展对法律人才多元化要求的充分体现。

二、宁夏涉外法律人才培养之现实困境

（一）存在的问题

1. 宁夏国际化应用型法律人才数量匮乏

在当前我国改革开放向纵深发展的新形势下，国内涉外法律人才稀缺的状况成为限制我国进一步对外开放的瓶颈。2018 年 8 月 31 日，在司法部公布的《全国千名涉外律师人才拟入选名单》中，宁夏仅入选了 1 名涉外律师，占全国拟入选涉外律师总数的 0.1%。目前，宁夏并未达到"一带一路"建设对涉外律师在数量上的要求，规模化、专业化和国际化更是无从谈起。

在我国涉外应用型法律人才总体处于稀缺的背景下，宁夏的情况更是如此。2012年，教育部、中央政法委对申报卓越法律人才教育培养基地提出要求，培养基地需具备法学专业在职教师40人以上，且结构合理，除此而外，还应有一定数量的法律实务部门外聘兼职教师。相比之下，宁夏高校与教育部、中央政法委确立的卓越法律人才培养基地还存在差距，国际化、应用型法律人才的培养存在诸多不足。探索"一带一路"背景下涉外法律人才的培养，要在对沿途国家法律有细致了解的基础上，重视当地经济发展、文化习俗、宗教传统等内容。作为我国内陆开放型经济试验区，宁夏应当具有不同于东南沿海地区涉外法律人才的独有特征，结合区情，培养出契合涉外事务客观需要的法律人才。

2. 宁夏法律人才的培养缺乏国际化视野

我国与"一带一路"沿线国家、地区或国际组织进行广泛的经济、文化、教育等领域合作，不仅需要涉外法律人才掌握一门或多门语言，还需要在熟练掌握国内法的基础上，运用东道国法律。"一带一路"建设涉及的国家、地区或国际组织众多，不仅增加了语言的复杂性，还增加了法律适用的困难性。

以宁夏大学政法学院制定的《政法学院法学专业本科人才培养方案》（以下简称《培养方案》）为例，《培养方案》要求"法学本科生应具备运用一种外语进行简单的法律活动的能力"，《培养方案》要求法学硕士研究生"熟练掌握一门外国语，并能运用外国语比较熟练地阅读本专业的外文资料"。可见，宁夏高校法学院对于法学硕士的培养目标尚可，而本科教学的任务与目标，远达不到对涉外卓越法律人才培养的要求，其"涉外性"特征也不够明显。

当前，包括宁夏在内的国内大多数地区培养涉外法律人才都以英语为主要培养语言，缺乏对小语种的重视。这将导致对"一带一路"合作可能遇到的法律问题预估不足，导致合作进展缓慢、外国法无法查明等一系列难题。

3. 缺乏涉外法律人才实践场所及资金支持

高校是培养涉外法律人才的重要阵地。"一带一路"倡议的实施，使各国之间的合作范围扩大,复杂程度增加,对高校培养涉外法律人才的资金、管理、实践场所来说都是极大的挑战。作为西北内陆地区,宁夏高校的法学院及其专业建设起步较晚。例如,宁夏大学政法系成立于1993年,北方民族大学法学院筹建于1982年。总体而言,宁夏高校的法学专业建设目前还普遍处于起步探索阶段,其专业建设内容大多是对中东部地区重点高校法学专业的复制和模仿。

据统计,目前宁夏高校法学专业学生的实习以指定的法院、检察院、律师事务所等为主,这与卓越涉外法律人才的要求相距甚远。对于涉外法律人才的教师队伍而言,应当加大国外访学的力度,选拔教师到国际法院、国际仲裁法庭、外交部条法司以及知名外企等进行法律实务实践的训练。通过提高教师授课和科研的国际化水平,进而带动学生向国际化人才的培养目标迈进。同时,还应加强宁夏高校与涉外政府部门、涉外企业、涉外律所之间的交流与合作。

(二) 宁夏卓越法律人才不足的主要原因

1. 师资力量不足,对涉外法律人才的重视度不够

高校是培养涉外法律人才的摇篮。合理的人才培养模式、科学的人才教育方案、优质的人才成长环境是解决"一带一路"建设中涉外法律人才稀缺的关键。由于受到地理位置、经济发展、社会资源等因素的制约,宁夏高校的法学专业师资力量不足,未能满足本地区涉外法律业务的实际需要。传统的法学教育模式、课程编排体系也无法达到"一带一路"建设中提出的新要求。

截至2018年5月,宁夏大学政法学院具有海外攻读学位经历和国外访学经历的教师超过10%,所占比重偏低。其中,法学系的在编在岗专职教师共36人,仅占政法学院教师总量的30.6%。宁夏高校对于法科学生的培养,并未明确规定培养涉外法律人才的计划。宁夏高校中仅北方民族大学法学院提到了以"国家实施卓越法律人才教育培养计划"为背景的办学思路,但并未突出和细化卓越涉外法律人才的相关内容。

2. 法学专业建设资金缺乏,课程体系有待完善

宁夏高校的法学专业建设起步较晚,与东南沿海地区高校相比,专业

规模、经费预算等都存在差距。依托国家留学基金、重点支持法学专业学生到海外留学深造、重点支持高校法学骨干教师到海外科研交流等方面力量较为有限。法学院的课程开设以汉语教学为主,双语教学也主要以英语和汉语相结合。然而,对于"一带一路"沿线60多个国家而言,仅掌握英语一门语言是不足以应对的。

宁夏高校的法学院多数仅开设《法律英语》《国际法》《国际私法》《国际经济法》等基本课程,且主要以英美法律体系的课程为主,鲜有其他国家的法律体系。现有的课程相对传统,缺乏对"一带一路"沿线国家法律制度、贸易规则、语言文化等方面的系统学习,无法达到"一带一路"对涉外法律人才的要求。

3. 法学教育国际化程度低,人才培养模式单一

科学的国际化教学是培养涉外法律人才的重要方式。当前,"一带一路"建设对外语的要求已经不满足于基本的沟通,而是上升到具备跨文化交际的高度。相比传统的外语教学模式,涉外法律人才应侧重于提升跨文化交际的能力。在法学教育的培养模式中,应细化对涉外法律人才的要求,培养学生国际化视野,掌握"一带一路"沿线地区和国家的法律、政策、文化、经济等领域的规则。

三、宁夏涉外卓越法律人才培养模式之构建

(一)实施"互联网+教育"融合

高校传统的教育模式已很难满足"一带一路"建设的新要求,宁夏高校面临着"互联网+"的冲击和影响。推进"互联网+教育",本质上要通过互联网思维、模式、方法推进互联网及其相关技术与教育的深度融合。

2018年11月22日,宁夏"互联网+教育"示范区建设启动大会在银川召开,会上公布了《宁夏回族自治区"互联网+教育"示范区建设实施方案》(以下简称《实施方案》),确定了宁夏"互联网+教育"示范区建设目标。《实施方案》指出:"2019年,组织宁夏大学、宁夏职业技术学院、宁夏理工学院、宁夏财经职业技术学院等14所学校开展'互联网+教育'融合应用试点。"

在宁夏着力推进"一带一路"建设的过程中，依托"互联网+教育"的优势平台，创新高校培养涉外法律人才的教育模式。例如，推广应用中国大学 MOOC、微课、网络共享课程等，向宁夏高校大学生提供国内外知名高校的学习平台。

以课堂板书、PPT 展示为主的传统教学模式将逐步转变为云端共享、移动网络、多媒体技术等个性化教学，学生可根据个人兴趣自主选择科目、教师、授课方式等，保证学好法学专业知识的同时，外语水平也得到稳步提升。

（二）推行"国内本科+国外硕士"的培养模式

涉外卓越法律人才所具备的基本素质包括较高的外语水平和扎实的法学功底，并能够熟练运用国际法学知识处理国际事务。考虑到"一带一路"建设是在沿线 60 多个国家开展，需要一批掌握沿线国家法律以及该国语言文字的高素质涉外法律人才。宁夏高校可考虑将培养涉外法律人才在本科阶段的重点放在打好法学基础，掌握基本的法学理论和规则上，将提高涉外法律人才外语水平的重点放在硕士阶段，争取硕士阶段在国外高校完成。积极开展到海外高校访学交流的项目，充分利用国家公派留学渠道培养涉外法律人才。例如，2014 年，华东政法大学开设的"涉外卓越商事法律人才实验班"所推行的"国内—海外合作培养"机制，注重对学生二外的培养，保证实验班学生第六学期在海外知名高校学习。

培养涉外法律人才的根基是国内扎实的法学功底，本科阶段的外语教学应当是基础，而非重点。外语教学水平的提高可以借鉴 22 所涉外法律人才培养高校，将海外高校作为提高学生外语水平的主要地点。所以说，"国内本科+国外硕士"的涉外法律人才培养模式为宁夏培养卓越涉外法律人才提供了坚实的保障。

（三）开设"涉外法律人才实验班"及留学项目

高校法学院是培养涉外法律人才的主要阵地。为了适应"一带一路"建设的需要，宁夏高校必须准确定位自己在我国推进"一带一路"建设中的作用，培养学生树立国际法的意识与能力。以中国政法大学为例，从2013 年起开设"涉外法律人才培养模式实验班"，每年招生约 50 人；华东政法大学自2013年起，为法学本科生开设了"涉外卓越商事法律人才实验班""涉外卓越国际金融法律人才实验班""沪港交流涉外卓越法律人才实验班"3个涉外卓越法律人才实验班。

宁夏高校可以借此经验开办"涉外法律人才实验班"，尤其在攻读法学硕士期间，有针对性地制订学习第二外语和该国法律的培养计划。例如，2018年1月，宁夏大学公派出国留学项目选派高校研究人员带课题出国研修或攻读博士学位，加强国别和区域特别是"一带一路"涉及国家的研究。同时，支持普通高校学生到国际组织实习。此外，2018年4月，北方民族大学8个与国外高校联合培养优秀本科生研究生项目获自治区教育厅立项资助，建立该校与英国、美国、法国、马来西亚、乌克兰等国高校的联合培养项目。

（四）提升学生外语水平，强化国际意识

法律英语是涉外法律人才培养工作的重中之重。当前，英语是WTO已有的164个成员国的官方通用语言，成为国际贸易往来的重要工具。语言的弱势，成为涉外法律人才在处理涉外法律事务时的阻碍因素。"一带一路"建设不仅是我国的倡议，也是沿线国家的共同愿景。外语学习应不仅局限于课堂，还可通过举办模拟联合国、外交谈判、英语辩论赛等外语实践活动提升学生外语水平。

宁夏高校在推行双语授课的同时，应充分发挥小语种教学模式的优势。除开设《法律英语》等基本课程外，建议开设《涉外法务谈判》《涉外律师实务》《WTO法律制度与中国》《ADR实务》等涉外法律课程，并辅修小语种；同时，针对本科、硕士不同层次的法律人才培养、制定不同的培养标准和考核体系。当前，包括宁夏在内的全国多地普遍对于"一带一路"沿线国家的语言、文化等缺乏重视，在一定程度上影响着沿线国家的交流和贸易往来。

（五）全力培养涉外调解人才和国际仲裁员

宁夏高校可在法学院范围内开设专门涉外调解人才培养的课程，并以此为蓝本，具体制定涉外商事调解、仲裁的相关课程。课堂教学突出解决涉外民商事纠纷的主要技巧，以翻译和掌握外文案例的形式，做到理论与实践相结合。要求学生参与涉外模拟调解，体验作为涉外民商事案件的当事人代理人的角色。强调"一带一路"建设中涉外调解人才的中立性，成绩以学生完成案件的整体调解过程的表现综合评分。提高涉外法律人才对"一带一路"沿线国家法律体系、调解制度、仲裁制度的掌握，使涉外调解人才朝着专业化、科学化、类型化的方向发展。

随着"一带一路"倡议的深入实施，中国企业在进行国际商业活动中不可避免地面临国际商事仲裁等问题，这对涉外法律工作者在国际仲裁的执业水平上提出了更高的要求。培养商事仲裁领域的专业人才，在解决"一带一路"沿线国家当事人之间的法律纠纷具有显著优势。

（六）涉外法律人才联合培养，加强教育质量

2012年11月，联合培养项目批准设立了92个首批卓越法律人才教育培养基地，其中包括58个应用型、复合型法律职业人才教育培养基地，22个涉外法律人才培养基地。宁夏高校可在法学院加强与事务部门合作培养涉外法律人才时，与涉外法律人才教育培养基地指定的22所高校开展对口合作、联合培养，共同制定培养目标、课程设计体系等，充分利用教育基地的优质教学资源。

自2001年教育部对口支援西部地区高等学校计划项目启动以来，宁夏已有4所高校被列入教育部对口支援西部地区高等学校计划，分别为上海交通大学与宁夏大学、山东大学与宁夏医科大学、华东师范大学与宁夏师范学院、东北大学、浙江工业大学与宁夏理工学院。其中，上海交通大学和山东大学作为全国涉外法律人才教育培养基地，宁夏高校在开展对口支援时，可加强涉外法律人才的培养，提升教学质量。

习近平总书记在"一带一路"国际合作高峰论坛开幕式上指出："国之交在于民相亲，民相亲在于心相通。"涉外法律工作是国际贸易往来的重要保障，宁夏作为"一带一路"建设的重要节点，开展涉外卓越法律人才的培养工作是当前十分紧迫的任务之一。坚持以党的十九大、自治区十二次党代会精神为统领，抢抓"一带一路"历史机遇，加快探索适应宁夏发展、服务国家大局的涉外法律人才培养新模式，对推进新时代宁夏对外开放新格局具有十分重要的意义。

宁夏社区治理体系建设工作调研报告

乔克奇　黄　峰

习近平总书记指出：城市治理的"最后一公里"就在社区。社区是党委和政府联系群众、服务群众的神经末梢，要及时感知社区居民的操心事、烦心事、揪心事，一件一件加以解决。近年来，宁夏党委、政府高度重视社区治理体系建设，先后制定了《关于进一步统筹推进城乡社区治理的实施意见》《关于加强城乡社区协商的实施意见》等规范性文件，大力推进社区治理体制机制创新，取得明显成效。多元共治的社区治理体系已经建成，社区管理和服务能力明显提升，社区工作保障水平明显提高。2017年，宁夏社区治理工作得到民政部充分肯定，业务考核与江苏、浙江并列全国第一。截至2017年年底，全区共有城市社区539个、划分网格3750个、"两委"成员3607人、网格人员700余人（其中取得社会工作职业水平考试职称260人）。社区活动场所面积达400平方米的有479个，达标率为88.9%；尚有60个社区未达标，但已列入"十三五"建设规划。社区承担的行政工作事项由原来的平均100多项减少到现在的20余项。

作者简介　乔克奇，宁夏回族自治区社会和法制委员会办公室主任；黄峰，宁夏回族自治区社会和法制委员会办公室主任科员。

一、宁夏社区治理体系建设取得的主要成效

（一）强化党的领导，着力健全多元共治的社区治理体系

宁夏党委、政府根据新时期社区治理创新工作需要，进一步调整完善了宁夏社区建设工作领导小组，定期研究全区社区治理创新工作，为新时期深入推进社区治理创新工作提供了组织领导保障。各市（区）县也相应调整完善了社区建设工作领导小组，将社区治理纳入党委、政府重要议事日程和督查考核，并结合实际出台了一批配套措施，解决难点问题，推动重点工作。十八大以来，按照宁夏党委的统一部署，全区各地以基层服务型党组织创建为抓手，全面推行街道"大工委"和社区"联合党委"运行机制，较好地发挥了基层党组织在社区治理中总揽全局、协调各方的领导核心作用，逐步形成了以社区党组织领导为核心，社区居委会为主导，社会工作者、社区居民和社区社会组织共建共享的社区治理体系。

（二）强化服务功能，着力提升社区管理与服务创新水平

城乡社区服务体系建设是社区治理服务创新的重要平台。近年来，宁夏社区建设工作领导小组与相关部门联合下发了《宁夏城市社区网格员管理暂行办法》《关于进一步做好社区网格信息报送对接工作的通知》，按照片区、商圈、楼宇、村民小组等灵活划分网格，每个网格配备网格员，网格员和公共服务岗位设置"AB"岗。目前，全区539个城市社区全部实现网格化管理，覆盖率达100%。全区社区治理坚持以"服务于民"为出发点和落脚点，各个社区在协助基层政府开展与居民利益密切相关的社会救助、劳动就业、文化体育、扶老助残、法律咨询、物业服务等基本公共服务的同时，不断创新服务载体，拓展服务形式，逐步形成了"一社区一品牌"的良好局面。同时，积极培育和孵化社区社会组织，壮大社区志愿者队伍，推进社区、社会组织和社会工作者"三社联动"运行机制，全区已有社区社会组织3.2万多个，通过社会工作者职业水平考试人数1150人。建成社区志愿服务中心360余个，实名注册社区志愿者50万名，志愿服务组织1000余个，在提供养老服务、医疗康复、家政服务等方面发挥了重要作用。

（三）强化基层基础，着力提升社区管理和服务保障水平

近年来，宁夏把社区工作者队伍建设作为社区治理的基础工程来抓，通过教育培训、提高报酬待遇、面向优秀社区工作者考录公务员等措施，提升社区工作吸引力和社区工作者履职能力。2016年，宁夏党委、政府出台《关于加强城乡社区协商的实施意见》，各地先后探索开展了民主议政日、党群议事会、民情村务评促会、协商议事会等形式的协商议事实践，取得了初步成效。同时，认真落实"四议一审两公开"，完善社区"两委"协调机制，健全联席会议制度，推动驻区单位、"两代表一委员"、社区社会组织、社区工作者与社区居民共谋社区发展，促进了基层民主政治。针对近年来社区行政事务多、检查评比多、会议台账多、机构牌子多、不合理证明多等负担过重问题，自治区党办、政办联合下发了《关于进一步做好社区减负增效工作的通知》，制定了《宁夏城市社区服务管理职责事项指导清单》，实行社区工作准入制度，规定属于基层人民政府及其职能部门、街道办事处职责范围内的事项，不得转嫁给社区；应由社区协助的事项，要为社区提供必要的经费、人员和工作条件。目前，社区工作事项由原来的平均100多项减少到现在的20余项。

二、宁夏社区治理存在的问题

近年来，宁夏在社区建设方面取得了明显成绩，也积累了许多成功经验，但还存在社区治理主体职责不清、社区自治机制不健全、社会力量参与不足等问题，与社会治理新要求、人民群众新期待尚有差距。

（一）社区自我管理服务功能有待进一步增强

一是社区管理行政化特征明显，自我管理、自我教育、自我服务功能发挥不够。与此同时，业主自治呈现快速发展，亟待规范。

二是基层协商水平较低。主要表现为：协商内容针对性不强，与居民需求衔接不紧密；协商主体不规范，运行机制不健全；群众参与意识不强，积极性不高；协商成果转化难，效果不理想。这种状况既制约了基层民主实践，又影响了社区自我管理的水平，成为社区治理中的一大短板。

（二） 社区信息平台建设亟待统一规范

一是缺乏统一规划。在实施"互联网+"的过程中，一些部门将业务信息平台延伸到社区，导致社区信息平台繁杂，有的社区信息平台多达9个。

二是服务功能不足。目前社区各类信息平台多以实现政府部门管理需求为主，而对社区管理服务方面的需求考虑不够。

三是相互不能兼容。多个信息平台相互独立，社区工作人员需要频繁切换登录不同平台填报信息，重复、多次录入情况突出，增加了社区的工作量。

（三） 社区社会组织发展水平较低

大力发展社区社会组织，推动社区、社会组织、社工队伍"三社联动"，是提升社区服务能力的根本途径。但宁夏社区社会组织发展严重不足，备案性的多、注册的少；文化娱乐性的多、专业服务的少。尤其是专业社工人才和专业社会组织严重不足，一些居民急需的服务项目，如失能失智老年人照料、闲散青少年教育管理等，没有相应的社会组织提供服务。现有的社区社会组织普遍规模小、生存期短、服务能力弱，"接不了地气"，缺乏持续发展能力。

（四） 社区减负增效成果有待进一步巩固

近年来，宁夏多次组织开展专项清理活动，社区减负取得了明显成效，但也存在边清理边反弹的问题。有些部门仍然在向社区下沉各类行政事务。这些新增事项有些是长期的，如开具证明、开展某某社区创评等；有些是临时的，如突击性的环境整治等。同时，权责不对等现象也比较突出，社区工作人员不仅要承担"信息员"的职责，还要承担"执法员"的职责，如消防检查、锅炉违规纠正等，增加了社区工作难度。此外，按照自治区有关规定，给社区增加任务必须费随事转，下拨相应的工作经费。但实际情况是，绝大多数下达到社区的新任务，只转事，不转费，导致社区工作人员任务越来越重，而相应的工作经费却得不到保障。

（五） 社工队伍建设有待加强

一是社区工作人员薪资待遇还未全部落实到位。今年3月，宁夏党委组织部、发改委、民政厅、财政厅等部门联合发文，明确社区"两委"成员报酬按不低于当地最低工资标准的2倍发放，由自治区和各市县按比例分别承担（山区为 8:2，川区为 2:8）。但部分市县（区）特别是石嘴山市因财政紧张难以兑现，影响了社区工作人员的积极性。

二是社工队伍不够稳定。社区工作人员工作强度大、收入低，个人发展路径少，不仅难以吸引较高素质人才，现有人员也不稳定。近年来，宁夏通过采取社区工作者工资与星级和谐社区创建挂钩，从社区书记、主任中考录基层公务员等措施，一定程度上激发了社区干部的积极性，但还没有从根本上解决这个问题，社工队伍建设依然任重道远。

三、对加强宁夏社区治理的思考和建议

加强社区治理体系建设，应坚持以习近平新时代中国特色社会主义思想为指导，进一步落实《中共中央 国务院关于加强和完善城乡社区治理的意见》，紧紧围绕统筹推进"五位一体"总体布局和协调推进"四个全面"战略布局，坚持以人民为中心、基层党组织建设为关键、提升社区服务能力为根本，坚持政府治理为主导、居民需求为导向、改革创新为动力，切实发挥党组织的领导核心作用、自治组织的基础作用和社会组织的主导作用，促进城乡社区治理体系和治理能力现代化。

（一）突出政治功能，着力推动社区基层党组织建设

党的十九大报告指出，要以提升组织力为重点，把街道社区、社会组织等基层党组织建设成为领导基层治理的坚强战斗堡垒。这是新时代推进基层党组织建设的行动指南。建议进一步发挥社区党组织的领导核心作用，切实承担起组织群众、宣传群众、凝聚群众、服务群众的职责，牢固树立以人民为中心的发展理念，把服务群众作为社区治理的出发点和落脚点，引领带动公共服务、市场服务、社会服务、志愿服务，打造以党组织为核心、多元共同参与的服务格局。

（二）加强统筹规划，加快推进社区信息化智能化建设

建议树立顶层设计、统一规划的理念，打破条块分割、多头部署的现状，由自治区社区建设工作领导小组办公室牵头，自治区综治委配合，联合提出全区社区管理服务信息平台建设总体方案，自治区财政安排专项资金予以支持。信息平台初步设计便民服务、政务服务、社区基础信息管理

三大模块。其中：便民服务模块通过整合各部门相关信息资源，开展面向居民的便民利民服务；政务服务模块通过链接网上办事大厅的宁夏行政审批与公共服务系统，开展面向居民的政务服务；社区基础信息管理模块以综治委为主建设，将目前各部门延伸到社区的信息系统全部整合接入社区信息"资源池"，实现"一次性采集录入、动态更新管理、多层级多部门共享使用"，切实解决目前社区信息平台多、多次录入、重复录入等问题。社区管理服务信息平台建成后，各相关部门不再另行向社区延伸信息系统；社区"资源池"未纳入的信息，按照社区工作事项准入制度，经自治区社区建设工作领导小组审批后进入社区管理服务信息平台。

（三）强化社区自治，着力提升基层协商水平

建议进一步明确街道办事处和居委会的职能定位，鼓励居委会充分发挥自治功能。加强社区党组织、居委会对业委会和物业服务企业的指导和监督，建立健全议事协调机制，积极推进社区居委会成员通过一定程序兼任业主委员会成员。强化社区党组织对社区自治的引领作用，鼓励居委会、业委会、社区社会组织和热心公益服务的居民群众积极参与社区公共事务协商。进一步规范社区自治的运行机制，明确基层协商的内容范围、主体选择、运行程序、成果转化、监督机制等，推动基层协商常态化、规范化。

（四）加大扶持力度，促进社区社会组织发展

大力发展社区社会组织是增强社区服务功能的突破口。建议各级政府大力扶持公益性社区社会组织的发展，使其成为提升社区服务能力的重要力量。

一是完善法规政策，综合运用监督评估、财政扶持、资质准入等手段，引导社区社会组织根据居民需求承接公共服务，优化社区社会组织结构布局。

二是出台促进社会组织发展的优惠政策，将社区社会组织纳入"营改增"范围，吸引热心社会公益事业、具有专业技能的高素质人才投身社区社会组织中，提升社会组织的综合服务能力。

三是拓展多元化投入培育渠道，在加大财政扶持力度的同时，鼓励社会资本投入社区社会组织建设，推动建立多元化的资金保障机制。

四是降低社区社会组织准入门槛，既支持规范化专业化社区社会组织

发展，又支持社区自发培育的"草根性"社会组织发展。

五是将社区社会组织服务纳入政府购买服务范围，如居家养老、学生托管等，鼓励社会组织推出更多适合社区群众需求的服务产品。

（五）注重队伍建设，全面提高社区工作人员服务能力

建议各级政府认真落实自治区党委组织部、民政厅、发改委、财政厅等部门关于社区"两委"成员报酬不低于当地最低工作标准的2倍的规定，充分调动社区干部服务社区居民的积极性。针对大武口等少数川区市县（区）因财政紧张暂时不能落实社区"两委"成员报酬的情况，建议自治区财政厅会同民政部门在调查研究的基础上，对这些县区采取两三年内临时增加自治区财政补贴比例的政策，确保社区"两委"成员报酬落实到位。借鉴上海经验，探索试行"两委"成员和社区工作者分离机制，"两委"按党章和法律相关规定选举主任，将社区工作者职业化，建立由政府保障的薪酬、社保、考核、奖惩、进退机制，由"两委"聘任、监督、考核社区工作者。大力开展社区工作者教育培训，逐步建立起包括学历教育、专业培训、远程教学和参观调研等内容的教育体系。同时，建议在宁夏选择一两所高校开设社会工作专业，培养社会工作人才。

（六）健全体制机制，努力推动减负增效工作取得实效

建议自治区政府制定社区工作事项准入具体实施办法，明确社区工作事项准入的审核主体、责任主体、追责程序等，对社区减负实行动态管控，从源头上把住准入关。同时严格落实"费随事转""权随责转"制度，确保下沉到社区的具体事务有经费保障。对需要行使行政执法权的事项应当有相关执法人员参与处置。建议将社区治理工作纳入党政领导班子和领导干部政绩考核，以推动社区治理各项工作要求落到实处。

宁夏中小学法治教育现状调研报告

张宏彩

法治教育事关全面推进依法治国进程和全民守法实施进度，中小学生法治教育不仅关乎孩子的健康成长，而且也关系国家和地方法治建设进程，因此，中小学生法治教育状况事关社会法治建设基础。

一、宁夏中小学法治教育现状

（一）法治教育生源及师资发展概况

目前，宁夏有中小学学校1536所，中小学生58.29万人；普通中学307所，中学生42.67万人，师资3.03万人；2017年宁夏教育厅全面启动法治教师师资培训工程，委托北方民族大学法学院、宁夏大学政法学院实施"中小学法治教师"培训班，由各市县教育局推荐承担法治教育的品德与生活（社会）、思想品德（政治）教师脱产参加培训班，2016—2018年中小学法治课教师培训经费投入198.7万元，培训人数达到820人，并且每所中小学设置了法治副校长和专职或兼职法治教育教师，法治副校长主管学校法治工作，法治教师负责学生法治课程教育工作。

作者简介 张宏彩，宁夏社会科学院社会学法学研究所助理研究员。
本文系宁夏哲学社会科学规划项目"宁夏儿童保护法治建设实证研究"（18NX-CFX01）的阶段性研究成果。

（二）法治教育制度建设概况

2014年10月中共十八届四中全会通过的《中共中央关于全面推进依法治国若干问题的重大决定》要求："把法治教育纳入国民教育体系，从青少年抓起，在中小学设立法治知识课程"，2016年起宁夏与全国同步将中小学生《品德与生活》教材更名为《道德与法治》，根据教育部、司法部、全国普法办印发《青少年法治教育大纲》（以下简称《大纲》）的通知，中小学生《道德与法治》教材关于法治授课的内容包括：国家、宪法权威、法律平等观、公民基本权利义务、消费环境交通等基本规则、司法制度以及未成年违法犯罪等。宁夏教育厅各中小学根据教育部关于印发《全国教育系统开展法治宣传教育的第七个五年规划（2016-2020年）》（以下简称《规划》）的通知，贯彻落实每所学校专任或兼任法治教师1-2名，同时组织各级法院、检察院、公安、消防等部门的工作人员到学校开展法律大讲堂。

根据《国家中长期教育改革和发展规划纲要（2010—2020年）》《全面推进依法治校实施纲要》《中小学法治教育指导纲要》等文件要求，宁夏为推进《关于全面落实普法责任制的实施意见》《中共宁夏回族自治区委员会关于贯彻落实党的十八届四中全会全面推进依法治区的实施意见》等政策的落实，要求"加强各类学校特别是中小学法律教育师资培养，建设高素质学术带头人、骨干教师、专兼职教师队伍"，"加强青少年法治意识宣传教育，把法治精神和法治信仰的培育融入到学校教育的全过程、各环节，在中小学校、职业院校、高校分类开展内容各有侧重的法治教育"，推动法治教育进校园。

（三）法治教育形式及内容

目前，宁夏中小学法治教育内容，诸如禁毒、安全、消费、宪法等主题的普法教育宣传已形成常态化。另外，实施中小学生法治课堂教育以来，宁夏中小学生接受法治教育主要有以下途径：（1）专职的道德与法治教师每周设1—2节课专门授课；（2）班主任负责日常法治教育；（3）每周一升国旗偶有涉及法治教育；（4）每年如宪法日等特殊教育日对师生集中进行法治宣传教育。中小学生接受法治教育的形式主要有：（1）《道德与法治》

课本内容传授；（2）师生国旗下法治演讲；（3）观看法治宣传影视资料；（4）法律职业人士到校开展法治讲堂；（5）到法治部门实地参观等。

二、宁夏中小学生法治教育存在的问题

经调研访谈可知，目前我国中小学法治教育普遍存在教材内容不贴近中小学生身心发展需求、法律专业法治教育师资匮乏、授课过程中重德育轻法治等问题。

（一）法治教育专业指导和投入不足

由于经济社会发展条件、地域自然条件等因素影响，各级财政虽然落实了教育经费"三个增长、两个比例"要求，但是宁夏地域小、山区和乡村生源少、城市扩大新建学校和民办学校增加等原因，以及校园信息化应用和建设不能适应教育改革发展需求，宁夏中小学生法治教育在培育师资投入上存在：（1）突出德育培训，法律专业指导培训机会较少；（2）道德与法治教学活动偏德育轻法治；（3）法治教育形式化，家庭和学校、家长和教师精力投入不足，不关注法治教育质量等问题。虽然2017年起开始启动"中小学法治教师"培训班项目，但是与宁夏目前中小学校1500多所数量相比，远远达不到一所学校至少1名法治教师的比例，更何况目前此项法治教师专业培训是针对小学、初中、高中3个年龄段师资培训。

（二）城乡、山川法治教育不均衡

1. 山区乡村法治师资紧缺

近年来，国家和宁夏在政策上对农村教育质量提高给予了很多倾斜，但现实数据表明，宁夏农村学校教师中毕业于重点师范大学的人数仅占4.9%，乡村、山区中小学教师学历普遍偏低，教师专业结构单一的现实问题至今尚未得到根本解决，音乐、美术、体育、思政、英语等专业教师短缺，法治教师由班主任兼任是很普遍的现象。根据教育部印发《规划》要求，各中小学要配备1—2名专任或兼任法治教育课教师；根据教育部、司法部、全国普法办《大纲》要求，每所学校至少有1名受过专业培养或经过专门培训可以胜任法治教育任务的教师。可现实是，宁夏乡村、山区法治专业教师普遍存在一岗多职的兼任情况，不仅教师负担重，而且法治教

育授课质量很难达到《大纲》中关于中小学生法治教育目标要求。

2. 城乡山川法治资源享有机会不均等

国家和宁夏通过不断推进义务教育均衡发展、城乡一体化改革发展、扩大优质教育资源覆盖面等措施,来提升宁夏乡村和贫困地区教育质量;宁夏突出实施优质教育机构集团化模式带动教学均衡发展,通过多项政策倾斜来解决农村师资匮乏问题。但是山区、乡村和一些偏远地方,由于地域偏远、经济落后等原因,加之教师数量不足、师资配比量不足、教师结构不合理,美术、音乐、法治等学科师资匮乏等问题依然得不到根本解决,名师、优秀教师、骨干教师比例低,城乡、山川、校际之间法治教育质量差距非常突出。另外,法院、检察院、公安、消防等部门工作人员到学校给学生开展法律大讲堂,每年每个学期宁夏只有市级城市中小学能得到此类法治实践工作人员授课的机会,山区和乡村中小学孩子很少有机会得到此类教育。

3. 法治教育受重视程度不一致

由于法治师资没有相关法学专业背景,教师法律知识储备不足,甚至还需要别人予以普法宣传,必然在法治课堂的授课内容上只能照本宣科,无法生动展示法治观念给孩子,达不到法治课堂要求的目标。如,宁夏小学生6年巩固率2015年为94%,低于《宁夏儿童发展规划(2011—2020)》目标1.0%,巩固率低于规划目标的10个县区中有7个位于南部山区,最低的隆德县仅为70.4%。2017—2018学年银川市义务教育阶段共计辍学1038名学生,其中乡村学生685名,占比达66%;另外,笔者参与2016年共青团宁夏委员会关于预防宁夏青少年犯罪课题组调研,通过访谈和问卷调查,数据显示:2010—2016年宁夏涉嫌违法犯罪未成年群体中文化水平初中以下占81.3%,小学以下占21.4%,成长环境是县城、乡镇及城乡接合部的占40.9%,农村占57.5%,大城市占1.7%。数据对比显示,文化教育水平和生活环境对未成年成长及以后发展影响十分重要,受访者在校期间除知识教育以外,其他教育内容印象记忆显示,"法治教育"仅次于"心理健康"最低。通过上述数据不难发现,宁夏乡村、山区中小学生法治教育质量和受重视程度与城市和川区相差甚远。

(三) 法治教育实效性不强

1. 法治教育课堂授课不达标

根据《规划》和《大纲》要求，中小学生开设法治教育课堂应遵循中小学生身心健康发展规律，采取实践式、体验式、参与式等多种形式，提高法治教育的质量和实效。在调查问卷和访谈中可知，尤其是宁夏小学生，对《大纲》要求达到的法治教育课堂授课内容和要求表现为：消防、交通、禁毒、环境等生活常用法律基本规则认知较深，但涉及宪法、基本法律制度、司法制度个人维权意识等的认知较差，不能达到《大纲》和《规划》对低年级（1—2年级）和中年级（3—6年级）法治知识的要求。

2. 法治教育输入方式单一

由于法治课堂教学输入方式单一，虽然偶有律师、检察官、法官等司法工作人员参与法治大讲堂，采取了法治案例引入、情景模拟、角色扮演等形式多样的教学方式，但是以学校课堂为媒介单向灌输式的教育，孩子当时虽然感触深刻，但日常生活和学习实践中接触不到，法治观念自然日渐生疏，法治教育的实效性得不到实现。

3. 社会参与法治教育不够

由于社会和家庭法治教育参与度低，大大消减了学校法治教育的质量，宁夏诸如青少年安全教育基地之类的法治教育阵地以政府投入为主，加之社会和家庭对孩子法治教育重视不够，社区、家庭法治教育参与度不足严重制约学校法治教育成效的实现。家庭法治观念与学校教育严重脱节，导致生活与学习的严重背离，影响了法治教育的实效。

三、加强宁夏青少年法治教育的对策建议

加强中小学生法治教育，使广大中小学生从小树立法治观念，养成自觉守法、遇事找法、解决问题靠法的思维习惯和行为方式，是全面依法治国、加快建设社会主义法治国家的基础工程。各相关部门、各类学校、社会、家庭应当着力采取有效措施，改善现有的法治教育现状。

(一) 整合资源，加强法治教育投入

1. 加大法治教育投入

政府和学校应采用社会筹资、财政投入等多种形式，加大对法治教育资金投入，将法治教育经费纳入每年的经费预算项目，用以开展法治师资培训、教师和家长普法教育等项目的开展，同时也能确保学校有足够的资金开展形式多样的法治教育授课，如外请法院、检察院、公安、交警、消防等部门工作人员进行课内课外、校内校外参与式、实践式等形式多样、内容鲜活的法治授课，还能保障每一个法治教育实践基地能够充分发挥体验式的实践教育目的，且能够长久运营。同时建立法治教育经费监管机制，保证法治教育经费使用途径合法合理。

2. 加强法治师资队伍建设

高校尤其是师范类高等院校要适应依法治国新时代要求，增设法律专业或开设法律教育课程，为学校培养新的法治教师，亦或政法类院校针对现有法治师资紧缺的现状，开展长期或短期法治教育培训项目，改善法治教师不懂法甚至是法盲的现状，以解决中小学基础教育阶段无法治专业师资的问题。同时，教育行政部门应当通过形式多样的方式，开展教师普法宣传教育，教师普法不仅有利于依法治校的推进，而且有利于社会法治建设，更能够更好地提升学生法治教育影响力。

(二) 因地制宜，均衡法治教育发展

平等是现代法律的精神，教育平等是指任何权利主体均应得到平等的对待，不论城市的中小学生，还是农村的中小学生，不论是男童，还是女童，不论正常还是残疾，均享有平等接受教育的权利。《中华人民共和国教育法》《中华人民共和国妇女儿童权益保障法》均规定了儿童享有平等接受教育的权利，另外《中华人民共和国教育法》第十条还明确规定，国家扶持各少数民族地区、边远贫困地区发展教育事业。中小学生享有法治教育的学习权利，《中华人民共和国宪法》第四十六条第二款明确规定："国家培养青少年、少年儿童在品德、智力、体质等方面全面发展"，另外根据1985年联合国教科文组织通过的《学习权宣言》的规定，中小学生学习权的内容也包括个人发展的权利。因此，国家和社会应当提供中小学生合理的教育制度和适当的教育设施来保障每一个中小学生享有平等的法治教育权利。

1. 法治教育政策向山区、乡村倾斜

（1）出台相应的山区、乡村学校法治宣传教育交通、生活等补贴制度，充分调动社会资源积极参与山区乡村法治教育，丰富山区乡村法治教育形式和内容。（2）建立山区、乡村学校法治师资培训特殊通道制度，因地制宜，采用互联网+教育，提升山区乡村法治教育水平，一方面解决山区、乡村法治教师因路途远无法参与高校法治教师培训项目，另一方面也能够将城镇高品质法治教育课堂传送至山区和乡村。（3）建立多部门联动制度机制，如教育、妇联、司法、公安等多部门联合建立山区乡村法治教育阵地，在推进学校法治宣传教育的同时，也启动对群众的普法宣传等项目。

2. 采取多种方式促进均衡法治教育发展

（1）在统一的教材、统一的教学内容、统一的教学进度下，建立中小学生法治教育标准化体系，提升法治教育落后地区教育质量。（2）采取市级城市、城镇优秀教师、校长向乡村学校、薄弱学校流动机制，提高山区、乡村法治教育水平。（3）调动城市社会法治人力资源，参与山区和乡村的法治教育，推动实现乡村中小学生法治教育形式多样化。（4）加强山区和乡村信息化建设，通过网上网下、虚拟空间模拟等形式创新法治教育授课模式。

（三）强化家庭与学校，学校与社会联合开展法治教育模式

因应试教育根深蒂固的影响，中小学生德育发展时间被智育发展严重挤占，社会、学校、家庭普遍重视知识学习，法治教育等德育发展被忽视。

1. 打通社会参与法治教育制度壁垒

按照《规划》和《大纲》要求："协调组织政府各部门，构建政府、学校、社会、家庭共同参与的青少年法治教育新格局，切实推进学校法治教育工作。"同样，教育部等七部门制定的《关于加强青少年法治教育实践基地建设的意见》中也提到充分利用法治教育资源，积极采取政府、企业和社会资本合作模式，健全法治教育建设、运营的相关标准和规范。但是实践中，涉及社会资源如何参与中小学生法治教育的具体规定却无相关制度支持，因为这牵涉学校治安审查、相关法治资源部门安全审查、教育管理部门对接、谁牵头谁负责等一系列问题。因此，亟待相关部门出台有针

对性、可操作性强的法治教育社会资源准入政策制度，一方面为社会资源参与学校法治教育提供合法渠道，另一方面有利于学校、教育管理部门有明确的政策制度对社会资源的准入实施合法合理的审查。

2. 建立多元法治教育模式

加强家长法治宣传教育。由于多数家长对学校教育依赖度较高，对孩子的培养主要依托学校和教师，不但影响学生法治观念的培养，而且也制约了学校法治教育质量的提高，建议扩大中小学生法治宣传教育阵地，将社会、家庭、学校纳入宣传对象，通过校门口宣传栏、学校网页、微信公众号等渠道向社会、家庭开展法治教育宣传。

拓展中小学生法治教育课堂范围，联合法院、检察院、公安、消防等部门，开展模拟法庭等情景式授课、政法部门实地观摩等形式多样授课、大数据虚拟空间3D模拟等形式，让中小学生法治教育不局限于学校授课，开阔中小学生法治受教育视野，加深中小学生法治教育影响力和记忆力。

3. 强化社会参与

通过建立社会参与法治教育政策制度体系，通过政府购买、政企联合、校企联合、社区（村）企联合等多重多种方式，将社会法治资源、社会资金、社会法治人力等社会力量吸引到中小学生法治教育中来，一方面减轻教育管理部门和学校对中小学生法治教育的财政、人力投入不足的负担，另一方面开辟了中小学生法治教育的新格局，构建学校、社会、家庭三位一体的法治教育体系。

参考文献

[1]宁夏地方志编审委员会、宁夏地方志办公室.宁夏年鉴2017[M].北京:方志出版社,2018.

[2]宁夏回族自治区教育厅2017年法治政府建设情况报告[R].http://www.nxedu.gov.cn/sviewp/5C065DE6-5930-4C38-AB74-3872C95991F5.

[3]中共宁夏回族自治区委员会关于贯彻党的十八届四中全会精神全面推进依法治区的实施意见[R].http://cpc.people.com.cn/n/2014/1124/c64387-26082934.html.

[4]马军武.宁夏农村教师队伍建设调研报告[M].宁夏社会治理与民生建设研究[M].宁夏:阳光出版社,2016:345.

[5]陈婷.宁夏儿童发展情况报告[M].宁夏社会治理与民生建设研究[M].宁夏:阳光出版社,2016:436.

宁夏检察机关环境公益诉讼情况调查

徐 荣 余 江

党的十九大报告提出"中国特色社会主义进入新时代，我国社会主要矛盾已经转化为人民日益增长的美好生活需要和不平衡不充分的发展之间的矛盾"，其中生产力发展、经济增长过程中带来的环境污染问题，例如大气污染"雾霾"、癌症村的伤痛、污染物引发的粮食安全问题、水资源危机、土壤污染等，已经严重阻碍了人民群众对美好生活的追求。但限于上述环境领域公共利益的侵害，与具体的公民、法人和其他组织这些主体缺乏法律规定的直接利害关系，无法提起公益诉讼，符合条件的环保组织在提起诉讼的具体操作中又存在诸多不足，导致实践中这些涉"公"、涉"众"的环境问题得到的司法回应远不能满足人民群众的需求，因此检察机关以公权力的身份参与到公益诉讼，成为司法机关对"涉公共利益纠纷"解决路径的有效回应，被寄予厚望。

十二届全国人大常委会第十五次会议审议通过《全国人民代表大会常务委员会关于授权最高人民检察院在部分地区开展公益诉讼试点工作的决定》，决定在北京、内蒙古等13个省、自治区、直辖市开展试点，2017年

作者简介 徐荣，宁夏社会科学院助理研究员；余江，宁夏回族自治区人民检察院主任科员。

本文系宁夏哲学社会科学规划项目"宁夏环境执法存在的问题及对策"（18NX-CFX02）的阶段性研究成果。

6月27日,十二届全国人大常委会第二十八次会议表决通过了关于修改《民事诉讼法》和《行政诉讼法》的决定,立法正式确立检察机关提起公益诉讼制度,授予检察机关提起公益诉讼的职能。2017年7月1日起,全国检察机关提起公益诉讼制度正式实行。

一、宁夏环境公益诉讼基本情况

(一)环境公益诉讼工作开展基本情况

2017年6月29日,最高人民检察院印发《关于全面开展公益诉讼工作有关问题的通知》,要求全国检察机关从2017年7月1日起全面开展公益诉讼工作。宁夏检察机关迅速行动。截至2018年10月,一年多的时间,宁夏检察机关共发现公益诉讼案件线索586件,立案518件,其中行政公益诉讼案件486件,民事公益诉讼案件32件(含刑事附带民事公益诉讼案件27件)。立案案件中,生态环境和资源保护领域388件,食品药品安全领域73件,国有土地使用权出让领域20件,国有资产保护36件,英烈保护1件[①]。

环境公益诉讼在全区五市实现了全覆盖。2018年以来,宁夏检察机关围绕"三大战略",集中精力组织开展了黄河流域(宁夏段)生态环境和资源保护专项监督,食品、药品安全领域专项监督,医疗废物处理专项监督。要求各市检察院结合本地情况分别在本辖区另行开展专项监督活动。比如银川市以饮用水水源地保护开展专项监督,石嘴山市以贺兰山环境整治开展专项监督等。检察机关积极稳妥地推进公益诉讼工作,践行"绿色检察"理念,为实施生态立区战略贡献力量。

(二)公益诉讼的典型模式

1. 以检察建议为主要方式的诉前程序

此类案件在公益诉讼案件中占比较大,也是环境公益诉讼的主要方式。例如宁夏某水务局怠于履行职责行政公益诉讼案。案件基本情况为:银川

[①] http://nx.wenming.cn/2015sy/2015jjnx/201811/t20181105_4884378.html,最后访问时间2018年11月5日。

市西夏区人民检察院在履行职责时发现,某市容环境卫生服务中心长期从自备井中抽取地下水进行环卫作业,未依法履行计量收费及节水管理的职责,造成地下水资源的浪费,损害了国家和社会公共利益,某水务局对此存在监管缺失。因此以公益诉讼案件向某水务局发出要求依法履职的诉前检察建议。最终某水务局向该市容环境卫生服务中心所属城管局下发了责令整改通知书,责令补缴地下水水资源费81万余元,同时限期停止使用并封填现有自备井,道路洒水水源采用其他方式解决,在全市范围内责令相关单位针对相同问题进行同步整改。与此同时,该案引起了银川市人民政府的高度重视,召开了专题会议,明确要求各市县和市有关部门加大依法治水力度,提高再生水利用率,充分认识自备井关停工作的重要性,并确定了整改的具体负责单位和具体办法。①

本案系宁夏环境资源保护领域的首起公益诉讼诉前程序案件,不仅在程序上基本完成了环境公益诉讼诉前程序的所有步骤,可在以后案件的办理中提供借鉴模式,而且在实体上解决了全市范围内多年来普遍存在的城市道路清洒和园林绿化严重浪费地下水资源的问题。同时让我们看到了政府在依法治理涉环境资源问题方面的决心与力度,对推动依法行政及建设资源节约型社会具有典型示范意义。

2. 以诉讼方式结案的环境公益诉讼

目前,宁夏只有刑事附带民事方式的环境公益诉讼起诉案件。在向法院提起刑事公诉的基础上附带提起民事公益诉讼。截至2018年10月,全区共提起刑事附带民事公益诉讼22件,均为生态环境和资源保护领域案件。例如贺兰县人民检察院办理的邓某某涉嫌非法采矿罪刑事附带民事公益诉讼案。案件基本情况为:被告人邓某某以改良土壤为由,于2016年11月至2017年5月在未取得采矿许可证的情况下,雇用工程机械在贺兰县暖泉农场国有天然牧草地、国家资源禁止开采区盗采砂石,造成矿产资

---

①决定:第一,由市水务局负责,随时掌握再生水的综合实验测试结果,限期全部封填城管环卫取水自备井;第二,针对自备井关停后环卫作业取水难的问题,由市城管局会同市住建局,科学合理优化全市再生水取水点布局,积极推进再生水设施和管网建设,全面提高再生水利用率。

源及生态环境严重破坏，损害了社会公共利益。检察机关在追究邓某某刑事责任的同时，对邓某某提起刑事附带民事公益诉讼，要求邓某某对非法采矿被破坏的现场予以恢复原状，进行生态修复。本案最终在法院合议庭的主持下，达成调解协议。被告人邓某某表示愿意以司法鉴定书提供的方案对损毁地带进行生态修复，恢复原状，并达到验收合格，修复期限为一个月。

该案系宁夏首例开庭审理并以调解结案的检察公益诉讼案件，贺兰县人民检察院派员首次以公益诉讼起诉人身份参加庭审。不仅组成了"三名审判员+四名人民陪审员"的七人合议庭，而且在庭审过程中邀请了贺兰县国土资源局相关执法人员进行了旁听。就个案来讲，由环境损害人负责修复环境，对违法个人教育惩戒作用更显著。就案件的整体效果来讲，在一定范围内能够震慑环境破坏者。在案件办理过程中，检察机关和行政部门的配合，是司法与行政合力解决生态问题的一个典型，为今后开展类似的诉讼工作程序和实体上都积累了一定经验。

二、宁夏环境公益诉讼案件的特点与存在的问题

（一）宁夏环境公益诉讼案件的特点

1. 总体来看宁夏环境公益诉讼案件量呈上升状态

自 2017 年 7 月 1 日开始全面开展公益诉讼工作以来，全区各地检察机关在生态环境和资源保护领域积极摸排案件线索，加大办案力度（案件数量如图 1 所示）。

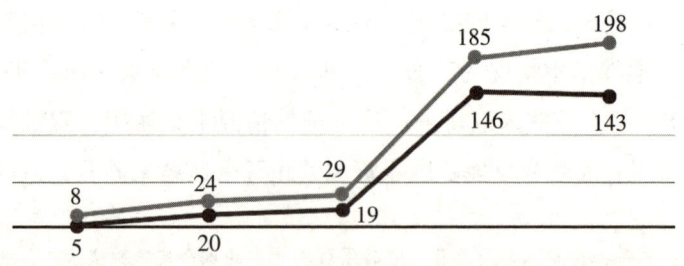

图 1　宁夏公益诉讼与涉环境公益诉讼案件（按季度统计）

2. 环境公益诉讼以行政公益诉讼为主,在各领域公益诉讼案件中占比较大,案件范围不断扩大

截至 2018 年 10 月,全区立案 518 件,其中生态环境和资源保护领域立案 388 件,占 74.8%。行政环境公益诉讼 360 件,占 92.8%,民事环境公益诉讼 28 件(含刑事附带民事环境公益诉讼 22 件),占 7.2%。银川市立案公益诉讼 137 件,其中生态环境和资源保护领域 90 件,占 65.7%;石嘴山市立案 64 件,其中环境资源领域 45 件,占 70.3%;吴忠市立案 143 件,其中环境资源类 127 件,占 88.8%;固原市立案 116 件,其中环境资源领域 95 件,占 81.9%;中卫市立案 58 件,其中环境资源领域 31 件,占 53.4%。全区环境公益诉讼从森林资源保护、矿产资源保护、饮用水水源地保护,到黄河排污治理、城市污水治理、违规抽取地下水、医疗废物处理、垃圾治理,再到农村环境卫生治理,河道污染、破坏治理、草原破坏治理等,涉及多方面的环境问题。

3. 以诉前程序为主,且主要以诉前检察建议的方式结案

截至 2018 年 10 月,公益诉讼启动诉前程序 507 件,其中行政公益诉讼向行政机关发出诉前检察建议 478 件,民事公告 29 件。环境资源领域启动诉前程序 379 件,其中向行政机关发出诉前检察建议 352 件,民事公告 27 件;诉前检察建议占诉前总数的 92.9%。行政公益诉讼尚无起诉案件,民事只有刑事附带民事公益诉讼向法院起诉 22 件。行政公益诉讼案件主要结案方式是通过向行政机关发出诉前检察建议,最终行政机关进行整改后结案。这说明,一方面,针对行政机关这一特殊主体,诉前检察建议的监督作用已经能够充分达到预期效果;另一方面,虽然行政机关公益诉讼中面对的是检察机关的监督,但行政机关为实现环境治理,达到双赢多赢共赢的目标与检察机关是一致的,也理解和配合检察机关公益诉讼工作。

4. 检察机关内部协调较为迅速、和谐,外部协作陆续展开

开展公益诉讼以来,检察机关积极探索一体化办案机制,强化各内设部门协调配合,统筹上下级院办案力量,在检察机关内部形成监督合力。如银川市人民检察院已经出台《关于加强公益诉讼工作内部协作配合的规定(试行)》,建立健全各业务部门之间信息共享、线索移送、案件协查、

结果反馈等工作机制。检察机关向法院起诉的22件刑事附带民事公益诉讼案件，公诉、侦查监督等部门对于民事行政检察部门开展此项工作的配合迅速到位，不仅提供案件线索，而且在诉讼过程中刑民配合默契。与此同时，检察机关在与环保、林业、水务、国土等行政部门外部协作时，必须紧紧依靠党委、人大的重视和支持，积极向党委、人大报告公益诉讼工作。2018年3月15日，自治区党委办公厅印发了《关于支持检察机关全面开展提起公益诉讼工作，进一步推动法治宁夏建设的意见》，截至10月，已经有五市及13个基层党委、政府也出台了支持检察机关开展公益诉讼工作的意见。6月8日，自治区党委召开推进检察机关提起公益诉讼工作座谈会。10月30日，自治区党委书记石泰峰对宁夏检察机关开展公益诉讼工作作出重要批示。各市县区检察院也积极向党委、人大汇报工作，与同级行政执法部门召开联席会议，加强与法院、纪检监察部门建立沟通衔接机制等，争取各单位对检察机关开展公益诉讼工作的支持。

5. 调查取证手段有所创新

环境污染案件的污染损害历来是取证的关键点，也是取证的难点，环境污染案件一般存在取证面广、范围大、动态变化等情况，单靠照片、小范围的视频已无法在审查案件以及庭审中全面客观反映案发现场情况，并且依靠传统的相机、摄像机取证时耗时费力。因此，为确保此类案件证据的动态、直观和全面，个别检察院购买无人机、补充执法记录仪和便携式打印机，在环境资源领域案件取证中充分发挥无人机小型轻便易操作、拍摄视角广、画面清晰、可动态跟踪等特点，进行跟踪拍摄，直观而全面的展示生态破坏全貌、修复过程及修复的效果。

（二）宁夏检察公益诉讼存在的问题

1. 环境公益诉讼案件来源渠道窄，发现线索的经验不足

就宁夏检察机关一年多开展公益诉讼的情况来讲，环境公益诉讼在宣传层面还是没有达到广大群众熟知的程度，案件线索来源除了检察机关内部的线索移送、部分人民群众的举报外，更多地需要依靠检察机关自身去寻找案源，这对于目前的司法实践是极大的挑战。宁夏不是试点省份，公益诉讼工作开展略迟，虽可借鉴试点经验，但是这种经验的学习需要通过

实践取得，因此可遵循的经验少。办理一件环境公益诉讼案件从发现线索、立案、取证、发出检察建议，最终得到回复整改，或者是取得效果，是一个较长的过程，仍处在摸着石头过河的探索阶段。

2. 检察机关与各相关行政部门的沟通协调总体上顺畅，但具体实践中也存在一些障碍

自治区党委书记批示，党委办公厅出台支持意见，党委召开推进检察机关提起公益诉讼工作座谈会，以及各市县级党委也有相应支持措施，已经初步为检察机关开展公益诉讼工作奠定了基础。但是公益诉讼工作开展主要在基层检察机关，基层工作的开展离不开各单位、各部门的配合。虽然承担生态环境和资源保护职责的各级相关行政部门在与检察机关沟通配合上整体比较畅通，但在实际操作过程中，由于经验的缺乏和沟通机制的不畅，有时候在调取证据方面由于对相关单位、人员无相应的惩罚、约束机制，有关部门、人员的法律意识不强或者是不愿意提供等思想的掣肘，导致检察干警取证遇阻，影响工作效率和效果。

3. 环境损害的鉴定困难重重，存在鉴定机构少、鉴定费用过高、鉴定评估周期长等难题

无论是环境污染、生态破坏的损害认定，还是评估环境影响、修复工程造价、生态补救措施、替代性修复方案，均需要专业鉴定评估。按照国家司法鉴定名录网公布的宁夏鉴定机构，涉及环境的鉴定机构主要有：2家森林和野生动物保护司法鉴定机构，3家有关土地评估司法鉴定的机构，1家农业司法鉴定机构。因此就环境损害问题需要委托外省的鉴定机构进行鉴定，其他涉环境的鉴定机构也无法满足环境公益诉讼的需求，因客观原因导致的鉴定评估周期长在所难免。且因涉案污染行为专业性很强，社会上一般鉴定机构并不具有这种技术层面上的操作能力，需要花费巨额鉴定费用去科学评判污染造成的具体后果、确认排污量等结果，加上诉讼过程中其他的费用，检察机关提起环境公益诉讼维权的成本较高。

4. 队伍建设尚不能满足案件办理

检察院民行部门的监督任务随着各项改革任务的落实推进不断加大，就环境公益诉讼而言，不仅是新的业务，而且专业性要求更高，因此短时

间内该项工作的推进受到制约,民行部门的检察干警具有行政法专业背景的人员少,加之环境公益诉讼的调查取证、出庭起诉、沟通协调等各方面能力的要求较高,对民行干警开展环境公益诉讼工作提出挑战。

三、加强宁夏检察机关环境公益诉讼的思考

(一)在畅通环境公益诉讼案件线索渠道的同时做好各种风险应对准备

要开展公益诉讼,首先要有案件来源,应当对"履行职责中"这一限定作宽泛理解,以畅通其他线索来源,如基于公民、法人或其他组织的控告、检举、信访等途径发现的线索,以及有关国家机关交办或转办的相关线索。主要为3个渠道:一是通过宣传发现线索。各级检察机关主动宣传,以通俗易懂、图文并茂的典型案例为素材,制作公益诉讼宣传手册,深入市区、县城市场、乡镇集市开展相关宣传,挖掘管辖区域范围内的线索,同时依托互联网、报纸、广播、微信、微博等媒介,提高群众对检察机关开展公益诉讼工作的社会认知,畅通线索举报渠道。二是通过办案发现线索。民行部门在日常工作中要紧盯新闻媒体关注的焦点问题,掌握民生民意热点;关注行政机关工作动向,在行政公益诉讼确定的四个领域强化线索摸排和甄别。注重对已发现案件的跟踪监督,利用跟踪监督、回头看的方式,筛查出行政机关整改不到位或不履职而损害国家利益、社会公共利益的案件,作为公益诉讼线索重点查办。注重消除行政机关认识误区和抵触情绪。通过积极走访、对接行政执法机关,在线索摸排、调查取证、法律政策理解与适用等方面取得支持和配合。实现检察机关与行政执法机关之间横向配合、市级检察院与基层检察院之间纵向联系的沟通网络。三是建立检察机关内设部门内部线索移送机制。检察机关各部门在履行职责中注重公益诉讼案件线索的发现,并及时移送民行部门办理,并在内部考核中予以体现。

多种渠道的案件来源会打开公益诉讼的局面,但与此同时也应当清醒地认识到,虽然宁夏检察机关开展公益诉讼已经有一年有余,但从整体来看,此项工作尚处于摸索阶段,对于各种类型案件的应对未形成成熟做法,没有大量实践案例参考。因此在扩大案件来源渠道时,如何应对案件增长

带来的工作强度、难度的增加，如何有序地开展公益诉讼，如何慎用、善用环境公益诉讼，不盲目采用诉讼的手段行使监督职权等，也都将是宁夏检察机关会面临的问题。

（二）规范化制度建设

1. 建立行政执法与公益诉讼检察工作衔接机制

优化工作衔接平台的功能，通过信息机制的优化，实时掌握行政单位执法动态，及时掌握侵害国家利益和社会公共利益的案件线索和相关信息，增强线索发现的及时性、准确性。在开展环境公益诉讼的起始阶段，以检察机关一家之力掌握全区环境问题不仅效率低下，而且影响效果，因此在办案中借助涉环境治理的相关职能部门，迅速准确掌握宁夏环境基本情况，总结各地环境问题出现的特点，突出重点监督领域非常必要。

2. 与区内外权威鉴定机构建立协作机制，并做好鉴定费用和损害赔偿费用的管理工作

通过与区内现有的鉴定机构建立协作机制，在委托鉴定程序、鉴定费用、鉴定要求等方面达成共识。同时依托省外的鉴定机构以及检察机关自己开设的鉴定机构（如中国检察机关首家公益诉讼鉴定机构——河南检察公益诉讼研究院鉴定中心）开展相关鉴定，争取能够以公益的方式降低相关费用。目前鉴定费用实践中是通过报账的方式，以业务资金支付，而对于损害赔偿金采用打入对口行政部门账户的方式解决，尚没有形成统一标准。因此，建议对在环境公益诉讼中得到的损害赔偿金的管理使用尽快出台相关意见。由自治区财政厅牵头，财政、环保等涉及环境资源的行政部门、法院、检察机关设立一个共同的生态环境专项资金账户收取环境损害赔偿资金。可以包括环境公益诉讼起诉后的环境修复损害赔偿金，行政部门磋商、起诉后赔偿主体支付的生态损害赔偿资金，以及社会组织、企事业单位或个人生态环境损害修复的捐赠款。在支出方面，支付环境损害鉴定费用、环境损害修复费用等。该账户内资金的使用按照谁使用谁申请，经财政部门审核后按规定支出。

3. 创设公益诉讼专家委员会制度

设立专家咨询委员会，委员由区内高校、科研机构、仲裁委、律师及

检法的民事行政法学专家等担任委员。通过邀请专家咨询委员参加重要规范性文件的论证、为重大疑难复杂案件提供咨询意见、主持和指导检察理论课题研究等方式，切实提高检察理论研究水平和专业素质。为了做好成果转化应用，要把专家意见中对于办理同类案件、处理同类问题具有普遍指导意义的成果用于案例指导，适时向全区各级检察机关发布，供办案检察官学习。

（三）关于庭审能力锻炼、提取证据方面的建议

1. 庭审能力提升途径

检察机关办案人参与庭审的情况分为如下两种：一是民事公益诉讼案件。最高人民法院关于适用《中华人民共和国民事诉讼法》的解释（法释〔2015〕5号第二百八十五条）规定，公益诉讼案件由侵权行为地或者被告住所地中级人民法院管辖，但法律、司法解释另有规定的除外。因此对于公益诉讼案件的出庭任务主要集中在市级检察机关。二是刑事附带民事公益诉讼的案件，由于其附带属性，实践中是主要在基层法院审理，由基层检察院民事行政检察部门的检察官就民事部分出庭。民事行政部门的检察官在以往办案中出庭案件较少，出庭应对能力普遍不足。因此需要尽快成长起来，最有效的途径就是跟案学习，即跟案与公诉部门的公诉人学习，跟案与民事案件的律师学习，跟案与民行业务骨干学习。当然可以采用庭审记录、观摩、旁听等方式灵活开展。

2. 取证的"硬实力"与"软实力"

不同于普通的主要方向为书证、言词证据的民事行政案件取证，环境公益诉讼案件取证主要系户外作业，依靠以往的取证手段已无法满足需要，因此配备先进的技术装备非常重要。例如可全面推广使用无人机、执法记录仪等装备。同时要加强取证能力的锻炼。民事行政部门的检察干警以往开展工作以审查核实为主，调查取证的经验相对较少，取证优劣直接影响案件成败。取证能力非一日之功，需要办案人跟案学习，逐步积累，扎实奠定法律功底，探讨解决突破点，并发挥集体的智慧。同时，围绕诉讼请求、违法行为、因果关系、损害结果相关的证据和案情不断细化取证规则，按照规范化、可操作性的取证方法取证，就能在一定程度上保证取证方向的正确性。此外，可以注重寻求协助，采取市级检察院主导、基层检察院配合的方式，有效统筹整合检察资源，提升取证效率；也可以向积累了丰富调查取证经验的江苏等首批试点省份学习先进经验。

（四）优化办案人员结构，盘活现有资源

1. 整合人员力量

因检察机关新增公益诉讼工作职能后，单纯增加人员有一定的现实障碍，实现现有资源的优化配置，也可达到办案的目的。员额制检察官制度改革的方向是实现"1+1+1"，即1个员额检察官、1个助理检察官、1个书记员的配置。在专业化程度上，挑选熟悉法律规定的、办案经验丰富的、擅长侦查的各1人组成团队，在年龄结构上尽量实现新老搭配。根据各院案件数量情况成立两组以上的办案团队，各团队之间要互相配合，互相支持，资源共享，全力发挥团队作用。在公益诉讼开展的初期，为更快积累经验，建议对于所有案件从线索摸排到立案、调查取证、诉前程序、起诉、出庭等，同步督促跟进、全程指导把关，确保每一个案件线索有记录、有讨论、有报告，分析办案中出现的纰漏，及时归纳总结。对于重大、疑难及首案提起公益诉讼的案件，可由院领导亲自办理、亲自协调。从各级院公诉、原自侦、民行、侦监等部门中层层遴选骨干，筹建全区、全市检察机关公益诉讼人才库，为加强检察机关一体化办案和专业力量整合奠定基础。力争培养一批敢监督、会取证、善庭审的专业化、精英化民行检察官，进一步带动和提升整个民行检察队伍建设的整体水平。

2. 探索部门分设

为了促进民事检察、行政检察和公益诉讼检察按照专业化方向发展，在适当条件下，根据其不同的属性和特点，各级检察院可推行民事检察、行政检察、公益诉讼检察机构分设，推动公益诉讼检察独立发展。例如根据自治区检察院明确在银川市开展组建公益诉讼监督协调指挥中心试点工作的要求，银川市进行了有益尝试，重新设置组建行政检察部（公益诉讼监督协调指挥中心），将行政检察职能分离不再与民事检察处合署办公，承担公益诉讼监督协调指挥中心的职能，实现统一管理案件线索、统一研判监督策略、统一指定案件管辖、统一调配办案力量、统一指挥办案工作、统一发布案件信息的六个统一，专门负责办理公益诉讼案件和行政检察监督案件。

"公地悲剧"这个经济学的现象，充分地体现出环境公益诉讼在现实生活中的必要性。检察机关环境公益诉讼这一监督权的行使，旨在维护国家利益、社会公共权益不受侵害，是一种公力救济方式，有利于弥补国家行政管理的漏洞，具有预防和补充的作用。我们应当认识到环境保护是一项各部门共同努力的系统工程，在关注环保部门作用发挥的同时，也应当关注到司法机关在环境保护中相关职能作用的发挥。

协商民主篇
XIESHANGMINZHU PIAN

宁夏推进基层协商民主应重点关注的几个问题

民盟宁夏区委会课题组

2018年年初,民盟宁夏区委会承担自治区党委《宁夏实施乡村振兴战略研究——聚焦村民自治与基层协商民主的探索》课题,对宁夏基层协商民主实施情况进行专题研究。接受任务后,民盟宁夏区委会高度重视,组成课题组随即开展调研。按照课题设计规划,课题组先后走访了宁夏五市和部分县(区)、乡(镇)街道、村委会、居委会,在有些县区,课题组还深入农户和居民家中,实地了解群众反映。为较好掌握全国典型地区基层协商民主开展情况,课题组赴浙江、安徽进行实地考察学习,汲取先进经验。通过区内外考察调研,基本掌握了宁夏基层民主协商开展情况。总体来说,与全国相比,宁夏基层协商民主开展情况良好,各级党委高度重视,贯彻中央文件要求及时有力,措施得当,推动基层协商民主蓬勃开展,取得了显著的成绩。

一、基层协商民主的宁夏实践

党的十八届三中全会首次提出要推进国家治理体系与治理能力现代化。

作者简介 课题组组长:冀永强,民盟宁夏区委会主委;课题组成员:李保平,宁夏社会科学院社会学法学研究所所长、研究员;张晓勇,民盟宁夏区委会参政议政处处长。

党的十九大报告对我国社会主要矛盾进行判断，随着中国特色社会主义进入新时代，我国社会的主要矛盾转化为人民日益增长的美好生活需要和不平衡不充分发展之间的矛盾。推进协商民主广泛多层次制度化发展，不但是适应社会主要矛盾转化的现实发展需要，也是新时代推进国家治理体系、治理能力现代化的重要内容和必然要求。

（一）宁夏推进基层民主的政策部署与要求

党的十九大报告指出：有事好商量，众人的事情由众人商量，是人民民主的真谛。协商民主是实现党的领导的重要方式，是我国社会主义民主政治的特有形式和独特优势。基层协商是协商民主的重要内容，发展基层协商民主，就是要通过协商民主的制度安排，保障人们的知情权、参与权、表达权、监督权。为贯彻党的十九大关于社会主义协商民主的要求，中共中央印发了《关于加强社会主义协商民主建设的意见》，对新形势下开展政党协商、人大协商、政府协商、政协协商、人民团体协商、基层协商、社会组织协商等作出全面部署。鉴于大量事务和矛盾纠纷发生在基层，基层协商对维护社会和谐稳定、促进基层民主健康发展意义重大，中共中央办公厅、国务院办公厅印发《关于加强城乡社区协商的意见》，对开展基层协商民主提出具体要求。自治区党委高度重视协商民主工作，先后出台了《中共宁夏回族自治区委员会关于加强社会主义协商民主建设的实施意见》和《关于加强全区城乡社区协商的实施意见》，对宁夏开展基层协商从协商内容、协商主体、协商机制、协商形式、协商程序以及协商成果落实、组织领导等方面提出要求，为开展基层协商民主提供政策支持和制度保证，有力推动了宁夏基层协商民主开展。

（二）宁夏推进基层协商民主的具体实践

按照自治区党委的部署，宁夏各地普遍开展了基层协商民主行动，从调研组调研情况看，各地开展基层协商民主虽然不平衡，但都根据自身优势和特点进行了富有成效的工作，有些工作作为全国先进示范在全国范围内推广。其中，宁夏银川市兴庆区开展民主议政日活动，彭阳县刘河村做实村民代表会议入选《全国基层协商民主典型案例选编》。从宁夏基层协商民主推进情况看，主要有以下特点：

1. 重视顶层设计

为推进协商民主健康发展，自治区党委先后出台了《中共宁夏回族自治区委员会关于加强社会主义协商民主建设的实施意见》和《关于加强全区城乡社区协商的实施意见》。按照自治区党委要求，各市县（区）都对开展基层协商民主做了部署和安排，有些地方还出台了相关文件，就协商主体、协商内容、协商程序、人员培训等做了明确规定，指导基层协商民主有序开展。

2. 基层协商民主与精准扶贫的互动互促

精准扶贫过程中，牵扯群众利益的事情多，群众关注度高，如建档立卡户、低保户的确认，扶贫资金的使用与扶贫项目的确定等，都需要通过村民代表大会或村民委员会讨论通过。银川市还把扶贫项目和扶贫资金是否征求村民意见、是否公开公示作为重要环节进行督查，有力助推了基层协商民主取得实效。壮大村集体经济，发挥村集体经济在精准扶贫过程中的作用是精准脱贫工作重点关注的一项内容，随着集体经济的发展，也吸引大量群众参与乡村治理和村级事务的管理，有效解决了基层协商"人气不足""人才匮乏""参与不足"的困境。

3. 基层协商民主与乡村振兴战略的融合发展

实施乡村振兴战略是党的十九大作出的重大战略部署。大力实施乡村振兴战略是2018年自治区党委政府重点推进的工作。如果说精准扶贫解决的是人民群众物质方面的困难，乡村振兴战略则是要推进农村物质文明、政治文明、精神文明、社会文明、生态文明五位一体全面发展。产业兴旺、生态宜居、乡风文明、治理有效、生活富裕既是乡村振兴的发展要求，也是推进基层协商民主的必要条件。在实施乡村振兴战略过程中，人是最为关键和核心的要素，有些市县开展优秀人才回乡创业计划，吸引本地外出创业人员、复转军人、大中专学生回乡发展，助力乡村振兴。这些人才的聚集，不但会推动农村产业发展，而且还会对包括基层协商民主在内的乡村文明发展产生积极影响。

4. 基层协商民主与乡村社会治理的有机结合

党的十九大报告要求加强农村基层基础工作，健全自治、法治、德治相结合的乡村治理体系。自治、法治、德治既是乡村治理的规范结构，也是乡村治理的规范渊源。基层协商民主，是基层自治的重要形式，也是基层社会治理的重要内容。宁夏在推进协商民主入村（社区）的过程中，注意把治理与自治特别是协商民主结合起来，取得了较好的效果。中卫市在推进基层社会治理过程中，重视完善基层群众自治制度，规范了村民代表大会运行制度，确立了"五步工作法"的机制，加强了村务公开和监督力度。基层协商民主制度作为乡村治理的重要举措，实现了社会治理与民主发展的双赢。

二、宁夏推进基层协商民主应重点关注的几个问题

在看到成绩的同时，课题组在调研过程中，也发现了一些亟待解决的问题，有些问题还是深层次的，直接影响基层协商民主的有效实施，希望能够引起党委政府的高度重视。

（一）协商民主认知差异与基层协商民主实践结构性失衡问题

党的十九大报告明确指出，协商民主是我国社会主义民主政治的特有形式和独特优势，要推动协商民主广泛、多层、制度化发展，统筹推进政党协商、人大协商、政府协商、政协协商、人民团体协商、基层协商以及社会组织协商。根据中共中央《关于加强社会主义协商民主建设的意见》，基层协商主要包括：乡镇、街道协商，行政村、社区的协商，企事业单位的协商和社会组织的协商。我们调研中发现，由于对协商民主的价值与意义的认识存在差异乃至偏差，导致基层协商民主开展存在结构性失衡问题。主要表现为：一是注重农村行政村协商民主建设，城市居委会、社区民主协商明显滞后；二是农村乡镇和城市街道一级民主协商开展不充分，有的乡镇、街道基本没有开展民主协商；三是企事业单位民主协商还处于起步阶段，企业协商主要集中在工资待遇，存在协商议题单一、协商程序不规范、参与度不高等的问题，事业单位协商还没有开展；四是社会组织民主协商由于受到一些条件的限制，基本没有开展。按照现代化的发展理论，城市由于聚集了大量具有较高知识的管理技术人才和现代化企业，民主化进程应该明显高于农村。但实际上，我们发现，农村的基层协商民主发展

速度与质量远远高于城市街道和社区，由此形成城乡协商民主实践的逆向反差，导致在基层协商民主层面城乡"二元结构"趋势明显。十九大报告要求协商民主要统筹推进，以上带下，典型示范，才能形成良好的协商氛围。城市社区基层协商相对滞后，影响了整个社会协商民主的开展，应引起我们高度重视。同时，加强对各级公务人员进行协商民主专题培训，强化对基层协商民主意义价值的认知，推进城市街道社区以及企事业单位协商民主进程，积极探索开展社会组织民主协商，是下一阶段宁夏推进基层协商民主的重要场域和重点工作。

（二）基层社区经济发展差异与协商民主实践不平衡不充分问题

经济基础决定上层建筑，基层协商民主的开展程度从某种意义上说也是一个发展问题。从我国目前实际情况看，基层民主协商还普遍没有上升到权利诉求的高度，解决的主要是大家普遍关注的利益问题。从社会治理的角度看，没有利益就没有纠纷，利益关切以及与利益密切相关的相对剥夺感是引发矛盾纠纷的重要原因。在调研中我们发现，从全国来看，经济发达地区基层协商民主工作一般比经济落后地区好；从宁夏来看，基层协商民主开展情况与经济发展水平基本一致，凡是经济发展好特别是集体经济实力较强的社区和村委会，基层协商民主群众参与度高，基层协商民主就搞得有声有色，相反，经济落后，集体经济实力较弱的社区和村委会，协商民主就会缺乏动力，存在流于形式的问题。我们在调研中发现，凡是城中村或城镇化过程中行政村改社区的基层自治组织，由于集体经济发展比较好，利益巨大，群众参与协商积极性高，协商民主质量明显好于经济发展落后村落。地区发展不平衡是导致宁夏基层协商民主发展不平衡不充分的重要原因。经济发展程度虽然并不完全决定基层协商民主的质量，但实践中基层协商民主的开展质效却与经济发展密切关联，壮大村集体经济，是推进基层协商民主的有效路径。我们欣喜地看到，在精准扶贫和乡村振兴战略实施过程中，宁夏各级党委政府都把壮大村集体经济作为精准扶贫工作的重点任务来抓，取得了积极的效果。事实证明，发展和壮大村集体经济实力，不但是脱贫富民的重要举措，也是推进基层协商民主高质量发展的基础性工程。

(三)农村行政村和城市街道办事处、居委会等自治组织行政化倾向与基层组织民主协商功能弱化问题

基层政府从宪法和法律的角度看,在农村,是指乡、民族乡、镇一级;在城市,是指不设区的市、市辖区一级。我们现在一般所谓基层,除包括基层政府外,在农村,包括村党支部、村民委员会;在城市,也包括基层政府的派出机构街道办事处和居委会。人们常说,上面千条线,下面一根针。中央和上级机关的工作要求,都需要基层来落实。随着改革发展和民生事业的推进,基层政府和村民委员会、居民委员会承担了大量的行政工作,导致本来具有自治性质的机构成为基层政府的延伸和落实各项政策的重要力量,村民委员会、居民委员会陷入日常行政事务而无法有效开展包括基层民主协商在内的自治活动。有的基层政府把应该自己做的工作利用职权推给基层自治组织,导致基层组织忙于应付各项工作和检查,根本无暇顾及自治领域的工作。有的地方即使开展民主协商,也是与贯彻落实有关政策密切关联,导致协商议题一般都是自上而下,自治性议题缺失,影响了群众参与的积极性和协商的绩效,也导致人民群众的不满。近期,我们看到,北京等地开始关注基层组织的行政化问题,明确规定了基层政府和自治组织的权利义务边界,规定基层组织有权拒绝上级政府不合理、不合法的工作任务,给基层自治组织静下心做好群众工作腾出时间、创造条件。从北京等地的试点情况看,政府改变直接掌控资源的传统做法,将资源直接下拨到基层组织,由他们自主决定用途,解决群众身边的困难,得到群众的高度认可。重视基层自治组织的行政化倾向问题,减轻自治组织承担的行政事务,按照《中华人民共和国村民自治法》和两委《组织法》的有关要求,尊重基层自治组织的自治属性,严厉查处违反法律政策规定的工作摊派行为,是推进基层协商民主工作有效开展的制度保证。

(四)基层民主协商中组织领导与充分协商协调平衡问题

党的十九大报告指出,党的领导是人民当家作主和依法治国的根本保证。党政军民学,东西南北中,党是领导一切的。加强基层协商民主建设,必须坚持党的领导、人民当家作主、依法治国有机统一。基层民主协商中的组织领导,并不是无视群众利益诉求的个人决断,也不是各级党委书记

个人说了算，而是建立在人民群众充分协商基础上的共识。在基层民主协商过程中，党的各级组织没有自己的特殊利益，党的利益与人民群众的利益具有高度一致性。判断这种一致性的标准不是个人的好恶，而是建立在合法性基础上的公众利益。引导群众合法表达利益诉求，依法协商，是基层协商民主是否成功的重要环节。群众工作是非常复杂的，利益诉求碎片化、利益表达非理性、利益主体多元化等都是影响民主协商的重要因素。在协商中如何平衡组织领导与充分协商之间的张力，既要保证协商中贯彻组织意志，也要尊重群众的民主权利，这是协商民主过程中需要关注的重点问题。从我们实际调研情况看，实践中对组织领导和充分协商之间的度掌握得不够好，有的地方片面强调组织领导，不管群众怎么议，最后结果都是领导说了算，挫伤了群众参与协商的积极性；有的地方放任群众协商，导致协商议题和协商结果偏离正确轨道，造成了不良的影响。坚持以人民为中心，是党的十八大以来我们党执政理念的重大转变。必须坚持人民的主体地位，坚持立党为公、执政为民，践行全心全意为人民服务的宗旨。在基层协商民主实施过程中，树立"以人民为中心"的发展理念，进一步提高基层干部协商意识、协商能力、协商水平和协商艺术，把组织领导贯穿于协商的整个过程，是平衡各方利益的最佳途径。要达到上述要求，无疑对基层公务人员的个人素质提出更高要求。建议对全区基层干部和行政村、社区工作者分期分批进行协商民主专题培训，通过学习培训，提高基层干部政治站位，培养一批懂协商、会协商、能协商的基层干部队伍，是推进基层协商民主取得实效的人力资源保障。

（五）基层民主协商中选择性协商与协商程序规范化问题

协商民主是中国特色社会主义民主的重要实现形式，党的十八届三中全会通过的"决定"强调要"构建程序合理、环节完整的协商民主体系"。十九大报告也提出"要推动协商民主广泛、多层、制度化发展"。由于中共中央《关于加强社会主义协商民主的意见》等文件只规定了协商民主的原则和基本要求，协商民主实践中缺少法律和制度支持，导致在民主协商过程中存在选择性协商和协商程序不规范的问题。协商议题的确定在协商民主过程中具有重要意义，我们在调研中发现，有些地方议题的选择往往根据上级指示或选择较为容易的工作来做，议题自下而上明显不足。许多议题的内容与群众的利益关联度不高，不能反映群众呼声，群众参与积极性受到影响。同时，协商内容也缺乏年度规划，导致在协商程序上，协商时间、人员安排都有较大的随意性，特别是随着城镇化的快速发展，许多农民外出打工，农村空心化现象严重，参加协商人数减少，人员素质下降，民主协商参与者的代表性明显不足，影响了协商民主的质量。我们在调研中发现，为应付检查考核，部分地区在民主协商中存在走过场、造材料等形式主义现象。以中共中央《关于加强社会主义协商民主建设的意见》，中共中央办公厅、国务院办公厅印发《关于加强城乡社区协商的意见》为指导，在《中共宁夏回族自治区委员会关于加强社会主义协商民主建设的实施意见》和《关于加强全区城乡社区协商的实施意见》基础上，进一步推进协商民主政策的法律化和制度化，为协商民主提供法律制度支持。建议制定《宁夏回族自治区协商民主促进条例》，通过强化协商民主制度规范，为基层协商民主规范有序开展提供法治保障。

（六）基层协商民主中协商结果运用与协商氛围营造问题

民主是法治的灵魂，尊重人民群众的民主权利，是协商民主可持续发展的关键。基层协商民主是否体现了人民民主，主要取决于以下3点：一是协商过程中各个主体地位是否平等，是否以地位、身份、财富作为代表性的依据；二是协商程序是否科学合理，提议、告知、协商、决策、反馈、监督等环节是否完善；三是协商结果的有效性是否得到尊重。从法律上看，协商属自治范畴，协商的结果并不必然具有法律效力，只在特定的人群和地域有效。如果存在无效力的协商，对基层民主协商的影响肯定是致命的。如果协商主体、协商程序都没有问题，但老百姓说了不算，就会极大挫伤群众参与协商的积极性。关于民主协商结果的运用，目前在国内不同地区有不同的实践。有的地区把协商结果直接作为执行依据，如浙江省杭州市余杭区在协商民主过程中强调议事协商制度的刚性约束，严格执行协商所形成的决议；有的地区是村民先协商，协商结果报上级有关部门审批后实施。后一种做法体现了组织领导，但如果群众决策与组织意见不一时，就会导致协商结果无效或打折扣，使得协商流于形式，影响群众参与的积极性。加强宁夏基层协商民主制度建设，完善基层民主运行机制，从提出议题、公开受理、广泛协商、形成决议、监督实施等环节入手，制定相关制度，将组织意图有效融入协商的各个环节，强化协商结果刚性约束，以协商主体的平等性、协商程序的规范性，特别是协商结果的有效性营造协商议事的社会氛围，推进基层协商民主健康发展，为宁夏经济社会发展营造良好社会氛围。当然，基层协商民主社会氛围的营造也有赖于政党协商、人大协商、政府协商、政协协商、人民团体协商等多层级协商的统筹推进，只有形成纵贯上下的民主协商制度、协商机制，整个社会的协商氛围才会出现。

宁夏基层协商民主的实践与探索

马丽娟

基层协商民主是社会主义协商民主的重要组成部分，是发展中国特色社会主义民主政治的基础工程。十九大报告指出："发挥社会主义协商民主重要作用"，并强调要推进协商民主广泛多层制度化发展。习近平指出："人民群众是社会主义协商民主的重点。涉及人民群众利益的大量决策和工作，主要发生在基层。要按照协商于民、协商为民的要求，大力发展基层协商民主，重点在基层群众中开展协商。"

基层协商民主，主要指在党的统一领导下，乡镇、村、社区等基层单位的公民通过有组织地开展对话、讨论、审议等形式，参与公共政策和基层社会治理的活动。它是中国特色社会主义民主政治的特有形式，是党的群众路线在基层政治领域的重要体现，在推进人民民主，实现公民参与国家治理的民主实践中展现出独特优势。

宁夏作为西部省区，近年来经济社会发展水平实现了巨大跃升，为基层民主的生动实践提供了更多可能，在促进民生成长、民主权利的实现中基层协商开展了诸多探索，以人民有序参与为重要体现的人民民主取得了巨大进步，为全区社会治理体系和治理能力的现代化增添了力量。基层协商民主在宁夏各地稳步实施并不断深化，取得了一些实效，在推进基层民

作者简介 马丽娟，宁夏社会科学院社会学法学研究所助理研究员。

主政治建设和社会治理工作方面都发挥了重要作用。

一、宁夏实施基层协商民主的主要做法

宁夏党委政府高度重视基层民主政治建设和社会治理工作，积极探索基层协商民主的实现形式和运行机制，通过开展议事协商、对话协商、共建协商、开放协商等方式，推动基层协商民主向着广泛、多层、制度化发展。

（一）议事协商，推动基层民主运行规范化

议事协商主要是指针对社区公共事务和事关群众切身利益的民生问题，基层组织召集相关人员以一定主题为议题，按流程进行商讨达成共识、形成决策的一种民主形式。其表现形式有民主议政、协商议事会、居民论坛、民情恳谈会等。如银川市兴庆区开展"村级民主议政日"活动，从群众最急、最盼的事情"议"起，把村级事务和涉及群众切身利益的重大问题交给党员群众商议，为党员群众民主讨论搭建了平台，为民主决策拓宽了渠道。石嘴山市水韵名都社区探索形成了"听民意、与民议、共解题"的社区议事机制，在社区建立党群议事会、共建议事会、社区环境会议、社区矛盾协调会议、社区物管居民会议5种议事制度，坚持把"倾听群众苦恼、回应群众诉求、维护群众权益、解决群众困难、凝聚社区民心、推动工作"作为工作目标，形成了实行资源共享、责任共担、机制共建、实事共做的上下联动横向互动的工作模式，成为社区党组织、居委会、居民、辖区单位之间联系的桥梁和纽带。石嘴山市青山街道永乐社区针对涉及居民切身利益采取的一项民主政策——网格议事会，将大事小情都放到网格里，邀请网格居民共参与、共商议、共决策，避免了"暗箱操作"、优亲厚友不合理事情的发生，更好地落实了惠民政策，提高了办事效率，居委会与群众的联系更密切。吴忠市利通区推行党员代表议事新制度，成立党员代表议事会，由党支部推荐的党员代表组成，定期召开会议，听取党支部书记工作报告，日常工作由党支部主持；建立党员代表作用发挥效能评估体系，评选表彰一批先进代表小组和优秀党员代表。吴忠市盐池县王乐井乡曾记畔村建立"党群议事会"制度，推行村级重大事务民主决策监督五步工作法，让群众广泛参与，提升了村委会决策的科学性，充分的协商不仅让老百姓获得利益，也让决策符合群众意愿和客观实际，更有效地推进了工作。

平罗县认真落实自治区党委办公厅、政府办公厅《关于加强城乡社区协商的实施意见》，制定了《平罗县加强城乡社区协商实施方案》，从明确协商主体、细化协商内容、畅通协商渠道、丰富协商形式、规范协商程序、培育协商示范点六项措施推进社区民主协商工作。

（二）对话协商，促进基层事务决策的科学化

对话协商是围绕公众关心的问题，政府有关负责人与群众或团体面对面接触，征询群众意见、倾听群众呼声、回答群众问题、解决群众难题的一种协商方式。

2015年以来，宁夏各地工会在企业建立工资集体协商制，在各行业开展集体对话协商，如石嘴山市总工会建立了一支由法律专业人员、劳动保障工作者、工会干部等参与的企业工资集体协商指导志愿服务队，协助企业和职工代表开展工资协商，加强了企业和职工的沟通，协调了劳动关系。近年来宁夏不断完善工资集体协商制度，出台了《宁夏企业工资集体协商办法》等，从源头上为开展行业集体协商提供了重要法律支撑。为扎实推进集体协商提质增效工作，各级工会还普遍建立"春季要约、夏季协商、秋季履约、冬季督查"的长效工作机制，从不同地区、行业、规模及不同所有制、经营状况、发展水平的企业实际出发，因地、因企制宜。其中，在小企业集中的地区，由区域或行业工会组织代表职工与相应的区域行业企业代表组织开展区域性工资集体协商，确定区域工资底线和行业工资标准，最大限度地扩大协商覆盖面，逐步建立和完善企业职工工资正常增长机制，维护了一线职工的劳动收入权益。

2016年起全区各级政府开始建立和实行重大决策预公开制度，凡涉及群众切身利益，需社会广泛知晓的重要改革方案、重大政策措施、重点工程项目，决策前向社会公布决策草案和依据。通过听证座谈、调查研究、咨询协商、媒体沟通等方式广泛听取公众意见。主动邀请利益相关方、公众、专家、媒体等方面代表列席政府有关会议，增强决策透明度。着眼民生之本，政府就"推进城乡教育均衡发展，努力实现教育公平"、针对社会

养老、环境保护、村医队伍建设、食品安全监管、贫困地区精准扶贫等重大民生问题与社会各界展开协商,破解民生难题,让老百姓在共建共享中,感受到更多的幸福。

(三) 共建协商,助推基层社会治理现代化

共建协商是为强化驻社区单位的社区建设责任,推动驻社区单位社会性、公益性、服务性资源向社区开放,形成共驻共建、优势互补、资源共享的工作格局,实现社区范围内社会服务和重要工作协同联创的协商形式。

为进一步推进社会治安综合治理,构建和谐社会、平安社区,从2010年起自治区党委政法委机关党员干部与社区开展结对共建活动,召开党员代表座谈会。通过与社区工作人员进行座谈,了解社区现状及存在的困难,以及治安形势协商共建,为社区的和谐发展增添力量。又如银川市南苑社区召开的"警群技防多网合并天眼行动协商议事会",议事会从平安建设、和谐社区方面明确了成立"社区综治服务中心"的必要性,针对南苑社区老旧小区居多等特点,希望在共建活动中通过"整合资源、联合运作、优势互补、工作联动"将辖区内的多网合并实现工作资源的共享,方便社区、派出所、交警队快速有效地掌握、化解和处理各类案件。吴忠市利通区通过"组织机构联动、辖区党员联管、党建工作联创、环境整治联抓、文体活动联谊、公益事业联办、社会治安联防、思想工作联做"的"八联"措施,增强社区党的工作的影响力、渗透力和社区党组织的凝聚力、战斗力,有力推动社区建设。建立共建联系会议制度、走访制度、座谈讨论制度、社区党代表及人大代表评议共建单位制度等,每季度组织召开一次联系会议,通报共建情况、研究共建工作,切实加强社区与共建单位的交流和沟通。坚持"大事共议、实事共办、要事共决、急事共商"议事原则,构建协商议事机制,还定期召开社区"大党委"委员会议,研究讨论本区域内的重大事项,协商解决辖区单位和社区居民关心的重大问题。固原市建立协调议事、共驻共建、双向沟通、考核评议等工作制度,推行"居民点单、社区交单、单位下单、干部接单"的"菜单式"服务模式,推动社区"联合党委"制度化规范化运行。中卫市借鉴"四议两公开"工作法,健全社区民主协商议事制度,通过党员议事会、居民议事会、民情恳谈会等,引

导社区党员和居民群众依法有序参与社区重大事项决策和重要公共事务。

(四)开放协商,实现基层公共利益最大化

开放协商是依托网络等媒体就公众关注的重要事项和议题,让群众广泛参与,通过平等协商程序,在畅所欲言的过程中理性对话,汇聚民智找到解决问题的方法和共识,其宗旨是"问政于民、问计于民、问需于民"。

为打造一个集思广益的"问计平台",银川市推出全新的网络问政平台,通过"银川发布"政务新媒体,定期邀请职能部门主要负责人做客网络直播间,面对面回答网友提问。通过客户端、微博、微信等平台进行网络直播,以畅通群众监督的渠道,为政府部门、行业单位与群众之间搭建起一座直接交流的平台。譬如银川市城管局、住建局、环保局等多位职能部门负责人走进"银川发布"政务在线网络问政节目,针对市民关注的冬季防扬尘污染治理问题在线解答。在2018腾讯银川政务新媒体大会上,"银川发布"获得网民最喜欢的十大银川政务微信平台称号。石嘴山市利用人民议政网投诉平台,开通"到群众中去""议政会客厅"访谈直播栏目,通过多种形式的网络问政,现场直面解决百姓诉求。"对百姓投诉的责任部门,要求在3个工作日办结。对确需延长办理的要在网上说明,办理时限不超过10个工作日。"每周对逾期不办理的亮灯单位予以短信和电话督办,每月对群众诉求办理进行网上统计发布,每季度联合市委、市政府督查室对各单位办理情况进行通报,年终纳入年度效能目标管理考核。针对网民反映的小区暖气不热等热点问题,热力公司负责人被邀请到"议政会客厅"现场解答。围绕小区物业、金融安全、冬季供暖等话题,人民议政网邀请石嘴山市卫计局、公安局等10余家单位,制作多期网络问政节目,回复网友提问。固原市网络问政平台2016年6月开通,通过"@固原发布"及市直部门、各县区、乡(镇)、街道官方微博微信三级平台,着力打造倾听网上民声、疏导网上民意、集纳网上民智的便捷路径,构建在线互动、受理一体化、处理快速化、服务优质化的网民诉求反馈机制,实现党委、政府声音和重要信息快速覆盖,赢得了群众的信任和社会的好评,也受到业界广泛关注。2017年1月19日,由人民日报社、微博、新浪网联合主办的"创新·协同·共治——2017政务V影响力峰会"上,固原市政务微博矩阵获"2016年度政务微博矩阵突破变革奖"。

近年来自治区党委办公厅、政府办公厅联合下发《关于加强全区城乡社区协商的实施意见》,从协商内容、主体、机制、形式、程序,以及协商成果落实、组织领导等方面提出了要求,推进了宁夏城乡社区协商制度化、规范化和程序化,到2018年,宁夏城乡社区协商制度全面建立,协商主体、协商内容更加明确,协商活动深入开展,每个县(市、区)培育了多个城乡社区协商示范点。经过努力力争到2020年,基本形成主体广泛、内容丰富、形式多样、程序科学、制度健全、成效显著的城乡社区协商新局面。

二、宁夏基层协商民主实践中存在的问题

宁夏基层协商民主的实践和探索,扩大了基层民主,促进了基层事务决策科学化,有力推动了基层社会治理现代化。但不可否认,这些基层民主建设还处于探索阶段,还存在诸多问题,离"广泛多层制度化"的要求尚有一定的差距,主要表现在以下几个方面。

(一)基层干部的协商民主意识淡薄

由于传统文化中的官本位意识的影响,一些基层干部存在居高临下的心态,在群众中推行民主有恩赐的意识在其中,不能正确认识基层协商民主建设的重要性,仍然有干部以主观想法代替民主协商的现象。宁夏的内部发展存在地域上的差别,平原地区经济发展水平、政治民主化进程较山区更为进步,但即便如此,无论是川区还是山区、城市还是农村,许多基层干部的民主意识还很欠缺,认为协商民主难以实现,不愿推进,还有少数干部习惯"以会代议",讲究上下级关系,不习惯以平等身份与广大群众进行交流互动,倾听群众的心声,协商民主的成效大打折扣。

(二)参与主体代表性和能力不足

宁夏的基层协商民主虽然发展迅速,但仍处于探索阶段,而且长期以来,人们习惯认为协商是人民政协的事情,协商与普通百姓并无太多关系,在观念上形成一种定势。加之在法律法规上对参与协商人员的代表性与程

序的科学性没有明确规定，这就造成了协商民主代表性不足的问题。另外，在代表人员的参与意愿和能力上也表现不佳。纵观当前部分城乡社区，一定程度上存在着干部不屑参与、中青年没时间参与、流动人口不愿意参与、老年人不会参与的现象，造成参与主体不广泛，以及在能力素质上还有待提高的现状，导致协商活动不能充分开展。同时，由于基层工作千头万绪、事务繁杂，基层干部疲于应付，没有足够的精力开展经常性的协商活动。

（三）基层协商民主制度不健全、不规范

我国基层协商民主还缺乏完善的制度设计。大多数协商形式缺乏法定地位，角色模糊，实践存在随意性。一是协商议题的选择不充分。部分基层协商的组织者主导了协商议题，使议题有倾向性，协商变成一种形式。二是协商主体的确定不公平。一些组织者无视协商议题的变化和多样，协商主体只确定在部分辖区精英，忽视其他社会群体。三是协商过程缺少足够公共性。一些基层协商民主的组织者使个人利益超越于公共利益之上，协商民主偏离了公平正义。四是对讨论事项的实施和监督不足。部分协商缺少事后实施的制度规定，群众不能通过适当渠道评议和监督，协商没有真正实现对问题的改变。五是基层缺乏与政协类似的机构，协商民主载体缺失，基层党组织对统一战线工作不够重视，统一战线在基层覆盖面小。

（四）基层协商民主的渠道、平台、模式、方法不够科学合理

已经出台的一些具体制度规定比较宽泛，操作性不强。在城市社区，由于居民委员会承担的行政性工作过多，议题往往自上而下，不是从居民的实际需求出发，有的因居民职业差距大而更难协调多元利益诉求。在农村，由于农民居住场所分散，组织经常性协商活动成本较高，在操作平台、协商单元上缺乏灵活创新；在协商方法上，有的地方不能因地制宜，使协商模式固化，活力不足；有的地方追求协商结果的一致性，在协商意见、共识难以形成时，转而采取少数服从多数的选举民主形式；有的地方长效机制没有建立，使协商民主存在"年头年尾热一阵，一年到头不过问"的现象。

三、加强基层协商民主的建议

针对宁夏基层协商民主实践中出现的问题，可以通过制度和工作方法的创新从以下几个方面加强。

（一）加强党的领导，确保基层协商民主的正确方向

党的领导是中国特色社会主义最本质的特征。在2015年中央印发的《关于加强社会主义协商民主建设的意见》中指出："加强基层协商民主建设，必须坚持党的领导，充分发挥党总揽全局、协调各方的领导核心作用，保障基层协商民主的正确航向，形成强大合力，确保有序高效开展。"从实践来看，村（居）民议事会、村（居）民理事会和民主恳谈会等基层协商民主实践都是在各级党组织的精心组织和领导下，逐渐发展起来的。因此，在发展基层协商民主的过程中，既要发挥人民群众主体作用，也要重视党组织的领导和引领作用，确保基层协商民主有序开展。各级党组织要高度重视基层协商民主建设，做好对基层协商民主的顶层设计、政治指导、监督问责和资源保障。把基层协商纳入重要议事日，破除"一言堂""家长制"，对在职责范围内的各类协商统一领导、统一规划，努力成为基层协商民主的积极组织者、促进者。

（二）加大干部和群众培训，提高协商民主的意识和能力

如何开展协商、协商怎么推进，重要的在于基层干部和群众的素质，但目前来讲，协商的参与者能力还很不足，需要加强基层党建，加强基层政协的作用，发挥基层各级党组织负责人、政府工作人员和政协委员的能力素质，引导好、主持好基层协商工作。要加强农村和城市社区"两委"成员的培训，引导基层社区干部运用示范、服务的方式开展工作，运用说服教育、民主协商的方法处理矛盾和冲突。公民参与是基层协商民主的基础，没有公民参与，也就谈不上协商，引导群众加强议事协商能力、自己发展自己的能力，逐步树立主体意识、参与意识，在实践中提高参与的素质和代表性。

（三）推进基层协商民主制度化、规范化和程序化建设

基层协商民主只有制度化保障才能可持续发展。把基层协商过程中有关协商的议题、协商的组成人员、协商的程序等能够保障基层民主协商稳定进行的各类因素规范化、制度化，以至提升到国家立法的高度上，明确基层协商的权力运行机制。基层协商民主的启动、过程、终结和监督均要有刚性化的制度规定，确保协商民主有制可依、有规可守、有章可循、有序可遵。要建立党委领导，统战部门牵头，有关部门各司其职，公众积极参与的基层协商民主推进工作机制。各村镇、街道及相关部门要按照依法有序、积极稳妥、广泛参与、理性包容的原则，坚持协商于决策之前和决策实施之中，以党委、政府文件的形式明确规范协商议题、参与人员、协商程序等。此外，还要建立有效的协商成果落实反馈机制，加强基层协商与政党协商、政府协商、人大协商、政协协商的衔接配合。

（四）深入拓展基层协商民主的各种参与渠道

围绕群众聚焦的实际困难和问题，扎实推进村镇、街道的协商，村居的协商，企事业单位的协商和社会组织的协商。可以通过完善党的代表会议、人大会议、政协会议的旁听制度，改进群众大会、民主恳谈会、民主评议会以及群众来信来访、领导接待日等方式，使得协商渠道更为多样丰富。继续发挥"党员议事会"等形式，加强群众与干部之间的对话和协商，逐步形成公众参与机制。要充分发挥电视、广播、报刊等媒体的作用，引导群众反映社情民意、表达意见，促进政府与群众在决策过程中的良好沟通；充分利用网络等现代技术建立政府与群众、民间组织之间的广泛对话，打破时空、部门层次限制，提高沟通效率。正如习近平总书记所指出的："凡是涉及群众切身利益的决策都要充分听取群众意见，通过各种方式、在各个层级、各个方面同群众进行协商。要完善基层组织联系群众制度，加强议事协商，做好上情下达、下情上传工作，保证人民依法管理好自己的事务。"

（五）培育协商民主文化，营造民主氛围

俞可平认为："协商民主就是公民通过自由平等对话、讨论、审议等方式，参与公共政策和政治生活。"协商民主与选举（票决）民主是相对的，一横一纵，相互补充，相得益彰，构成了中国社会主义民主政治的制度特点和优势。自由、平等、包容、广泛是协商民主最主要的内核，它理应成为当下基层干部和群众政治生活的精神元素,但几千年封建思想影响至深,这些元素在基层还只是正在萌发与开始成长阶段。党委、政府和统战部门要自觉承担协商文化培育、归纳和传播任务,营造基层协商民主氛围,通过专题讲座、远程教育、普法宣传、文艺活动等群众喜闻乐见的形式,大力宣传基层协商民主理念,不断提高全社会民主素养。

区域法治篇
QUYUFAZHI PIAN

2018年石嘴山市依法治市工作报告

张光云　金　国

石嘴山市是全国"五五"普法、"六五"普法先进城市，也是全国文明城市。近年来，市委市政府全面推进依法治市进程，做了大量卓有成效的工作，取得了一些显著成绩。但随着城镇化步伐的不断加快，依法治市工作也暴露出了一些问题。

一、依法治市工作基本情况

（一）强化科学立法

石嘴山市自享有地方立法权以来，市人大常委会坚持从全市老工业城市实际出发，突出人民群众要求制定城乡建设与管理、环境保护等方面地方性法规的强烈呼声，牢牢把握立法权限，认真遵循"不抵触、有特色、可操作"原则，通过开展调研、召开座谈会、发放调查问卷、致函党政机关及群团组织、在主要媒体上发布公告等形式，向社会各界广泛征集立法项目建议。市人大法工委全程参与、全程引领法规草案的起草、论证、修改等工作。同时，加强与自治区人大沟通协调，听取对条例草案的修改意见，确保立法质量。先后制定了《石嘴山市饮用水水源

作者简介　张光云，石嘴山市委政法委副书记；金国，石嘴山市委政法委办公室主任。

保护条例》《石嘴山市市容和环境卫生管理条例》《石嘴山市工业固体废物污染环境防治条例》《石嘴山市城市餐厨垃圾管理条例》4部实体性地方性法规，为全市城乡建设与管理、环境保护等工作提供了法治保障。

（二）坚持依法行政

围绕《石嘴山市法治政府建设实施方案（2016—2020年)》，将法治政府建设纳入全市"十三五"规划，纳入年度政府工作报告"自身建设"板块，认真落实领导干部学法制度，市政府党组、常务会议、专题会议集体学习法律常态化。持续推进简政放权，推行"最多跑一次"和"不见面马上办"政务服务改革，市本级审批事项由399项精简为187项，减幅为53%，非行政许可审批事项全部取消。完善"双随机一公示"抽查制度和合法性审查制度，推行法律顾问公职律师制度，14名法律顾问参与法治政府建设、行政诉讼和立法起草修改活动190余人次，提出法律意见建议270余条，参与各类协议、合同合法性审查68件，审查代理诉讼、复议等专项法律事务74件，有效防范决策风险。完善执法管理和信息公开制度，通过市政府门户网站开展政务公务信息公开，公开率达100%。完善行政监督制度，承办自治区人大建议、政协提案办结及回复率达到100%。做好"两法衔接"，依法接受司法机关监督。推行媒体"电视问政"，对经济和社会管理服务中的突出问题不回避、不推诿，改变政府依法执政、依法行政理念和方式。

（三）推进公正司法

以让人民群众在每一个司法案件中感受到公平正义为目标，扎实推进人员分类管理、司法责任制、内设机构改革等重大改革，遴选产生员额法官、检察官264名，举行法官、检察官宣誓仪式并签订司法责任承诺书，严格落实"谁办案、谁决定、谁负责"的司法责任制，司法改革后办案质效大幅提升。法院结案数、结案率、服判息诉率、发回改判率等案件主要考核指标走在全区前列。检察院审查批捕、审查起诉案件平均办案期限缩短，无捕后撤案、无错捕、错诉、漏捕、漏诉情况，改革成效日益显现。对标基本解决执行难"四个90%、一个

80%"①核心指标，坚持问题导向和底线思维，建立执行工作机制和跨区域执行工作联动机制，开展"飓风行动"系列专项活动，攻克一批钉子案、骨头案，全市两级法院结案率提升至90.6%。

（四）推动全民守法

将学习宣传宪法与"七五"普法和"法律八进"活动相结合，扎实开展"尊崇宪法、学习宪法、遵守宪法、维护宪法、运用宪法"主题活动，认真落实宪法学习宣传"四个一"②和"四个纳入"③，全市开展宪法学习讲座、集中宣传200余场次，配发宪法学习资料2.3万余册。推行新任领导干部任前廉政法律知识考试制度，在处级干部培训班中开设《宪法》《物权法》《信访条例》专题讲座。深化校园普法活动，开展法治手抄报比赛、法律知识竞赛、法律知识图片展、模拟法庭等。组织法官、检察官、律师、行政执法人员进校园开展"以案释法"120多场次，受教育青少年3万余人次。加强法治文化建设，完善宪法主题公园，新建打造800平方米的青少年法治教育基地。以网站、微信、微博为基础，创新法治教育新模式，打造"互联网+法治宣传教育"媒体互动平台，变"单向灌输"为"互动交流"。建立市级以案释法案例库，用真实案例和通俗语言，直观、形象、生动向社会公众释法说理，有效发挥以案释法的引导、规范、预防和教育功能。

---

①"四个90%、一个80%"，即：有财产案件法定期限内执结率达到90%以上，无财产案件终结本次执行程序合格率达到90%以上，执行信访案件办结率达到90%以上，全国法院通过第三方评估达标率达到90%以上；从2016到2017、到2018年的执行案件综合结案率达到80%以上。

②"四个一"，即：充分发挥市、县区普法讲师团作用，邀请法学专家、法律工作者、党校教师等深入机关讲一堂宪法课；组织每名干部职工撰写一篇学习《宪法》体会，深化《宪法》学习宣传效果；结合部门职能，围绕把宪法实施融入立法、司法、执法管理、服务全过程，开展一次学习交流活动；为每名干部职工配发一本宪法学习宣传资料，确保宪法学习常态化。

③"四个纳入"，即：将宪法学习纳入党委（党组）理论学习中心组的学习内容，开展经常性地学习交流；将宪法学习纳入国家工作人员年度网络学法和法律考试内容，确保年度学习不少于1课时；将宪法学习纳入党校（行政学院）各类主题班培训内容，确保宪法内容进课程；将宪法学习纳入各级各类学校法治教育、课堂教学的重要内容，确保宪法精神进教材、进课堂、进学生头脑，引导青少年准确掌握宪法法律知识、树立宪法法律意识、养成遵法守法习惯。

（五）强化组织保障

成立由市委主要领导任组长的依法治市工作领导小组，下设依法治市领导小组办公室、法治政府建设办公室和普法办公室，将依法治市纳入效能目标管理考核，考核权重最高时达到5%，工作经费列入市财政预算予以保障。出台《中共石嘴山市委员会关于全面推进依法治市的实施意见》《关于在全市公民中开展第七个五年法治宣传教育加快全面依法治市进程的实施意见》和年度依法治市工作要点等一系列文件，对依法治市工作进行安排部署。同时，将法治政府建设、法治城市创建和全国社会治安综合治理优秀城市创建纳入全市"六城"联创，与巩固提升全国文明城市成果同安排同部署同考核，形成创建合力，提升创建水平。市依法治市领导小组办公室加强日常指导和督查，定期通报情况，及时总结经验。

二、依法治市工作存在的突出问题

（一）思想认识不够到位

一是个别部门（单位）领导干部片面认为依法治市就是向干部职工、向社会大众开展普法活动，忽略了依法治市的核心是依法办事，依法治理，保证各项工作依法进行。在调研中，听到部门（单位）介绍大多是面向社会或机关开展的摆（摆摊法律咨询）、讲（讲法治课）、赛（法律知识竞赛）、考（法律知识考试）等普法活动，而部门（单位）自身建设、依法治理的内容较少。

二是个别部门（单位）领导干部对推进依法治市的重要性、长期性认识还不到位，简单地把依法治市当作某一个机构、某一个部门、某个领导小组的责任，缺乏统筹兼顾、协调配合的意识，依靠个别科室负责、个别人员落实，导致"谁执法谁普法、谁管理谁普法、谁服务谁普法"普法责任制落实不到位，工作实效打折扣、整体推进不足。

三是个别部门（单位）年度依法治市工作安排与实际工作结合不紧密，重点不突出，依法治市的措施不具体，照搬照套上级文件精神，上下一般粗，工作被动应付，没有成效。

（二）工作进展不够平衡

一是从区域上看，农村法治教育存在人员难集中、时间难安排、资金难保障、效果难体现等问题。特别是随着农民经济意识的不断增强，农村多数青壮年外出打工或在企业就业，留守在家的主要是"老弱病妇小"，他们法律知识接受能力差，法治教育组织难，时间落实难。

二是从行业上看，受"重智育、轻德育"思想影响，学校忽视法治基础教育和法治精神的培养。目前，全市大部分中小学校没有专业或专职的法律教师，教学质量不高，督导检查中存在搞临时突击、"补课"的现象；受经济利益的驱使，私营企业只注重当前经济效益，依法治企的意识不强、主动性差，法治宣传教育和依法治理各项工作落实难度较大、效果不佳。

三是从人群分布上看，"新市民"分布零散，流动性强，加上文化、法律素质偏低且参差不齐，仍然是全面推进依法治市中的难点和"死角"。

（三）队伍素质有待提升

一是由于受机构设置及人员编制的限制，市、县（区）政府依法治市领导小组办公室（法治政府建设办公室）人员编制明显不足，工作大量积压、府院联系不畅、群众怨言较多，与推进依法行政的要求还有一定的差距；市、县（区）依法治市领导小组办公室、普法办均没有专职工作人员，由司法局内设法治宣传科承担任务，大量的精力和心思用在了法治宣传上，在组织指导协调推进依法治市中能力不足、素质不强。

二是市、县（区）一半以上的部门（单位）没有专门法治机构和专职工作人员，大多由办公室承担任务，人员交流替换快，工作持续性差，缺少专职和法律专业人员，且经常忙于日常事务性工作，工作疲于应付；部分职能较弱、编制较小的部门（单位）没有聘请法律顾问，在重大行政决策、出台规范文件、化解行政争议等方面的研究论证和风险评估能力不足。

三是行政执法要求高、难度大、执法人员既要懂得法律政策，又要通晓本行业务。但部分具有执法资格的人员不是法律专业毕业，上岗后又缺乏专门和专业培训，存在法律素养低、业务水平低的问题；部分行政执法人员习惯于依靠行政手段，不善于运用法律手段、科技手段开展行政执法工作，在推进执法全过程记录中，还存在执法不规范的问题。

三、推进依法治市的对策建议

（一）突出"五类"重点对象，推进依法治市再上新台阶

一是抓住领导干部特别是"一把手""关键少数"，发挥领导干部在引导提升全民法治素养、全面推进依法治市中的模范作用。依法治市，首先要依法治官。坚持把领导学法用法工作列入年度培训计划和述职述廉、列入任职考试和业绩考核的重要内容等，探索建立领导干部法治素养和法治能力测评指标体系，切实提高领导干部的法治意识、法治思维和依法行政能力，牢记法定职权必须为、法无授权不可为，做学法用法的模范。

二是抓紧青少年这一"关键时期"，打牢全面推进依法治市的基础。各中小学校要以培养法治精神、法治意识和依法自护能力为目标，认真贯彻落实《中华人民共和国未成年人保护法》《中华人民共和国预防未成年人犯罪法》，在确保法治教育进"第一课堂"的基础上，重点推进普法教育走进"第二课堂"。教育主管部门要指导中小学校抓好法治教育师资队伍、法治教育阵地建设，将法治教育内容纳入教师培训的重要内容。依法治市领导小组办公室要统筹协调各有关部门加强对学校周边环境的治理，多层次、全方位创新开展青少年法治宣传教育活动，形成齐抓共管合力。

三是抓实"大众创业、万众创新"主体，提升企业经营管理人员依法治企意识。要坚持把依法治市与依法治企相结合，落实"谁执法谁普法、谁管理谁普法、谁服务谁普法"普法责任制。企业主管部门要加大对企业经营管理人员特别是私营企业的法治教育培训，提高诚信守法、依法经营的能力，有效防范法律风险；要指导各企业加强职工法治教育，大力开展依法治企活动。依法治市领导小组办公室要强化统筹协调服务，为企业依法经营、依法管理提供高效、有力的法律服务支撑。

四是抓好"新市民"这个难点，克服全面推进依法治市的"盲区"。强化"谁用工谁普法"意识，将法治宣传教育融入对"新市民"的服务管理，助推"新市民"共享法治，有序融入我市社会生活。

五是抓牢农民这一"基本群体"，深化乡村依法治理。依法治市领导小组办公室要充分发挥组织指导协调的职能，坚持把法治宣传教育与中心工

作相结合，与美丽乡村、精准扶贫、"新时代农民（市民）讲习所"工作相对接，扎实推进"法律进乡村"活动。结合换届选举人员相对聚集、群众相对关注，开展法官、检察官、警官、法律服务工作者进乡村法治宣传活动，提升"站点式"法治宣传教育质效；结合"老弱病妇小"的现实，开展"法律服务直通车""送法下乡""法律体检""普法赶集""法治文艺演出"等活动，提升"流动式"法治宣传教育质效。结合农村矛盾纠纷相对突出复杂，坚持普调结合，在化解矛盾纠纷中开展"精准式"普法。充分利用队、所、站、庭等基层阵地和法律志愿者服务队伍的作用，采取"课堂式大集中、互动式小分散"的方式，定期不定期开展普法"讲习"活动。

（二）抓好"三个"层次培训，推进依法治市再上新台阶

1. 抓好依法治市领导小组办公室人员培训

结合机构改革，严格把关、精心筛选，选齐配强依法治市、县（区）依法治市领导小组办公室工作人员，加强依法治市业务培训，全面提升履职尽责能力和业务工作本领。在年度工作安排上，要结合工作实际，突出重点，打造亮点，全面推进；在工作指导上，要坚持问题导向，加强分类指导，注重落地见效；在检查考核上，要坚持内外结合，既考核共性目标任务，更要考核主动作为，自主安排。

2. 抓好法治业务骨干培训

在各部门（单位）抓好法治骨干日常学习培训的基础上，由依法治市领导小组办公室牵头，每年至少组织一期市、县（区）法治骨干专题培训班，对部门（单位）法治骨干进行一次轮训，提高法治工作水平，推动工作落地生效。

3. 抓好行政执法人员法律知识培训

市、县（区）人民政府及行政执法部门要定期组织对行政执法人员进行依法行政培训，每年至少组织一期专题训班；要建立行政执法人员综合法律知识网上考试系统，每年组织一次集中考试。同时，把行政执法人员的法律知识培训、考试作为县区和行政执法部门依法治市考核的重要依据，解决行政执法人员法律素养和业务水平低、执法不规范的问题。

（三）强化考核杠杆作用，推进依法治市再上新台阶

坚持把依法治市摆到更加重要的位置，纳入全市经济社会发展的总体规划，纳入各级效能工作目标考核范围，加大考核权重，依法治市年度考核权重保持在 5 分。要加强对依法治市考核的研究，完善考评体系，切实发挥考核杠杆作用，提高工作实效。

1. 进一步细化考核内容

在现有考核的基础上，按照着眼中心、便于操作，科学合理、注重实绩、鼓励创新的原则，固化依法治市考核共性目标、细化职能目标、优化创新目标，找准依法治市考核的"度量衡"。

2. 进一步深化考核方式

把依法治市平时考核和年度考核相结合，定量考核和定性考核相结合，组织考核与群众考核相结合，建立依法治市多元化考核评价体系，增强考核的科学性和可操作性。

3. 进一步用好考核结果

在全面客观考核的基础上，坚持把考核结果与年度绩效奖励、干部提拔使用、问责管理等结合起来，强化考核结果的正向激励和反向约束，解决"干与不干一个样，干多干少一个样，干好干坏一个样"问题。

2018年吴忠市依法治市工作报告

方耀文

依法治国是党领导人民治理国家的基本方略，依法治市作为依法治国在基层的具体实践，吴忠市在全面推进依法治市的过程中，始终坚持以习近平新时代中国特色社会主义思想为指导，坚持全面推进依法治国基本战略，坚持依法治市、依法行政、依法执政共同推进，严格落实党政主要负责人履行推进法治建设第一责任，切实提高党的领导法治化水平、加强建立健全依法治区保障落实机制。

一、依法治市工作开展现状

2018年，吴忠市按照《吴忠市全面推进依法治市工作实施方案》要求及平安吴忠发展的总体要求，明确任务分工，狠抓责任落实，依法治市工作得了长足发展。

（一）党内法规工作有效开展

十八大以来，市委领导高度重视党内法规制度工作，在全区五市率先设立市委办公室法规科，专门从事党内法规各项工作。制定了《中共吴忠市委员会法律顾问工作规定（试行）》，依据规定程序，成立市委法律顾问专家库，确定22名律师为市委法律专家库成员，其中3人选聘为市委法律

作者简介　方耀文，吴忠市委政法委法制建设室主任。

顾问。制定了《吴忠市党内规范性文件联审制度》，建立了党内法规联审工作机制。先后出台了吴忠市党内规范性文件制定程序规定、备案办法、联审制度、备案考评细则、清理规定等 5 项制度规定。编印了《吴忠市党内规范性文件制定、备案、清理工作手册》，对党内规范性文件从制定到清理整个环节的工作要求、工作程序、工作时限做了详尽的规定，使全市党内法规工作开展有章可循、有据可依，促进全市党内法规工作的统一、高效。在全国党内法规工作没有统一规范工作文书的情况下，为了便于全市党内法规工作衔接的更加顺畅，步调更加一致，吴忠市统一了自审、送审、备案、监督意见等相关工作文书，确保了全市一个标准，一个模式。创新了"三结合"的审查方式，采取自审与送审、互审与互评、讨论与请示"三结合"的审查方式，对于重大、疑难、涉及面广的党内规范性文件实行五级审查的审查方式，即起草单位自查、文件内容相关职能部门联审、法规科复审、政府法制办互审、法律顾问终审的审查方式，保障重大党内规范性文件合法合规。

（二） 积极开展地方立法工作

自 2016 年 3 月 24 日自治区人大确定吴忠市人大及其常委会开始制定地方性法规以来，市人大常委会紧紧围绕全市的中心任务，立法工作有序开展。

一是制定程序规范。制定了《吴忠市人民代表大会及其常务委员会立法程序规定》，对立法原则、立法权限、立法程序、法规公布和解释等方面作了具体规定，为吴忠市今后实体立法活动提供制度遵循。

二是编制完成了《吴忠市第五届人大常委会立法规划》，对吴忠市立法工作的长足发展、目标任务等内容进行详细规划。

三是完成了《吴忠市红色文化遗址保护条例》立法工作，紧紧抓住吴忠市系陕甘宁边区组成部分和红色文化遗址较多的地方特色，具有鲜明的时代价值趋向，受到各界好评。

四是紧密结合生态立区战略实施、文明城市创建和城乡环境整治等立法需要，指导政府制定《吴忠市城乡容貌和环境卫生治理条例》。该条例突出问题导向，得到社会各界积极响应。在立法过程中，人大全程参与，指导政府成立立法起草小组，聘请律师参与立法工作，组织专家论证并由律师所出具法律意见，形成了"市委领导、人大主导、政府起草、律师参与"的立法机制。目前，该条例已经自治区人大常委会批准，将于2019年1月1日施行。

（三）严格依法行政，着力加强法治政府建设

一是市委、政府高度重视法治政府建设工作，科学谋划部署年度法治政府工作，将法制建设、政务公开涉及法治政府考核项目的纳入效能目标考核，考核内容更加科学全面。印发《2018年吴忠市法治政府建设工作要点》，确定法治政府18项重点工作，20项深化任务，明确牵头单位和可检验成果，各项工作任务有效推进。积极创建自治区级法治政府示范创建单位，将加强规范性文件监督管理、完善行政执法程序、加强行政执法监督三个方面工作申报创建自治区级法治政府建设示范单位。以创建自治区级法治政府示范单位三项工作为共性创建任务，示范创建单位采取"3+X"模式开展市级法治政府建设示范创建活动。

二是行政决策水平不断提高。落实《吴忠市重大行政决策程序规定》，坚持把重大行政措施、涉法事务全部纳入合法性审查范围，重点对促进会展业发展的政策措施，吴忠市清水沟、南干沟综合治理等重大决策事项，督促责任单位严格按照公众参与、专家论证、风险评估、合法性审查和集体讨论决定的法定程序进行。市、县两级人民政府法律顾问制度普遍建立，利通区、青铜峡市实现各乡镇法律顾问全覆盖。盐池县102个村通过政府购买服务的方式聘请了法律顾问，农村民主管理，依法管理的水平进一步提高。重大行政决策的合法性审查率达到100%。2018年吴忠市行政复议案件由去年25年下降至15件，决策质量进一步提高，风险进一步降低。

三是规范性文件监管进一步加强。加强对行政规范性文件的监督管理，规范性文件报备率、规范率、及时率均保持在100%。印发了《吴忠市人民政府办公室关于开展涉及产权保护政府规章规范性文件清理工作的通知》，筛选出涉及产权保护的规范性文件52件，经过梳理和征集意见，拟提出对4件文件予以修改和3件文件予以废止。使党中央、国务院关于完善产权保护制度依法保护产权的部署不折不扣落实到位。对1998年撤地设市以来市政府发布的97件规范性文件进行第5次清理，保留77件，废止19件，修改1件，将清理结果及时向社会公布，汇编成册，便于公众查询。

四是简政放权持续开展。承接落实国务院、自治区取消行政审批事项45项，下放120项。先后将直接面向基层、量大面广、地方管理更方便有效的272项行政职权下放县（市、区），暂停实施92项。开展证照清理工作，共取消证照事项18项，取消申请材料45种，取消年检3项，办理时限压缩48%。

五是公共服务流程进一步简化。推行"不见面、马上办"审批服务改革，实现区、市、县、乡、村五级"宁夏政务服务网"全覆盖；上线运行"掌上政务"微信平台，推行前置材料网上预审、办事预约取号、办件质量网上评议，有效解决群众多次跑、排长队、办件慢等问题。在政务大厅设置24小时综合自助服务区，提供涉及出入境、户政、税务、社保等8大项便民服务事项，打造"24小时不下班"服务大厅。梳理1279项政务服务事项，其中可在网上办理的事项为1045项，市本级及5个县（市、区）可"不见面"事项率均达到80%以上。率先在全区实行不动产登记"免填单"、当日受理制等多项便民利企服务事项，不动产查封、异议、注销登记即时办结，转移、抵押、变更登记3个工作日办结。

六是政府公开服务能力进一步加强。深入推进"五公开"，将政府全体会议和常务会议讨论决定的事项、政府及其部门制定的政策文件，除依法需要保密的外，通过政府网站、新闻发布会、政务"两微一端"以及报刊、广播、电视、网络等及时公开。深化重点领域公开，推进预决算和审计信息公开，完善各级政府门户网站预决算公开统一专栏，分级分类，集中展示政府预决算、部门预决算公开信息，方便公众查阅和监督，确保实现预决算信息"应公开、尽公开，应上网、尽上网"。推进重大建设项目批准和实施领域政府信息公开，在重大建设项目批准和实施过程中，重点公开批准与服务、批准结果、招标投标、征收土地、重大设计变更、施工、质量安全监督、竣工等8类信息。推进公共资源配置领域政府信息公开，重点公开住房保障、国有土地使用权出让、矿业权出让、政府采购、国有产权交易、工程建设项目招标投标等6大领域的信息。依托宁夏公共资源交易平台，示范性地依法做好公共资源交易公告、资格审查结果、交易过程信息、成交信息、履约信息以及有关变更信息的公开工作，为推进公共资源配置全过程信息公开上水平起到引领作用。

七是行政执法程序进一步完善。辖区综合执法改革试点取得新经验。2018年3月，根据自治区批复，市委、政府印发《吴忠市开展市辖区综合执法改革试点方案》，利通区、红寺堡区综合执法局机构、人员、职能整合到位，全面履行环保、农牧、住建、国土、水务等相关执法职责，两区综合执法局成立以来共查处违法违规行为7500余件。实现市级部门权力"瘦身"，执法力量下沉基层，初步建立统筹城乡、市区一体、三级贯通、全域覆盖的综合行政执法体制，有效解决基层执法力量不足、重复执法、交叉执法、管理真空等问题。"三项制度"全面推行。印发《吴忠市全面推行行政执法公示制度 执法全过程记录制度 重大执法决定法制审核制度实施方案》在各级行政执法部门实施行政许可、行政处罚、行政强制、行政征收、行政检查等执法活动中，全面推行行政执法"三项制度"，明确了全面推行行政执法"三项制度"的任务书、时间表、路线图。截至2018年11月，市直27个执法部门在吴忠市政府网站已经公示，公示信息128条。全面推行"双随机、一公开"监管。制定双随机抽查事项清单，建立市场主体名录库和执法检查人员名录库，重点对食品、药品、医疗器械、特种设备生产、经营、使用行为及企业信用信息年报等事项实施随机抽查，共抽取市场主体2976家，抽查结果全部予以公示。

八是行政权力运行制约体系不断完善。将重大行政处罚决定、部门办理的行政复议案件和行政应诉案件纳入备案管理，规定了报送备案案件标准、备案程序和时限、监督方式、责任追究等内容。2018年市政府收到行政复议案件15件，审结13件，中止2件，行政复议案件在法定期限内办结率100%。2018年，市政府认真做好答辩举证，依法履行出庭应诉职责，行政机关负责人出庭应诉率100%。

九是法治理念和依法行政意识不断增强。从抓"关键少数"入手，通过常务会议学法、组织专题法治讲座、创新法治讲堂等形式，引领全市领导干部、职工贯彻学法用法制度。落实领导干部学法常态化机制，将法治政府建设纳入年度责任制和政绩考核指标体系。严格落实《宁夏回族自治区行政执法证件管理办法》，申领执法证必须经过培训、考试合格，组织市直各部门及利通区各部门分5批次20场共计942名行政执法人员参加行政执法证综合法律知识考试。通过"以考促学"，切实提高执法人员的能力水平。落实《关于全面落实普法责任制的实施意见》，强力推进"法律八进"工作，深入开展"以案释法"和"广场说法·一周一法"活动，强化宪法宣传教育，引导群众参与法治实践，不断增强全民法治观念。实施"互联网+"工程。建立法治微信、普法微博、普法网等媒体平台，努力使尊法学法守法用法成为人民群众的自觉行动。

（四）确保司法公正，持续提高司法公信力

1. 人民法院新型审判权运行机制逐步完善

构建以法官为中心、以审判业务需求为导向的审判团队，建立由员额法官、法官助理、书记员组成审判团队的工作模式。强化院庭长管理，规范权力运行机制。建立了院庭长管理监督"清单"，对审判监督管理职责的时间、内容、节点、处理结果等全部记录在卷，确保全程留痕。实行随机分案制度和专业办案机制，裁判文书一律由主审法官签发，院、庭长不再签发本人未参与审理案件的裁判文书，全面落实"谁审理、谁裁判、谁负责"的审判格局。完善司法业绩评价机制，促进司法责任制落地生根。运用业绩考核管理软件，将法官的办案数量、质量、司法作风等情况全部录入系统，年底考核考评形成业绩档案，将业绩档案记载情况与个人绩效奖金、法官等级晋升晋职挂钩，司法人员职业保障基本落实到位。

2. 检察院进一步落实司法责任制，严格落实领导直接办案规定

加强案件监督和责任追究落实，出台《专业化办案团队建设》《检委会审议议题范围》等规范性文件，促进提高案件质量。完善业绩考核办法，从办案数量、质量、效率等方面对三类人员进行考评。同时依法监督公安机关应当立案而不立案案件30件，不应当立案而立案案件48件。对法院审判程序、执行活动违法行为提出检察建议98件，法院采纳77件。督促行政机关履行职责42件，采纳29件；支持起诉56件，采纳52件。

3. 创新"四位一体"执法规范化建设

公安机关以执法规范化建设和全面深化改革为推动力，以解决执法突出问题为导向，积极适应以审判为中心的诉讼制度改革要求，创新打造具有吴忠公安特色的集执法场所建设、执法办案审核、执法执纪监督、执法信息公开"四位一体"执法规范化建设新格局，为推进法治公安建设，维护全市社会稳定，服务经济发展提供强力法治保障。

(五) 努力推进吴忠人民调解工作新发展

全市司法行政系统认真贯彻落实市委、市政府的决策部署，坚持把创新理念贯穿于人民调解工作全过程，有领导、有组织、有计划地在全区率先建成了以行政、事业单位调解组织为主导，以乡镇（街道）、村居（社区）调解组织为基础，以行业、专业性调解组织为依托，以企业、商业调解组织为补充，多层次、广领域、全覆盖人民调解"四张网"组织体系。坚持以"顶层设计指路"，以"基层实践探路"，总结推行"三个三"调解工作方法。一是整合乡镇、律师和社会三大人力资源，形成统分结合、专兼结合的人民调解队伍；二是健全纠纷排查、矛盾预警和联动联调三大机制，做到情况早知道，矛盾早发现；三是运用现场调解、庭式调解、巡回调解三种调解方式，确保工作早到位、问题早解决。"四张网"的建立，推动人民调解工作重心由"事后调解"向"事前预防"转变、工作方式由"单一调解"向"多元调解"的转变、工作效果由"数量调解"向"质量调解"转变。截至2017年年底，全市46个乡镇（街道）、552个村居（社区）全部建立了人民调解委员会；2276个村民小组中，建立人民调解小组1936个，499个楼院组建人民调解机构314个，重点行政、事业单位，大型企业、商业的人民调解组织发展到59个，基本实现了哪里有人群，哪里就有人民调解组织。2018年6月，自治区司法厅对贯彻落实习近平总书记重要指示精神，坚持发展"枫桥经验"实现矛盾不上交进行部署。吴忠市和利通区、盐池县被列为重点试点单位，要求按照边试点、边探索、边推进、边总结、边提高的原则全面开展试点工作。

二、依法治市工作过程中存在的问题

吴忠市在推进依法治市的工作中虽然取得一些成绩，但仍然存在一些问题，主要表现在以下几个方面。

第一，认识还不到位，个别地方和部门领导对推进依法行政、建设法治政府的重要性认识不足，依法行政理念不强，工作推动机制不够完善。

第二，工作进展不平衡，个别行政执法机关还存在执法职权不明确、执法行为不规范、执法责任落实不到位等现象。

第三，保障还不够强，政府立法工作方面人员欠缺，县（市、区）政府和市直部门法制机构人员配备、工作保障与新形势下法治政府建设工作需求还有差距等。

三、法治吴忠建设的对策建议

（一）深入开展普法教育，提高全体公民法律素质

一是根据中央的总体部署和依法治市就是依宪治市的精神，继续在全市范围内广泛深入开展宣传学习宪法活动，使全社会特别是各级领导干部和国家工作人员，牢固树立宪法意识，切实维护宪法权威，保证宪法的贯彻实施。

二是根据平安吴忠建设的特点，围绕中心工作，有的放矢地开展法制宣传教育。针对重点工程建设项目征地拆迁和安置补偿方面的矛盾和问题，重点开展《房屋拆迁管理办法》和《土地法》等专题宣教活动；针对城郊结合部违法违章建设方面的矛盾和问题，采用群众喜闻乐见的法制文艺、以案说法等形式，重点突出区域规划、城市管理等相关法律法规的宣传。

三是根据区域人口结构的现状，在抓好各级领导干部法制宣传教育的同时，继续抓好对移民及外来流动人口的治安管理和计划生育管理等方面的普法教育宣传，发放《劳动和社会保障政策汇编》等宣传材料，把维护外来人员的合法利益与普法有机结合起来，使优势更优，特色更特。

四是针对居民整体文化素质偏低的状况，在继续深入开展"七五普法"宣传教育的同时，结合贯彻落实《公民道德建设实施纲要》，在全市开展

讲道德树新风活动，逐步使遵纪守法，接受道德约束成为每个公民的自觉行动。

（二）深入开展法治政府宣传教育，努力建设法治政府

众所周知，政府是依法治市的重要主体，逐步建设一个法治政府对于推进依法治市工作具有十分重要的作用。因此，我们必须以行政许可法的颁布实施为契机，大力加强法治型、服务型、责任型政府建设，提高政府依法行政水平，切实做到依法用权、为民用权、谨慎用权，促进吴忠市大建设大开发的顺利进行和社会的科学发展。为此我们认为要从四个方面入手：第一，要牢固树立公仆观念。第二，要进一步转变政府职能。继续深化行政审批制度改革，切实把政府经济管理职能转到主要为市场主体服务和创造良好发展环境上来，树立管理就是服务的思想，强化政府的服务意识，强调政府的服务行为，严格履行政府的责任。第三，要提高依法行政和执法水平。建立健全严格的执法责任制，通过集中培训、总结交流以及典型案例分析，逐步改变认识上的片面性，执法上的随意性及一些部门在某些环节上存在的有法不依，执法不严的现象，使政府机关的工作人员，在增强法制观念，提高法律素质的基础上，进一步提高执法能力和执法水平。第四，要进一步提高政务公开程度。要进一步围绕人权、财权、事权三个重点，公开群众普遍关注的热点、难点问题，提高工作透明度，进一步完善决策机制，促进决策的公开化、民主化，维护人民群众的知情权、参与权，为群众提供优质高效的服务。

（三）深化司法和司法行政改革，充分发挥公检法在依法治区中的作用

公、检、法是执法的重要主体，要在建设法治政府的同时，大力推进司法改革。人民法院要以公正与效率为主题，审理好刑事、民事、行政三大类案件，依法打击各种犯罪活动，维护社会稳定。妥善处理民商事纠纷，支持和监督行政机关依法行使职权。继续完善执行机制和执行方式，进一步解决"执行难"问题。严格执行有关法律规定，推动申诉再审工作规范化、程序化、制度化。检察机关要以加强各项检察业务流程管理为切入点，进一步规范各个岗位的工作职责、工作程序、监督制约等环节，逐步推进执法行为规范化、制度化。积极推进检察改革，建立健全防止和纠正超期羁押的长效机制、保障律师合法权益工作机制和权责明确、程序完善、监督有效的法律监督机制。依法加强对诉讼活动的法律监督，确保监督的质量和效率。公安机关要以执法规范为核心，全面推进警务规范化建设。积极推进执法质量考评工作，建立执法监督的长效工作机制。针对收容遣送等制度取消后出现的新情况，积极探索依法加强治安管理的对策和具体措施。强化执法为民思想，完善便民利民措施，密切警民关系，维护社会治安秩序。积极推进法律援助和司法救助工作，进一步解决群众"打官司难"问题。加大法律援助条例的宣传力度和经费保障，重点做好下岗职工、失地农民、外籍务工人员等弱势群体的法律援助工作。

（四）围绕热点难点问题开展专项治理，全面推进依法治市工作

依法治市在不同时期有不同侧重点，只有抓住热点难点问题开展专项治理，才能有所突破取得实效。从吴忠市当前情况看，要着力抓好以下几个方面的治理工作。

1. 进一步规范市场经济秩序

招商引资大力发展非公有制经济，壮大经济实力，增强发展后劲，是当前和今后的首要任务。市场经济就是法制经济，因此要在宣传经济法规的同时，采取有效措施依法规范市场行为，大力培育投资建设软环境，努力打造最佳投资创业服务区。

2. 进一步解决好农民工工资拖欠和失地农民生活保障问题

这是一个维护弱势群体合法权益的原则问题，要坚决按照国务院有关精神，多方联动，尽力解决好拖欠农民工工资问题，妥善处理好失地农民的补偿和安置问题，切实维护人民群众的合法权益。

3. 进一步整顿社会治安

社会治安是一个地区稳定发展的基础，要结合创建平安吴忠，进一步建立健全基层综合治理组织和网络，充分发挥他们的职能作用。

（五）强化监督是推进依法治市工作的保证

实施依法治市，执法是关键，监督是保证。为确保依法治市各项工作都能得到很好地落实，需要党的监督、人大监督、民主监督、群众监督和舆论监督等方面的共同努力。人大作为地方最高权力机关，应围绕依法治市的重点，加大监督力度，保证宪法、法律、行政法规在本行政区域内的遵守和执行。

把法律监督作为推动依法治区的重要手段。要把常委会有组织的检查与发动和依靠代表个人持证检查结合起来，把听取工作汇报与深入现场检查结合起来，把有准备的检查与突击性的抽查结合起来。同时事前对参与检查的代表进行有关法律知识培训，认识检查的内涵，明确检查要求，使所有参与者能依法检查，并且善于发现问题，勇于指出问题，敢于督促纠正，使检查工作真正深入实际，达到预期效果。

把规范执法行为作为推动依法治市的重要举措，切实推动依法治市工作并取得明显成效。

总之，依法治市工作是一项长期而艰巨的任务，任重道远。我们要以高度的政治责任感和历史使命感，认真履行宪法和法律赋予的职权，把贯彻依法治国方略，加强民主法制建设作为根本任务，积极探索，勇于进取，为吴忠市"平安吴忠"协调发展作出更大的贡献。

2018年固原市依法治市工作报告

王旭东 杨翠云 马文东

2018年以来，固原市政法委贯彻落实党的十九大精神，以习近平新时代中国特色社会主义思想为指引，以深化依法治国实践为根本目标，紧紧围绕实施"三大战略""五个扎实推进"、建设"四个示范市"、打好"六场硬仗"的部署要求，结合实际，制定印发了《2018年固原市全面推进依法治市工作要点》，明确了5个方面28项具体任务，为加快固原市经济社会发展、决战脱贫攻坚、决胜全面小康社会提供了有力的法治保障。

一、依法治市工作开展情况

（一）健全完善人大立法工作机制

配齐配强市人大常委会立法工作人员，成立市人民代表大会法制委员会，法制委员会由9人组成，设主任委员1名，副主任委员2名，委员6名，明确由市人大常委会法工委承担立法工作，并选派具有一定法律素质和司法工作经验的同志参与市人大常委会的立法工作。成立固原市人大常委会立法咨询专家库，聘任宁夏回族自治区人大常委会专家、法律类、城乡建设类、环境保护类、历史文化保护类、语言文字类专家共计41名，制

作者简介　王旭东，固原市委政法委副秘书长；杨翠云，固原市委政法委法治宣传室主任科员；马文东，固原市委政法委科员。

定《固原市人大常委会立法咨询专家库管理办法》《固原市人民代表大会常务委员会立法听证规则》《固原市人民代表大会及其常务委员会立法程序规定》，从立法人员、立法程序等方面作出规定，保障固原市初具立法权后的立法能力建设和立法体系建设质量。结合固原市工作实际，制定《固原市人大常委会五年（2017—2021年）立法规划和2017年立法计划》，初步形成了固原市2017—2021年五年立法规划项目库，列入立法项目库的立法项目7件，其中历史文化保护类3件，环境保护类3件，城乡建设与管理类1件。颁布《固原市须弥山石窟保护条例》，这是固原市获得立法权限以来颁布的第一部地方性法规。

（二）加快法治政府建设步伐

一是印发《固原市法治政府建设实施方案（2016—2020)》（固党办〔2016〕100号）。该方案规划了全市法治政府建设的总蓝图和路线图，为加快推进依法行政、建设法治政府做了系统性安排和部署。研究出台了《固原市创建自治区级法治政府示范单位工作实施方案》，从11个方面明确了工作任务、牵头单位、成果检验和考核方式。

二是深入推进简政放权，完善权责清单制度。加快行政审批改革，市本级建设项目"多评合一""多图联审"改革模式走在自治区前列。

三是建立和完善政府法律顾问和公职律师制度，市政府重点执法部门实行法律顾问全覆盖。市政府及各部门法律顾问共审查各类涉法事务及项目合同180余件，其中市政府法律顾问审查项目合同20余份，办理专项法律事务10余件。

四是严格规范文明执法，优化营商法治环境。狠抓行政执法主体资格审查清理工作。市级行政执法单位39个，行政执法人员889名。严格实行执法人员持证上岗和资格管理制度，完成全市650多名行政执法人员申领执法证件的培训和考试工作。

五是强化对行政权力的制约和监督，形成对依法行政的监督合力。自觉服从党内监督，主动接受人大工作监督、法律监督和政协民主监督，办结自治区、固原市人大代表议案建议和政协委员提案169件。完善审计制度，对重大项目及公共资金、国有资产和领导干部履行经济责任情况实行审计全覆盖。积极接受司法监督,积极配合检察机关对行政违法行为的监督。畅通社会监督、舆论监督渠道,开通"12345"政务服务热线,及时调查处理群众反映和新闻媒体曝光的违法行政问题。

(三) 深化司法体制改革

1. 审判机关司法体制改革推进情况

一方面,推进人员分类管理制度改革,保障司法责任制的落实。严格执行员额法官遴选标准,经过严格的考试、考核并报请自治区法官、检察官遴选委员会遴选,全市法院系统共有171名员额制法官,占法院系统政法在编人数的35%,入额院庭长全部回归审判一线,院庭长办案占比57.41%,同时积极探索综合部门改革。另一方面,强化审判权监督制约机制,确保公正廉洁司法。制定了《固原市中级人民法院案件质量监督管理及责任追究办法》,明确案件质量监管部门、案件差错责任和违法审判责任的范围和界限;制定了《案件质量评查细则》,成立由党组成员为组长、未入额法官为成员的案件质量评查小组,完善内部监督制约机制;制定了《合议庭工作规则》《审判监督职责的规定》,明确了院庭长的监督管理职责,规范了院庭长对监督管理权的行使方式,保证了监督管理的规范化。

2. 检察机关司法体制改革推进情况

一方面,员额制检察官入额工作全面完成。全市两级检察机关共有93人成为员额检察官,占检察系统政法在编人员的35%(其中市院24人、原州区23人、西吉14人、隆德11人、泾源11人、彭阳10人)。按照自治区要求完成了人员分类管理核编定岗配置工作,将人员重点向办案一线倾斜。另一方面,内设机构大部制改革稳步推进。西吉县检察院被确定为自治区8个内设机构改革试点院之一,在外出学习借鉴外地先进经验的基础上,出台了《西吉县检察院内设机构改革试点方案》《关于大部制改革试点人员双向选择定岗定员的通知》,对原有的10个内设机构进行整合,成立了7个部门,对人员进行了定岗定责,19名入额检察官全部分配到一线办案部门。2017年5月底,根据自治区检察院要求,固原市检察院和其他基层检察院对内设机构进行改革,市检察院内设机构由原来的18个处室精简为9个部,其他基层检察院参照西吉模式,根据工作实际和人员数量,分别设立了5—7个部。

(四) 扎实开展全民普法教育

1. 突出了普法责任制的落实

指导各部门（单位）制定了"四清单一办法"，从机制上构建起纵向到底、横向联通、权责明确的责任体系，使普法工作由主管部门的"独唱"，变成各部门的"合唱"。

2. 突出了宪法的学习宣传

2018年，全市普法宣传教育工作坚持以学习宪法、宣传宪法、践行宪法为重点，开展了一系列丰富多彩、形式多样的"宪法主题宣传活动"；2018年5月24日至6月7日，全市有19819人参加了自治区司法厅、自治区普法办《宪法》知识微信竞答活动，参与人数位列自治区第二。

3. 突出了普法宣传方式创新

建立了"互联网+法治宣传"模式，充分利用新媒体，开展微信学法竞赛答题、以案释法等百姓喜闻乐见的活动，全方位、多角度开展法治宣传教育，提升法治宣传覆盖面和社会影响力。

4. 突出了普法督导检查

2018年，固原市市委、人大、政府、政协都将"七五"普法列入年度重点工作督查、检查工作计划之中，有力促进了"七五"普法工作进程。2018年5月上旬，固原市市委会对五县（区）和有关部门"七五"普法工作推进情况进行了督导检查，固原市四届人大常委会第十二次会议专题听取和审议了固原市人民政府关于"七五"普法工作的报告。

5. 突出了领导干部法治能力培训

按照固原市市委《关于深入学习宣传和贯彻实施〈中华人民共和国宪法〉的通知》（固党发〔2018〕24号）要求，市委政法委于2018年4月28日组织举办了全市领导干部学习宣传宪法专题辅导报告会。6月中旬，市委政法委联合市委组织部在西北政法大学举办了"固原市法律工作者政治素养提升专题培训班"培训班，邀请中国人民大学、陕西省行政学院、西北政法大学相关专家教授进行授课，对固原市法学会会员的政治素质和法律素质起到了很好的提升作用。

二、全面依法治市工作中存在的困难和问题

(一) 思想认识有待进一步提高

一是法治思维尚未全面形成。部分县（区）和单位还没有把依法治市同全市脱贫富民和社会稳定等工作全面结合起来，没有把依法治市工作摆在全市稳定发展的重要议事日程上，运用法治思维和法治方式解决问题的能力有待进一步提升。

二是齐抓共管的局面尚未全面形成。按照自治区依法治区领导小组机构设置，固原市虽然成立了"固原市依法治市领导小组"，但是该小组办公室设在政法委，政法委因工作头绪多，工作人员紧张，统揽全局、综合协调能力有限。同时，部分部门单位把依法治市工作当成某一个机构、某一个部门、某个领导小组的责任，缺乏统筹兼顾、协调各方的意识和制度，导致工作实效打折扣，整体推进不足，尚未形成齐抓共管的整体合力。

三是行政诉讼案件中，普遍存在行政机关负责人出庭应诉率不高，即使出庭应诉，也存在走形式、走过场，不按时完成举证任务，不愿意配合法院调解纠纷，出庭应诉不作为，化解矛盾走过场的现象。

(二) 行政执法工作有待改进

一是行政执法存在一定程度不规范的现象，行政违法和不当行为得不到及时、有效的制止和纠正，部分执法人员素质不高，依法行政程序化、法治化意识不强，基层部门缺编严重，行政和事业人员混岗使用，执法人员调整频繁，执法队伍新兵多，有的不熟悉法律、法规，不懂执法程序等。

二是行政执法责任制没有全面落实，一些部门执法主体资格、职责范围、职权依据不明确，执法程序不规范，未将责任落实到具体岗位、具体人员，对行政执法过错行为只纠正不惩戒，只追究单位责任不追究执法人员责任，只考核不奖惩，一定程度上削弱行政执法责任追究的作用，削弱了执法人员法治意识。

三是政府法制机构力量较弱，职能作用难以充分发挥。目前，固原市法制机构的设置和人员配备较少，专业人员不足，与其承担的行政执法监督、行政复议、行政应诉、政府法律顾问和依法行政工作的综合协调等职能不

相适应，甚至有些职责无法履行，也难以发挥行政监督纠错功能和作用。

(三) 司法改革需进一步深化

一是案多人少的矛盾比较突出。与2017年同期相比，2018年全市两级法院案件数量增长在14%左右，检察院受理案件也有很大幅度增长，尤其基层法院、检察院案件增长幅度较大，随着立案登记制等改革举措的逐步推开，案件数量逐年攀升态势预计仍将持续。同时，固原市司法系统"人难招、人难留"问题突出，在员额制改革的背景下，直接办案的法官检察官相应减少，案多人少的压力对法官检察官的考验将更大。

二是司法队伍建设需要加大力度。个别司法人员违法违纪问题仍有发生，部分司法人员能力素质、司法理念、工作方式等与司法责任制的要求还不相适应。

三是编制上交后多了自治区一级的相关手续，增加了边远地区相关工作的难度，降低了工作效率。

(四) 法治社会建设有待加强

一是普法效果不佳。全市各级部门都把普法工作作为一项政治任务来对待，对普法对象的教育方式上往往以法律条文的宣讲为主。发放普法教材、灌输法律条文几乎成为普法教育的主要方法。在宣传教育过程中"普法"只是从上往下压的硬任务，是典型的"要我学"，没有形成由"要我学"的被动状态向"我要学"的主动状态转变，普法效果不佳。

二是一些基层组织通过法律手段解决矛盾纠纷的法治意识和能力不强，基层法治建设的好经验、好做法提炼总结不够，没有形成可复制可推广的经验和做法。

三是部分群众法治意识淡薄，出现问题后，不是通过正常的行政、司法程序，而是热衷于上访、群访，以求通过大闹取得大解决，存在信访不信法问题突出。

三、进一步加强依法治市工作的对策建议

(一) 提高认识，切实加强依法治市工作的组织领导

一是真正从思想上重视起来，把依法治市工作纳入各级党委重要议事

日程。各级领导干部，尤其是市、县（区）党政一把手要认真学习领会党十九大精神、十八届四中全会精神和习近平总书记关于法治建设的重要讲话精神，牢固树立法治理念，带头依法决策、依法管理、依法办事，切实提高运用法治思维和法治方式解决问题的能力。

二是依法治市工作全面开展以来，全市的日常工作量非常大，建议成立一个能够承上启下、协调各方、精干高效的办公室，有一批事业心强、懂法律的同志来从事这项工作，以承担起全市的依法治市日常工作，真正成为依法治市工作的具体办事机构。

（二）多措并举，进一步提升依法执政水平

一是要进一步提高领导干部运用法治思维和法治方式处理问题的能力，带头尊法，坚定法治信仰；带头学法，提升法治素养；带头守法，增强法治观念；带头用法，坚持依法执政，做尊法学法守法用法的模范。

二是要把思想政治建设摆在首位，加强理想信念教育，加强法治理念教育和警示教育，建设高素质的法治工作队伍。加大培训力度，制定切实可行的宣传、教育和培训计划，针对不同时期法治工作的重点，有组织、有计划、分层次地对法治工作人员进行行业法律法规和专业知识的培训，努力打造信念坚定、执法为民、敢于担当、清正廉洁的政法队伍。

（三）明确职责，进一步规范行政执法工作

一是强化行政执法监督，不断规范行政执法行为。定期清理、确认并向社会公布行政执法主体，对行政执法人员资格进行严格管理。进一步规范行政执法行为，依法公开执法依据、权限、程序。

二是继续推进综合执法体制改革。清理和规范行政执法主体，明晰职责权限，切实从源头上解决多头执法、重复执法、交叉执法问题，提高执法的整体水平；重点加大对社会治安、城乡建设管理、食品药品安全、环境综合整治、农产品质量安全等领域的执法监管力度，进一步探索和推进综合执法改革。

三是创新行政执法监督体制。主动向人大及其常委会报告重大决策事项，接受人大的监督；严格按照行政诉讼法的规定贯彻落实行政机关负责人出庭应诉制度，全面执行人民法院生效判决，建立健全社会监督机制，鼓励群众举报、监督严重违法行为，强化层级监督。

四是克服人员、编制不足和能力不强的问题，整合力量和资源，开拓创新。加快完善和建立政府法律顾问委员会制度，积极推行政府法律顾问制度，建立以政府法制机构人员为主体、吸收各类专家和律师参与的法律顾问队伍，保证法律顾问在制定重大行政决策、推进依法行政中发挥积极作用。

（四）注重改革实效，进一步提高司法公信力

一是尊重司法人员办案主体地位，着力建设高素质司法队伍。着力处理好入额人员与未入额人员，法官、检察官与法官助理、检察官助理，业务部门与综合部门等多重关系，充分调动各类人员的积极性；完善入额法官、检察官职业培训机制，重视和解决薪酬改革落地后不同人员可能出现的各类思想问题，保证司法队伍稳定和司法工作的有序开展；完善法官助理、检察官助理培养机制与职业晋升机制，拓宽司法行政人员及其他司法辅助人员的职业成长空间。

二是加快推进以审判为中心的刑事诉讼制度改革，以提高庭审质效为着眼点，确保司法公正；充分发挥律师作用，依法保障律师执业权利，主动构建司法人员和律师平等相待、相互尊重，相互支持、相互监督，正当交往、良性互动的新型关系，促进社会主义法治文明进步。

三是完善改革配套措施，确保改革方案落准落细落实。通过统筹法官和检察官员额、研究制定三类人员绩效考评办法、严格落实入额人员到一线办案规定、加大案件繁简分流力度、完善矛盾纠纷多元化解机制等措施，进一步研究落实缓解"案多人少"矛盾的对策。特别是要借鉴贵州省运用大数据推动司法改革，上海市开发"智能办案系统"提高办案效率和办案质量，在加强信息化建设上下功夫，加快软硬件设施的升级换代，及时引进技术领先、经济实用的软件设备，强力推进信息技术在网上办公、绩效考核、司法公正等方面的应用水平，提高法官、检察官和其他工作人员利用网络技术办公办案能力，从而实现改革和科技双轮驱动。

（五）创新载体，全面推动全民遵法守法用法

一是创新法治宣传方式，要充分运用传统媒体和新媒体相结合构建多元宣传格局，让公众了解依法治市内涵，熟悉国家法律。要注重法律宣传资料的制作，提升宣传效果，深度挖掘各类案例，注重宣传的可接受性、深度性，提升公众的法律素养。

二是继续打造法治文化建设"一县一品"工程。每个县（区）要着力打造一个有特色有影响的法治文化教育基地，形成一县一品牌、一乡（镇）一主题、一部门一特点的特色鲜明、形式多样的法治文化建设格局，彰显法治文化建设的固原特色。积极争取自治区法治宣传教育项目经费支持，力争将"古雁公园"打造成市级"古雁公园法治文化教育基地"。

三是充分运用自治区矛盾纠纷排查信息化解系统，实现矛盾纠纷网上录入、排查、化解、统计、交办、督办和追责运行，切实提高基层组织通过法律手段解决矛盾纠纷的能力，畅通行政、司法救济渠道，引导群众通过法治渠道反映诉求，争取权益。

2018年中卫市依法治市工作报告

王中宏

2018年是贯彻落实党的十九大精神的开局之年，是改革开放40周年，也是自治区成立60周年。一年来，全市依法治市工作坚持以习近平新时代中国特色社会主义思想为指导，深入学习贯彻党的十九大和十九届二中、三中全会、中央政法工作会议、自治区第十二次党代会、政法综治信访维稳工作会议精神，切实增强"四个意识"，坚定"四个自信"，坚持"三个一以贯之"和以人民为中心的发展思想，坚持全面推进依法治国基本方略，坚持法治中卫、法治政府、法治社会一体建设，坚持法治与德治相结合，紧紧围绕"三大战略"和"五个扎实推进"，严格落实党政主要负责人履行推进法治建设第一责任，进一步统筹推进科学立法、严格执法、公正司法、全民守法，自觉运用法治思维和法治方式深化改革、推动发展、化解矛盾、维护稳定，为加快建设开放富裕和谐美丽中卫提供了坚强有力法治保障。

一、依法治市工作现状

（一）坚持依法执政，实现科学发展

着力构建有力于科学发展的体制机制，不断提高运用科学发展观统领经济社会发展的能力。重点落实四项制度。

作者简介 王中宏，宁夏回族自治区中卫市政法委办公室主任。

1. 全面落实党政一把手"五个不直接分管"制度

下发了《中卫市党政机关及其工作部门"一把手""五个不直接分管"实施办法》,将各项权力分解下放到副职具体负责,主要领导统筹管理和全程监督,履行第一责任人的职责,形成"副职分管、正职监管、集体领导、民主决策"的权力运行机制,既减少党政主要领导对具体事务的插手干预,有效预防了权力腐败,又为"一把手"谋事干事腾出了更多的精力。

2. 落实"三重一大"决策制度

除需要紧急处置的突发事件外,"三重一大"事项必须由党组(党委)会议集体讨论决定,实行投票表决,党政主要领导对讨论决策的事项坚持末位表态,不事先定调子、不事先表态,在充分发扬民主的基础上,最后综合集体意见并陈述表态。当意见不统一、出现明显分歧时,按照少数服从多数的原则,由班子成员集体表决。

3. 落实重大决策民主议定制度

重大决策事项在提交市委常委会、政府常务会研究前,有关部门通过召开座谈会、论证会、听证会等形式,深入调查研究,广泛征求意见,集思广益,把决策过程变成民主集中、统一思想、凝聚智慧的过程。

4. 落实重大决策督办制度

凡经市委常委会、市政府常务会决策的事项,由市委、市政府督查室督促落实、跟踪问效,提高市委、市政府决策的执行力。同时,严格执行《党政领导干部选拔任用条例》,建立科学民主的干部选拔任用体制机制。健全党内情况通报制度,全面推进党务公开工作。市四套班子成员都能积极参加市委中心组法律知识学习,模范遵守宪法和法律,自觉遵守党风廉政建设各项规定。

(二)坚持调研先行,推进民主立法

按照自治区人大常委会《关于确定吴忠、固原、中卫市人民代表大会及其常委会开始制定地方性法规的时间和决定》要求,我市高度重视立法工作,加大学习教育培训、立法队伍建设等基础性工作,为有序推进立法工作打下良好基础。在市四届人大一次会议上,通过了《中卫市人民代表大会及其常务委员会立法程序规定》,成立了法制委员会,迈出了我市地方性立法工作的第一步。主要做了以下重点工作。

1. 加强党对立法工作的领导

市委高度重视立法工作，将建立立法体制机制，有序启动重点领域立法工作列入年度工作重点，并多次召开专题会议，要求有关部门研究解决加强人大立法工作力量和成立法律专家咨询委员会工作。市委常委会先后研究通过了市人大常委会党组《关于启动中卫立法工作有关事宜的请示》和《年度立法工作方案》。

2. 积极开展立法调研

市人大常委会充分发挥在立法中的主导作用，就全市城乡居民饮用水保护情况开展了专题调研。调研组通过在中卫日报、政府网站等新闻媒体发布公告、向279名人大代表、201名政协委员发送手机短信、走访有关部门、用水单位、供水管理者和社区群众、在县（区）召开座谈会等方式广泛征求意见，建议将《中卫市城乡居民饮用水安全保护办法》列为2017年立法项目。

3. 成立专家咨询委员会

2016年4月，经市人大常委会党组会议研究同意，成立共由22人组成的中卫市人大常委会立法专家咨询委员会，其中：自治区人大法制委员会4人、法制工作委员会3人，从事法律工作方面的5人，从事城乡建设和管理方面的3人，从事历史文化方面的5人，从事环境保护方面的3人。

4. 深入开展立法项目征集

通过媒体、网络、立法调研、代表建议等形式深入开展立法项目征集，共征集到《中卫市城乡居民饮用水源地保护条例》《中卫市城市卫生管理办法》《中卫市食品加工、销售管理办法》《中卫市城乡环境保护条例》《中卫市文化遗产保护条例》《中卫市枸杞品牌保护条例》《中卫市黄河沿岸湿地保护条例》《中卫市农业耕地污染治理保护条例》《中卫市沙坡头旅游区保护条例》和《中卫市社区物业管理条例》共10个立法项目。

历时281天，历经近20稿修改，贯穿科学立法、民主立法、依法立法原则的《中卫市城乡居民饮用水安全保护条例》经自治区第十一届人大常委会第三十四次会议批准后，已于2018年1月1日起正式施行。2018年9

月8日,中卫市第四届人民代表大会常务委员会第十一次会议分别通过了《关于建立沙坡头区饮用水永久性水源地的决定》和《关于加强城市环境卫生管理提升城市环境卫生水平的决定》。

(三) 坚持依法行政,建设法治政府

1. 加大党内法规和规范性文件报备审查

健全合法性审查机制,落实相关程序规定,推进备案审查常态化、合法性审查精细化、建议审查实效化,做到有件必备、有备必审、有错必纠,切实维护党内法规制度和区、市党委决策部署的严肃、统一、协调。今年以来,共审查各类合同120份,重大决策合法性审查85次,为市领导专题协调会、批示件等提供法律意见建议51余件,办理涉法性事务516件。充分借助特邀法律顾问的专业优势,对涉及重大决策及时组织特邀法律顾问召开专题研讨会,有效促进了依法决策。2018年以来,特邀法律顾问参与合法性审查100余次,办理涉法性事物180余件,代理行政诉讼案件56件。

2. 扎实推进法治政府建设

紧紧围绕《中卫市法治政府建设实施方案(2016—2020年)》,制定印发了《中卫市2018年法治政府建设重点工作任务安排》,将法治政府建设七大工作目标、52项具体措施中2018年必须完成的目标任务,细化分解为八大项34小项,进一步明确责任单位和完成时限,确保2018年法治政府建设工作任务如期完成。

3. 继续深化行政复议改革试点工作

不断畅通行政复议渠道,大力化解行政复议,确保行政复议决定合法有效,做到定纷止争,案结事了,切实提高依法行政能力。2018年,中卫市政府行政复议委员会共受理各类行政复议案件47件。其中维持28件,终止7件,撤销2件,驳回1件、移交1件,退回1件,不予受理3件,转送1件,未结3件。复杂案件召开案件审理会4次,充分发挥了行政复议纠错功能。

4. 全面推行"三项制度"试点

全面推行行政执法公示,中卫市法治政府网共公示事前公开内容1475项,共公开事后执法信息13801条,其中约21.3%的行政处罚结果实现了

执法决定的全文公开；推行行政执法全过程记录，全市各级执法部门新配置执法记录仪348台，手持执法终端87台，车载执法设备4套，中卫市行政执法办案平台共录入各单位执法案件430件；实行重大执法决定法制审核制度，未经法制审核或者审核未通过的，不得作出决定。促进行政机关严格规范、公正、文明执法，例如，今年，中卫市市场监督管理局对95起一般程序的行政处罚案件进行了法制审核，有30起重大案件提交市局案件审理委员会讨论决定，法制审核结果全部按照规定公示。

（四）推进公正司法，维护公平正义

全市司法机关按照司法为民的要求，坚持公正执法、文明执法，司法效率和公正性有了进一步增强，司法行为日趋规范。

1. 坚守"公平正义"目标

全市法院始终坚持执法办案第一要务不动摇，围绕"让人民群众在每一个司法案件中感受到公平正义"目标，忠实履行宪法法律赋予的职责。全市法院今年共受理各类案件22561件，审（执）结17231件，结案率为76.4%；民事案件调解2668件，撤诉1950件，调撤率为42.55%。其中，市中级法院受理各类案件1522件，审（执）结1200件，结案率为78.8%；民事案件调解74件，撤诉59件，调撤率为17%。

2. 依法诉捕案件

检察机关坚持重大刑事案件及时介入侦查、引导取证，着力营造稳定社会环境。共批准逮捕225件300人，提起公诉521件717人。认真落实宽严相济刑事政策，依法不批准逮捕68件107人，依法决定不起诉49件200人。

3. 强化攻坚破案

公安机关坚持主动出击，强化攻坚专项行动，切实提升群众安全感。全市共破获各类刑事案件1773起，同比上升0.4%，抓获犯罪嫌疑人821名，同比上升7.32%，追回被盗车辆45辆，为群众挽损200余万元。查获吸毒人员237人，强戒104人，破获毒品案件24起，批捕毒品案件犯罪嫌疑人50人，打掉恶势力团伙9个，抓获犯罪嫌疑人94人，破获涉黄涉赌案件208起、食药环案件19起。实现了命案连续4年全破，刑事案件总量、八类案件、传统"盗抢骗"案件、命案发案数、电动车被盗案逐步下降,打击处理数、破案数、追赃数、起诉数、判决数持续上升的"五降五升"的良好局面。

4. 积极调处化解

司法行政机关重点围绕疑难复杂、重特大、易激化、易引发群体性上访事件,开展经常性排查,防止因矛盾纠纷化解不力引发重点"民转刑"案件,全市共调处各类矛盾纠纷 10067 件,调解成功 9131 件,调解重大疑难矛盾纠纷 1124 件,调解成功率 90.7%。

5. 打造"平安中卫"

全市上下紧紧围绕自治区四项约束性指标及平安建设重点工作,认真贯彻落实市委、市政府关于开展"平安中卫"建设的部署和社会治安综合治理各项措施,坚持以综治领导责任制为龙头,以建设"平安中卫"为抓手,以创建"平安单位""平安家庭"活动为载体,积极推进地方依法治理,进一步建立和完善了严打长效机制、突发事件应急机制、大调解工作网络、社会治安防控体系和"平安中卫"建设考评体系。全市四项约束性指标中,发生命案和较大以上安全生产事故各 1 起;进京越级访 35 人次,同比下降 114%。五项主要指标中,到自治区政府初信 44 件,同比下降 14%;到自治区政府初访 2 件,与上年持平;越级到自治区上访 29 批 146 人次,同比批次、人次分别下降 128% 和 113%,保持了我市社会治安秩序的持续稳定。

(五)坚持解放思想,深化司法改革

按照中央和自治区的安排部署,围绕司法体制改革的重点难点问题,构建权责清晰的司法责任体系,建立有效的监督机制、严格的责任追究机制,积极开展司法体制综合配套改革试点工作。

1. 认真落实司法责任制改革任务

按照权责统一原则,深入推进司法体制综合配套改革,加快构建责权明晰、监管有效、保障有力的司法权力运行机制,加快完善员额管理制度,健全员额退出、增补机制,形成动态调整的员额制管理体制。目前,全市法院共遴选员额法官 129 名(实有 122 名),补充聘用制书记员 85 名;全

市检察机关分类定岗员额检察官90名、检察辅助人员124名、司法行政人员33名。

2. 有效遏制诉讼案件增量

市中级法院坚持问题导向，转变执法司法理念，提出了"遏制诉讼案件增量"工作理念，着力从源头上预防和减少诉讼案件，破解案件数量增长难题，为促进基层社会治理，加快依法治市进程，深化司法改革提供了借鉴。2018年，市中级法院受理案件数量同比下降9.8%，全市法院受理案件数量上升幅度同比下降6.9%。今年以来，在非法集资、涉众型经济案件增多的大背景下，全市法院受理案件数虽增幅较大，但仍低于全区审判案件增长均值7.85%。

3. 全面实施检察机关提起公益诉讼制度

市委印发了《关于深入贯彻落实〈关于支持检察机关全面开展提起公益诉讼工作 进一步推动法治宁夏建设的意见〉的实施方案》为全市检察机关全面开展公益诉讼工作提供了强有力支持和保障。市检察院开展"公益诉讼推进年"活动，围绕生态环境和资源保护、食品药品安全、国有财产保护、国有土地使用权出让等重点领域，全面履行提起公益诉讼职责。经审查立案48件。其中，民事公益诉讼案件3件，拟提起民事公益诉讼、行政公益诉讼案件45件，均分别按规定向行政机关发出诉前检察建议。

4. 积极推进公安体制改革

全市公安机关全面推行派出所"三室一队"、"三室二队"警务运行模式，深入完善社区"5+4+N"和"一村一警"运行机制改革，全力确保了"交巡警合一"改革落地见效。不断深化"放管服"改革，启用了"中卫公安微警局"，研发运行了"互联网+便民服务平台"APP系统，拓展了出入境智慧大厅覆盖面，建成了微信公众号5个、微信群97个，加入微友2万余人，实现了微信警务、指尖警务室、网上公安局便民服务"零距离"，最大限度的方便群众办事，提高了公安机关服务群众的能力和水平。

5. 加快推进司法行政改革

率先在全区成立有机构编制的市级公共法律服务中心，核定人员编制4名，为各项法律服务职能的高效运行提供了有力保障。成立律师维权中心，出台了保障律师执业权利的规定，切实维护律师合法权益；成立了律师惩戒中心，制定了律师违纪违法查处制度，及时查处对律师的投诉案件，确保律师合法执业。完成了中宁县公证处行政编制向事业编制的过渡性改革和中卫市公证处事业编制向合作制社会组织机构的改革任务。梳理出4件涉法涉诉案件，试点推行"人民调解+司法认证"工作模式，积极推进信访积案化解。

6. 着力抓好政法机关改革

按照中央党政机构改革和自治区的统一部署，积极推进政法委领导体制和工作机制改革，做好综治办、维稳办、防范办职能衔接，发挥好牵头抓总和统筹协调作用。今年年初，新设立了执法监督室，切实加强政法队伍管理。下步将围绕平安建设、社会维稳、防范邪教、"雪亮工程"运营维护等工作的开展，科学配置机构、人员，完善运行方式，落实职责任务，发挥职能作用。

(六) 坚持法治宣传，夯实依法治市基础

1. 明确目标，全面实施"七五"普法

为认真贯彻落实中共中卫市委、市人民政府《关于在全市公民中开展第七个五年法治宣传教育深入推进依法治市进程的实施意见》（卫党发〔2016〕51号）目标任务，分别制定了县（区）、市直部门（单位）、镇（乡）、学校、企业《"七五"普法工作效能目标管理任务及评分标准》，定制"七五"普法学习教材和考核手册，成立普法讲师团，为顺利实施"七五"普法工作细化任务，明确目标。

2. 强化措施，广泛开展法治文化活动

为全面实施"七五"普法，在全市营造"七五"普法浓厚氛围，倡导全社会尊法学法守法用法新风尚，推进我市法治文化建设，鼓励、引导广大市民积极参与法治建设，弘扬社会主义法治精神，为我市经济和社会各项事业发展提供优良的法治环境，举办了全市"传播法治文化·弘扬法治精神"普法征文书画大赛活动。活动以"传播法治文化·弘扬法治精神"为主题，分普法征文、书法、绘画3种类型面向社会进行征稿。大赛共收到普法征文97篇、普法书法作品61幅、普法美术作品37幅。活动受到广大群众

的普遍称赞，达到了法治宣传教育目的。

3. 立足实际，有效加强法治宣传教育

按照《中卫市2018年普法工作要点》要求，围绕市委、政府中心工作，结合当前形势下的群众所需，有针对性地开展法治宣传教育工作。为加强领导干部学法用法，制定下发了《关于认真贯彻落实习近平总书记重要指示精神切实加强宪法学习宣传的通知》，进一步强化领导干部学法用法，依法行政；为打击预防非法集资诈骗活动，急群众所需，下发《关于开展防范和打击非法集资法治宣传教育活动的通知》，印制关于打击和预防非法集资活动的宣传资料2000册，在综治宣传月活动中向广大市民发放；为打好全民禁毒战，通过集中宣传、手机短信、印发宣传图册等形式，开展禁毒宣传工作。同时，结合一些重点时节，开展了"三八"妇女维权周、"3·15"消费者权益保护法、"4·15"国家安全日等专项法治宣传活动，为群众提供全方位的法治宣传和法律服务。

4. 丰富载体，不断拓展新媒体普法平台

"七五"普法以来，将过去的静态普法转变为动态普法，采取"法治宣传+法治文化+新媒体普法+X"的模式开展普法宣传。开展了法治文艺"大篷车"巡演活动，编排打造精品法治文艺节目，深入广场、社区、乡村、企业、学校巡回演出42场次；开展了以"传播法治文化 弘扬法治精神"为主题的普法征文书画大赛活动，共收集到普法征文97篇、普法书法作品61幅、普法美术作品37幅；开展了"普法杯"羽毛球大赛系列宣传活动3场，寓学于乐，把法律知识竞赛融合于羽毛球比赛活动中；开展了精准扶贫法律服务活动，在开展"送法进村""送法入户""法律明白人"培训等活动的基础上，11月30日，在海原县关桥乡麻春村举办了中卫市"建档立卡户法治素养提升"主题宣传启动仪式，进一步提升了建档立卡贫困户法治素养，更好地服务精准扶贫、服务贫困地区群众，培养贫困地区扶贫干部、帮扶干部法治思维，推进全市普法依法治理工作，全面深化法治建设；拓展新媒体普法平台，在全市建立了"中卫普法网""中卫司法"和中宁、海原司法微信公众平台，共制作法治宣传微电影、微视频10期，录制《道德与法治》节目5期，发布法治手机信息42万条；开通FM92.7

交通音乐广播普法专栏，制作《以案释法》"七五"普法直播专题节目20期，并推送在"云端中卫"公众平台，为市民提供方便、快捷、广泛的法律服务和安全教育，各项活动均受到群众普遍好评，取得了法治宣传教育的实效。

（七）坚持多领域治理，加大基层法治建设

1. 深入开展了扫黑除恶专项斗争

扫黑除恶专项斗争启动后，市委、市政府高度重视，先后召开4次常委会、2次政府常务会、3次推进会、2次领导小组扩大会议、3次主任会议，对专项斗争进行安排部署和分析研究。市委书记、市长专题督导扫黑除恶专项斗争4次，作出专门批示4次，开展全覆盖督导1次，市领导专门督导调研6次。全市政法系统认真贯彻中央和区、市党委的决策部署，自觉把扫黑除恶专项斗争作为政治任务，坚持"打早打小、露头就打，有黑扫黑、无黑除恶、无恶治乱"工作原则，按照宣传发动全覆盖、线索举报全覆盖、调查核实全覆盖、打击整治全覆盖、举报奖励全覆盖、督导检查全覆盖的"六个全覆盖"工作部署，精心组织，扎实推进，有计划、有步骤地精准打击、依法严惩。

专项斗争开展以来，全市共摸排涉黑涉恶线索397条，已录入全国扫黑除恶专项斗争工作平台190条，公安机关初核线索178条，进入立案侦查涉黑涉恶案件38件，进入立案侦查一般刑事案件6件。全市共收网打掉"村霸"、恶势力团伙8个（其中沙坡头区3个、中宁县2个、海原县3个）和1个家族恶势力，共抓获犯罪嫌疑人94人，破获涉恶刑事案件54起，查扣涉恶资产100余万元，抓获九类涉恶案件逃犯22人，移送起诉6个犯罪团伙，判决3起。

2. 全力推进"雪亮工程"建设

目前，已使用中央专项资金1775万元、地方配套资金10850万元，完成了市、县（区）两级"一总四分"平台建设，实现了与同级公安、安监、交通、城管等部门横向联通和市、县（区）及部分乡（镇）、村（社区）纵向联通；综治服务信息平台，大数据分析对比应用等6大软件系统正在紧张安装调试，乡（镇）、村（社区）平台建设也在有序推进，视频资源采集平合即将招标建设。我市始终坚持"三统一",有力推进了"雪亮工程"的顺利实施。今年以来,市、县(区)累计到位配套资金10850万元(含部分社会投资),共新增监控探头1568套,人脸抓拍摄像机72套、高清激光云台摄像机30台;同时,对已有重点部位探头进行更换升级,将已建成的视频监控点接入市级共享平台,进一步织密视频监控网络体系,确保全市重点公共场所重点行业、重点领域的视频监控点位全覆盖是坚持扩面与除盲相统一,发挥视颇监控"保护神"作用。一方面,利用公安视频信息网从公安业务工作出发,监测影响社会稳定、群众安全的状况;另一方面,从综治方面拓展了数据覆盖面,延伸到安全生产、公共安全、信访维稳、互联网情、案件审理等内容,将安监、信访、网信、交通、市场监督管理等职能部门、行业监控视频统一接入市综治中心管理,通过联网共享的数据开展视频实时调取、人员密集地预警、综合研判、快速指挥调度等,建立起智慧综治信息系统,将"死数据"变成"活信息",有效提高了社会治安综合治理的精准化、科学化。

3. 积极整合基层社会治理资源

不断加大乡(镇)、村(社区)两级社会治理资源整合力度,发挥基层"瞭望哨""末神经"作用,目前全市41个乡(镇)及大部分村(社)都已按照规范要求,整合了综治、维稳、审判、司法、民调、信访等资源,增强了社会治理力量。

4. 开展了道路交通安全专项整治

围绕春运和"两会"交通安保工作,依托12处交警执法站和14处临时检查点,加强"春季开学"和"建筑工程开工"交通安全管控力度,加大对"两客一危"等重点车辆的检查力度,切实强化交通秩序整治。共组织开展了16次集中夜查整治行动,严查酒后驾驶、无证驾驶、超员、超载等交通违法行为,共查处各类交通违法行为37113起,其中无证驾驶267起、酒后驾驶51起、超速行驶6677起、客车超员3起、货车超载149起,吊销驾驶证18本,行政拘留31人。

5. 严厉打击各类违法犯罪活动

始终保持严打高压态势,坚持凡"恐"必打、露头就打的方针不动摇,切实加强涉恐重点人动态管控，做到行知去向、动知轨迹，不断深化打击整治工作，最大限度地在暴恐活动发生之前"扣响扳机"。截至目前，共核查录入本市留有活动轨迹关注人员 55 人次，经查均无异常；核查反馈区厅推送重点人员活动轨迹 8 人次，发现、接到涉恐在逃线索 5 条，抓获网上逃犯 1 名。对录入全国重性精神病人信息管理系统的 628 名精神病人重新进行了摸排清理，将其中病情严重且有可能到北京上访、易肇事肇祸的 62 名人员录入了"重点人员管控系统"加强监管。目前，中卫市邪教人员均在控，未发生邪教案件，相关邪教专案工作正在进一步侦破中。

6. 集中化解突出信访问题

截至 11 月 30 日，全市信访形势持续稳中向好，总体可控总体呈现出"一升四降"的良好态势，"一升"，即全市网上信访授诉量上升。群众通过网上渠道投诉信访事项 1963 件次，同比上升 120.3%。"四降"，即全市信访量人次大幅下降。群众到市、县（区）信访接待场所上访 3336 人次，同比下降 43.3%，进京非接待场所涉访人大幅下降；全市进京非接待场所涉访 23 人次、排名全区五市第二名，同比下降 775%；进京越级上访人次大幅下降。全市进京越级访 55 人次，排名全区五市第二名、同比下降 49.1%；到区越级上访人次大幅下降。全市到自治区越级上访 43 批 188 人次，排名全区五市第一名，同比批次下降 41.1%，人次下降 42.5%。中央巡视组移交我市群众反映强烈的突出问题 596 件，已办结 572 件，正在办理 24 件，办结率 96.19%。国家信访局交办四重"（重点领域、重点群体、重点问题、重点人员）信访矛盾 13 件，已全部办结，办结率 100%。自治区交办重点突出信访事项 2 批 21 件，已办结 20 件，正在办理 1 件，办结率 95.2%。

二、中卫市依法治市存在的主要问题

2018 年，中卫市在依法治市工作中做了一些卓有成效的工作，但也应清醒地认识到，工作中还存在一些问题和不足，主要表现为：一是行政执法监督力量薄弱，行政执法力度与法治政府建设要求相比仍有差距；二是普法教育内容单一，方法不够创新，对个别重点普法对象的法制宣传教育针对性不强，普法效果需要进一步提高；三是司法人员分类管理改革特别是实行员额制改革后，现有法官、检察官的专业素质与司法责任制改革后独立承担责任的要求还不相适应，法官、检察官队伍正规化专业化职业化建设仍需加强；四是个别领导干部法治意识还不强，与推进依法治市、建设法治政府要求有一定差距。

三、对进一步促进法治中卫建设的对策建议

（一）加强和改善党对依法治国事业的领导

要充分发挥执政党对依法治国各项工作的领导核心作用。各级党组织必须坚持在宪法和法律范围内活动。各级领导干部要牢固树立法律红线不能触碰、法律底线不能逾越的观念，不能以言代法、以权压法，甚至徇私枉法、贪赃枉法。

（二）提高立法质量完善法律体系

要转变被动立法的局面，使立法与全面深化改革协调推进，通过法律的立、改、废为全面深化改革开放提供法律依据和法治保障。采取多种形式推进民主立法和科学立法，保障公众广泛有效的立法参与，增强法律的规范性和可操作性，确保立法真正体现人民的意志和利益诉求，而不是体现某些行政部门或某些特殊集团群体的利益，实现立法的"分配正义"。

（三）加快建设法治政府

要通过广泛的民主参与和人大监督，全面深化行政审批制度改革，最大限度地减少政府的审批事项。要在法治统一的基础上全面推进依法行政，弱化行政立法，强化行政执法，完善行政程序，加强行政监督，建设法治政府。有效约束行政权力，公开行政行为，严惩行政腐败，尤其是从体制机制上解决好国有企业监管、政府采购、招投标等领域和环节的腐败问题，努力建设透明廉洁政府。

（四）全面深化司法体制改革

一是确保人民法院、人民检察院依法独立行使审判权、检察权；二是建立符合工作实际和职业特点的法律工作人员管理体系；三是实行执法人

员执法办案责任终身追究制度；四是推行阳光司法，实行审判公开、检务公开、警务公开、行政执法公开，使执法活动在阳光下运行；五是完善人民陪审员制度；六是针对"信访不信法""信闹不信法"等现象，把涉诉涉法信访全盘纳入法治轨道，充分发挥司法作为解决矛盾纠纷最后一道防线的功能，重建司法终结涉诉涉法矛盾纠纷的良性循环机制，努力构建长治久安的法治秩序。

附录

2018年宁夏法治建设大事记①

徐东海

1月

1日,2018年1月起,全国13省区市将启动为期一年的未成年人刑事执行检察、民事行政检察业务统一集中办理试点工作。13个省区市分别是北京、辽宁、上海、江苏、浙江、福建、山东、河南、湖北、广东、重庆、四川、宁夏。

22日,由宁夏社科院编撰的2018年"宁夏蓝皮书系列丛书"正式发布。该套丛书共7部,分别是《宁夏经济发展报告》《宁夏社会发展报告》《宁夏文化发展报告》《宁夏法治发展报告》《宁夏生态文明建设报告》《宁夏反腐倡廉建设报告》《宁夏住房和城乡建设发展报告》。

25日,中国人民政治协商会议宁夏回族自治区第十一届委员会第一次会议在宁夏人民会堂隆重开幕。

26日,宁夏回族自治区第十二届人民代表大会第一次会议在银川隆重开幕。

作者简介 徐东海,宁夏社会科学院社会学法学研究所助理研究员。
① 《2018宁夏法治建设大事记》根据2018年《宁夏日报》《宁夏法治报》"宁夏法治"新媒体平台等公开发布信息及数据资料整理。

31日，在宁夏回族自治区十二届人大一次会议第三次全体会议上，新当选的自治区十二届人大常委会主任石泰峰、自治区人民政府主席咸辉等国家机关工作人员进行宪法宣誓。

2月

6日，宁夏政法综治信访维稳工作暨扫黑除恶专项斗争电视电话会议在银川召开。

7日，宁夏回族自治区人大常委会举行宪法宣誓仪式。自治区党委书记、人大常委会主任石泰峰主持并监督，自治区党委副书记、自治区主席咸辉见证宣誓。

9日，宁夏回族自治区人民政府发布第96号令，公布于2017年12月21日自治区人民政府第109次常务会议讨论通过的《宁夏回族自治区自然灾害救助办法》。该办法自2018年3月1日起施行。

26日，宁夏回族自治区高院召开全区法院扫黑除恶专项斗争工作会议，传达学习贯彻全国、最高人民法院扫黑除恶专项斗争电视电话会议和全区政法综治信访维稳暨扫黑除恶专项斗争电视电话会议精神，进一步研究部署全区法院深入开展扫黑除恶专项斗争工作。

28日，宁夏公安机关打击防范涉众型经济犯罪专项行动部署会议发布消息，自治区公安厅、金融工作局、工商局等多部门联合启动严厉打击涉众型经济犯罪战役行动，重点打击非法吸收公众存款、集资诈骗、传销等犯罪。

3月

10日，十三届全国人大一次会议宁夏代表团举行全体会议，审议"两高"工作报告。今年"两高"报告中三次提及"宁夏"，对宁夏全面深化司法体制改革、坚持严格公正司法的做法点赞。

12日，全国人大代表、自治区党委书记、人大常委会主任石泰峰在审议全国人大常委会工作报告时说，要以习近平新时代中国特色社会主义思想为指导，深入学习贯彻党的十九大精神，进一步深化认识、扎实工作，不断开创新时代宁夏人大工作新局面。

13日，十三届全国人大一次会议宁夏代表团举行全体会议，审议监察法草案。

19日，银川市上前城检察院在银川市看守所成立宁夏首家未成年人刑事执行检察工作站。

23日，银川市兴庆区监察委于近日向司法机关移送了宁夏某公司材料主管苏某某涉嫌贪污公款案。该案是兴庆区监察委员会成立后，首例由监察委调查终结移送司法机关的案件，首例将国有企业履行公职管理人员纳入监察范围的案件，也是银川市县区级监察委办理的首起涉法移送起诉案件。

28日，宁夏回族自治区十二届人大常委会第二次会议完成各项议程后在银川闭幕。会议通过了关于修改《宁夏回族自治区人民代表大会常务委员会人事任免工作条例》、修改《宁夏回族自治区宪法宣誓办法》、废止《宁夏回族自治区私营企业工会条例》、废止《宁夏回族自治区文化市场管理条例》、批准《银川市人民代表大会常务委员会讨论决定重大事项条例》、接受常委会有关委员辞职6个决定，通过了有关委员会组成人员名单。

30日，宁夏回族自治区检察院决定在全区开展3个专项活动，推进公益诉讼工作，促进全区绿色转型发展。

4月

15日，宁夏举行"全民国家安全教育日"集中宣传活动，通过发放宣传资料、播放视频等形式宣传《中华人民共和国宪法》《中华人民共和国国家安全法》《中华人民共和国反恐怖主义法》等相关法律法规，活动主题为"开拓新时代国家安全工作新局面"。

17日，全区法院执行工作会议上了解到，宁夏将开展为期6个月的"飓风行动"专项活动，重点清理有能力履行而未履行的执行案件，决战决胜"基本解决执行难"。

18日，宁夏回族自治区党委宣传部举办宣传文化系统学习宪法专题辅导报告会，自治区党委常委、宣传部部长赵永清出席。法学专家、宁夏社会科学院院长张廉围绕弘扬宪法精神、维护宪法权威作专题辅导。

23日,宁夏回族自治区高院于日前出台《全区法院落实党建工作责任制指导意见》,确保法院将全面从严治党落到实处。

5月

11日,宁夏回族自治区召开扫黑除恶专项斗争推进会,深入学习贯彻习近平总书记重要指示和《中共中央国务院关于开展扫黑除恶专项斗争的通知》精神,研究部署下一阶段重点任务。

22日,宁夏回族自治区教育厅、自治区综治办、自治区高级人民法院等11部门于日前联合印发《加强中小学生欺凌综合治理实施方案》。根据方案,宁夏将在全区中小学(含中等职业学校)扎实开展中小学生欺凌综合治理工作,建立完善中小学生欺凌长效防治工作机制,切实把校园建设成为最阳光、最安全的地方。

28—29日,宁夏回族自治区第十二届人民代表大会常务委员会第三次会议在银川召开。会议审议通过了《自治区十二届人大常委会立法规划》和关于修改《宁夏回族自治区污染物排放管理条例》《宁夏回族自治区实施〈中华人民共和国节约能源法〉办法》的决定,审议了《宁夏回族自治区绿色建筑发展条例(草案)》《宁夏回族自治区湿地保护条例(修订草案)》,听取和审议了自治区人民政府关于全区外事工作情况的报告,审议了自治区人大常委会关于检查《中华人民共和国传染病防治法》《宁夏回族自治区公共卫生服务促进条例》实施情况和关于《宁夏回族自治区禁牧封育条例》实施情况的报告,审查批准了2018年自治区本级预算调整方案,通过了个别代表资格变动情况报告和有关人事任免议案。

6月

7日,宁夏召开综治维稳信访工作联席会议。

8日,宁夏推进检察机关提起公益诉讼工作座谈会在银川召开。

14日,宁夏高院于日前发布了近年来审理的十大典型知识产权司法保护案。分别是:小米公司诉侵害商标权纠纷上诉案、"永和豆浆"商标权权属侵权纠纷案、"米其林"专用权及不正当竞争纠纷案、"成辉广告"商标权侵权纠纷上诉案、"银联"商标权侵权纠纷案、《打破终端管理的瓶颈》著作财产权纠纷案、《从军忆》长诗著作权权属侵权纠纷案、"广东日昭"发明专利权侵权纠纷案、"大地公司"侵害发明专利权纠纷案、"特莱斯公司"技术咨询合同纠纷案。

18日,为加强宁夏高速铁路安全管理,保障高速铁路运输安全和畅通,预防和减少事故发生,宁夏于日前出台高速铁路护路联防工作实施意见。

26日,国家林业和草原局与自治区农牧厅、吴忠市在盐池县联合举办了2018年全国草原普法宣传现场活动,旨在通过集中宣传法律知识,加强干部群众保护草原生态意识和能力,构建和谐生态宁夏。

7月

3日,宁夏禁毒委全体会议在银川召开。会议研究了解决影响宁夏禁毒工作的突出问题,就做好当前禁毒示范省区创建工作进行再部署再细化再落实。

9日,由宁夏司法厅、宁夏普法办、全国省级法治报年会、宁夏日报报业集团主办,宁夏法治报社承办的全国省级法治报社长(总编辑)"七五普法塞上江南行"采访活动在银川启动。

11日,新时代中国区域法治发展的理论与实践暨首届法治宁夏建设论坛在银川举办。

20日,宁夏高院召开新闻媒体座谈会,共商合作互动融合之策。

8月

2日,宁夏高院于日前首次发布《宁夏回族自治区高级人民法院禁毒工作白皮书(2012—2017)》,总结分析近6年毒品犯罪主要特点、毒品案件审判态势和全区法院开展禁毒工作的主要成效。

7日,宁夏高级人民法院于日前公布了《宁夏回族自治区高级人民法院关于进一步落实院庭长审判监督管理职责的办法(试行)》,全面落实司法责任制,深入推进司法体制综合配套改革,维护司法公正,提升司法公信。

16日，自治区全面深化改革领导小组召开第三十一次会议，传达学习全国全面深化司法体制改革推进会精神，审议通过自治区《关于深化"不见面、马上办"改革深入推进审批服务便民化的实施意见》。

27日，宁夏回族自治区第十二届人民代表大会常务委员会第四次会议在银川召开。会议审议通过了《宁夏回族自治区绿色建筑发展条例》，审查批准了银川市人大常委会修订的《银川市建筑垃圾管理条例》《银川市餐饮服务业环境污染防治条例》，审议了《银川综合保税区管理条例（草案）》《宁夏回族自治区促进科技成果转化条例（修订草案）》，审议并作出了关于修改《宁夏回族自治区国民经济和社会发展第十三个五年规划纲要》有关内容的决议，听取和审议了《自治区人民政府关于 2018 年国民经济和社会发展计划上半年执行情况的报告》《全区矿山环境恢复治理工作情况的报告》《2017 年度自治区本级预算执行和其他财政收支情况的审计工作报告》《2017 年全区及区本级决算情况的报告》，审查批准了 2017 年度自治区本级决算和 2018 年自治区本级第二次预算调整方案，审议了关于检查《中华人民共和国残疾人保障法》及《宁夏回族自治区实施〈中华人民共和国残疾人保障法〉办法》执法检查情况的报告，通过了有关人事免职议案。

30日，最高人民法院院长周强于日前对宁夏法院执行工作作出批示："宁夏高级人民法院解决执行难成效明显，积累了有益经验，请院执行局向全国推广宁夏的做法和经验。"

是日，自治区公安厅治安管理总队公布 2017 年以来宁夏各级公安机关破获的食品安全典型案例，其中涉及制售假名酒案、地沟油案、生产有毒有害食品案、销售不符合安全标准食品案等。

31日，由中国法学会律师法学研究会、宁夏律师协会主办，宁夏兴业律师事务所承办的"公共法律服务体系建设与律师业发展高峰论坛"在银川举行。

9月

12日，宁夏"互联网+公安政务服务"平台正式上线运行。

12—14日，宁夏回族自治区十二届人大常委会第五次会议在银川召开。会议审议并表决通过了《宁夏回族自治区促进科技成果转化条例》、关于修改《关于宁夏空间发展战略规划的决议》和《关于促进民族团结进步创建活动的决定》的决定、关于修改《宁夏回族自治区民族教育条例》《宁夏回族自治区奶产业发展条例》《宁夏回族自治区清真食品管理条例》的决定，作出了关于统一全区村民委员会和社区居民委员会换届选举时间的决定，审查批准了《银川市电梯使用安全条例》《银川市文明行为促进条例》和修改了《银川市水资源管理条例》等5件地方性法规的决定、《石嘴山市城市餐厨垃圾管理条例》《固原市烟花爆竹燃放管理条例》，审议了《宁夏回族自治区预算审查监督条例（修订草案）》《宁夏回族自治区生态保护红线管理条例（草案）》《宁夏回族自治区老年人权益保障条例（修订草案)》，听取和审议了自治区人民政府关于全区脱贫攻坚工作、2018年1—8月全区及区本级财政预算执行、法治政府建设、贯彻落实《民办教育促进法》等专项工作报告，听取和审议了关于个别代表的代表资格变动情况报告，通过了有关人事任职议案。

22日，国家首次统一法律职业资格考试开考，宁夏3806人参加了第一场的客观题考试。

27日，在北京召开的全国"坚持发展枫桥经验，实现矛盾不上交工作部署会议"上，司法部对宁夏试点"枫桥经验"工作的经验做法和成绩给予高度评价。

10月

17日，宁夏2018年度"十大法治人物""十大法治新闻（事件）"评选宣传活动正式启动。

23日，自治区高级人民法院召开2018年第三次审判委员会全体会议，就检察机关提起抗诉的一起农村土地承包合同纠纷案进行讨论。自治区人民检察院检察长应邀列席。这是自治区检察院检察长首次列席宁夏高院审判委员会全体会议。

26日，宁夏回族自治区法学会常务理事会议在银川召开，宁夏回族自治区党委常委、政法委书记张韵声当选自治区法学会会长。

30日，宁夏回族自治区十二届人大常委会第六次会议在银川召开。会议听取了自治区人民政府机构改革实施情况的报告，审议通过了自治区人民政府主席咸辉提请的人事任免议案。石泰峰向新任命的国家机关工作人员颁发了任命书。随后，自治区人大常委会举行宪法宣誓仪式，自治区十二届人大常委会第六次会议决定任命的政府组成部门负责同志庄严宣誓。

11月

9日，宁夏高级人民法院召开全区法院扫黑除恶专项斗争推进会，要求各级法院提高政治站位，深挖彻查"保护伞"，着力破"网"打"伞"，努力在除恶务尽上实现新突破。

12日，宁夏回族自治区检察院召开新闻发布会，通报宁夏检察机关2018年1—10月公益诉讼工作及开展"保障千家万户舌尖上的安全"检察公益诉讼专项监督活动推进情况。2018年前10个月，全区公益诉讼案件立案486件，其中行政公益诉讼454件，民事公益诉讼32件（含刑事附带民事公益诉讼27件）。在检察机关办理的公益诉讼案件中，生态环境和资源保护领域案件占比达到74.7%。

20日，宁夏回族自治区对近年来涌现出来的优秀律师事务所、优秀律师等先进集体和个人进行了表彰。其中优秀律师事务所21家、执业三十周年贡献奖律师34名、优秀律师35名、优秀青年律师30名、优秀公益律师20名。

21日，银川一中、六盘山高级中学、长庆高级中学等分别迎来新的副校长，他们均是由二级大检察官等兼任的法治副校长。此举是对2018年10月宁夏回族自治区人民检察院印发《关于建立宁夏检察机关领导干部兼任"法治副校长"长效机制建设的实施意见》的具体落实，是对全区检察机关"法治进校园"巡讲活动的深入推进。

24—25日，宁夏回族自治区对2018年拟入额法官检察官候选人进行集中面试，全区法院将审议入额78人，检察院审议入额43人。

29日，宁夏回族自治区十二届人大常委会第七次会议完成各项议程后在银川闭幕。会议经表决，通过了新修订的《宁夏回族自治区预算审查监督条例》《宁夏回族自治区老年人权益保障条例》《宁夏回族自治区湿地保护条例》《宁夏回族自治区实施〈中华人民共和国工会法〉办法》,通过了《宁夏回族自治区生态保护红线管理条例》《宁夏回族自治区人民代表大会常务委员会关于自治区人民政府机构改革涉及自治区的地方性法规规定的行政机关职责调整问题的决定》《宁夏回族自治区人民代表大会常务委员会关于接受许尔峰辞去自治区人民政府副主席职务的决定》,批准了《吴忠市城乡容貌和环境卫生治理条例》《固原市北朝隋唐墓地保护条例》,作出了关于召开自治区第十二届人民代表大会第二次会议的决定,通过了有关免职的议案。

是日,宁夏回族自治区第十二届人民代表大会常务委员会第七次会议通过,自治区第十二届人民代表大会第二次会议于2019年1月22日在银川召开。

12月

2日,宁夏法院系统解决"执行难"经验做法于近日受到最高人民法院肯定,自治区高级法院被最高人民法院确定为全国5家解决执行难"样板法院"之一。

3日,宁夏回族自治区司法厅发布消息,2018年"12.4"国家宪法日集中宣传活动从11月下旬就已开始,到12月下旬结束。其中,"宪法宣传周"从12月2日至12月8日。当日,"弘扬宪法精神,共建美丽宁夏——2018年12.4国家宪法日主题晚会"在宁夏电视台演播大厅隆重举行。

是日,宁夏2018年度"十大法治人物""十大法治新闻(事件)"于日前揭晓。张旭旻、王永良、安德生、马元祥、薛伟、吴锦恒、温小娟、李旭波、赵奇、李善鹏10人当选"十大法治人物"。宁夏公共法律服务"三大平台"让百姓足不出户解决法律问题、全国法治报为宁夏"七五"普法点赞24家省级法治报记者亮绝活、宁夏首例"零口供"判处死刑案细节首次公布、宁夏为见义勇为者及其亲属买保险(最高可获赔90万元)、网上辱骂因公牺牲辅警王永良的3名男子已被警方抓获、宁夏成立首家环境资源保护法庭、宁夏首例侵犯公民个人信息犯罪案宣判、宁夏吴忠"哈氏集团"覆灭郭某等52人涉黑案宣判、灵武市酒驾老年代步车公诉公开审判、公安部挂牌督办特大电信诈骗案在固原宣判入选"十大法治新闻（事件）"。

4日，由宁夏回族自治区团委举办的"弘扬宪法精神，共筑法治青春"青少年法治宣传教育主题实践活动在石嘴山市举行，开启全区青少年法治宣传教育周系列活动。